日本近代史12の謎を解く

伝承と美談の狭間で

秦 郁彦・著

PHP

日本近代史12の謎を解く　目次

第三章

昭和天皇を襲ったテロリスト像
──難波大助と金子文子の挑戦

第四章

日韓歴史戦の恩怨

▼着眼点　「慰安婦」から「徴用工」へ、日韓歴史戦に終末は来るのか？

第五章

南雲機動部隊 対 エンタープライズ
——索敵のミステリー

▼着眼点　真珠湾奇襲に成功した南雲機動部隊はなぜ索敵を怠ったのか

第六章

美談の行く末（上）——山本（権）・広瀬・財部の八十年

第七章

美談の行く末（下）——異聞　君死にたまふことなかれ

第八章

ガダルカナル戦の起点と終点

▼着眼点　敗北への起点となったガダルカナル島の攻防

第九章

知られざるインド謀略工作の内幕

第十章

三船遭難事件とL－19潜

——一九四五年夏、留萌沖の惨劇

▼着眼点　「三船遭難事件」の背景にある米ソ冷戦の影

第十一章

日本共産党太平記
——山村工作隊と火炎びんの季節

▼着眼点　日本共産党はスターリンの申し子だった

第十二章

エニウエトク環礁の生と死

装丁　津村正二
カバー表１写真　金子文子と朴烈（六八ページ）
カバー表４・表紙写真　空母フランクリン（三二四ページ）
図版作成　ＷＡＤＥ

第一章

女狙撃手　山本八重と会津戦争

▼着眼点　会津戦争で大山巖を狙撃したのは山本八重か？

戊辰の戦場で唯一の女狙撃手

黒ラシャのマント、黒の小袴のいでたちで、七連発のスペンサー銃を担ぎ、会津鶴ヶ城の危機に立ち向かう美少女・綾瀬はるか演じる山本八重《やまもとやえ》の勇姿が忘れ難いのは、私だけではあるまい。八重をヒロインに据えた、二〇一三（平成二十五）年度のNHK大河ドラマ「八重の桜」は、一八四五（弘化二）年の彼女の出生から始まる。二十一歳で川崎尚之助《しょうのすけ》と結婚、落城の直後に離別して一八七六（明治九）年に同志社創立者である新島襄《にいじまじょう》の妻となり、一九三二（昭和七）年に八十八歳の天寿を全うするまでをたどった、波瀾万丈の女一代記である。

史実とドラマの境目は微妙である。歴史家の私は、会話体の有無を一応の目安にしてはいるが、一八六八（慶応四）年八月二十三日朝、母成峠《ぼなりとうげ》を突破して会津城下へなだれ込んできた官軍（西軍）を迎え撃った際、八重が交わした次のような会話は、ドラマの上とはいえ、限りなく史実に近い台詞だったろうと思わせる。

「私が銃砲隊を指揮します」
「女に戦争はできぬ」
「男だけの戦いではありません。これは会津すべての戦いです」

山本八重に扮する綾瀬はるか

「うーむ」
「会津は私のこの手で守ります」
「わかった。心ゆくまで戦え」

もう少し当日の実況に踏み込んでみよう。

折からの雨天をついて、城下の自宅から八重が息せき切って駆けつけた城の追手門《おうてもん》周辺には、戦力になりそうな兵士はほとんどいなかった。山川大蔵《おおくら》、佐川官兵衛らが率いる三千の精鋭部隊は、遠く城外の戦場に出払っていたからである。

しかもかき集めた老幼の弱兵が持つ銃は、雨に弱い火縄銃か旧式の先込《さきごめ》ゲベール銃にすぎず、まともな射撃訓練を受けた者はいない。八重は見渡してとっさに、銃砲を指揮できるのは自分しかいないと判断したのだろう。

それだけの自信もあった。「女には無理かも」とためらった軍事奉行も、彼女が砲術師範山本権八《ごんぱち》の娘で、嗣子覚馬《かくま》の妹であることは承知していたろう。なによりも官軍先鋒の土佐歩兵隊が城壁の真下まで迫り、追手門へ突入しようとしていた。

一刻の猶予も許さない場面だから、応戦は彼女に任せるしかない状況ではあった。結果として、北出丸《きたでまる》と西出丸の狭間《はざま》（銃眼《じゅうがん》）に配置した老少兵の斉射と四斤山砲《しきんさんぽう》の威力で、相手方に多数の死傷者を出し、突入を食い止めたことは、土佐藩側の史料からも裏付けられる。

ドラマの原作者が前記のような問答を設定しても、私には格別の違和感はない。だが会津攻防戦の実状に通じない視聴者の中には、綾瀬はるかのめざましい奮戦ぶりを眺めながら、「実話かなあ」と首を傾げた人もあろうかと思う。さすがに大河ドラマでは、誰が誰を撃って何人倒したか、カウントできないよう巧みにぼかしていた。ヒロインが殺人マニアと誤解されかねないリスクを避けたのかもしれない。

「やあやあ」と名乗りをあげての一騎討ちの時代ならともかく、十九世紀以降の集団戦闘は銃砲の撃ち合いで勝敗が決まるから、加害者と被害者を結びつけるのは不可能に近い。

例外は、名人技に徹し競い合う狙撃手（スナイパー）である。日本軍は狙撃専門に特化した養成方式は取っていなかったが、第二次大戦時の各国は狙撃手の育成を重視し、女性を含む多数の名手が輩出した。

ここで連想は時代を遡って、幕末の山本八重に飛ぶ。彼女こそ東軍（幕府軍）と西軍（官軍）が日本を二分して争った内戦（戊辰戦争）で、ひとりだけの女狙撃手だったのは間違いない。

だが両軍の公式記録には戦績の記録が無いので、断片的な情報をつなぎ合わせた状況証拠で類推するしかない。八重や周辺の参戦者による回想、会津藩の諸記録、交戦相手側の戦記などだが、あわせて当時の銃器事情も考証してみることにしよう。

元込七連発を担いで

八重は山本→川崎→新島の順で姓が変わっているが、まとまった自伝は無く、会津戦の体験については二つの短い回想談しか残していない。

ひとつは雑誌『婦人世界』の一九〇九（明治四十二）年、第一三号に「男装して会津城に入りたる当時の苦心」と題して語ったもの。もう一つは亡くなる直前の一九三二（昭和七）年五月に、京都地区の配属将校研究会で語り、「新島八重子刀自《とじ》懐古談」として小冊子になったもの（二〇〇〇年に『同志社談叢』二〇号に復刻）である。

現存する最も古い写真は、新島襄との結婚直後に撮影したもので、夫はアメリカの友人に「ハンサム・ウーマン」と伝えたが、ひいき目に見ても、綾瀬はるかレベルの美女とは言いにくい。だが十三歳の頃に六〇kgの米俵を上げ下げするほどの力持ちで、本人が「今の時代なら、運動選手になったかも」と語っているぐらいで、並の女性には重過ぎる四kg前後の銃を、軽々と操れる筋力と運動神経に恵まれていた。

二つの回想談から要所を抜き出して紹介すると、早くから銃砲になじみ、性に合っていたことは、「家兄が砲術の師範でございましたから見なれ聞きなれて、門前の小僧習わずして経を読むというたとえの通りで」という述懐から見当がつく。

十七歳も年が離れた兄の覚馬は、若い時から藩の俊秀として頭角を現わし江戸へ留学した。いくつかの蘭学塾で洋式銃砲の技術と戦法を学び、帰藩して藩校日新館《にっしんかん》蘭学所の教授職に就く。塾で知り合った出石《いずし》藩（兵庫県）出身の川崎尚之助の才能に目をつけ、日新館に招いて銃砲の試作や改良に当たらせた。

一八六二（文久二）年、覚馬は京都守護職に任命された藩主松平容保《まつだいらかたもり》に随行して京都へ向かい、二度と故郷へ帰ることは無かった。しかし川崎は山本家に寄宿していたので、その後も八重は銃砲の扱いに親しむ生活を送った。庭先の射場で、的を射抜く狙撃訓練を重ねている。

尚武を尊んだ会津藩では、女性も武道を嗜《たしな》んだが薙刀《なぎなた》が主で、八重も道場に通っていたが、身は入らなかったらしい。籠城戦が始まる直前にも薙刀の名手である中野竹子から誘われたが、「私は銃で戦います」ときっぱり断っている。

中野姉妹たちは八月二十五日に女だけの娘子隊《じょうしたい》を編成し、薙刀をかざして官軍に突撃しているが、竹子はたちまち銃弾に倒れ、姉の首をかき切って城内へ退いた十六歳の妹優子は、八重に銃砲の弟子入りを頼み込んだ。その八重は一八六五（慶応元）年、二十一歳で会津藩士に取り立てられた九歳年長の川崎尚之助と結婚する。京都にいた兄覚馬の勧めもあったろうが、自然の成り行きと言ってよい。

さて八月二十三日朝の戦況だが、主君の容保公はわずかな側近に守られて前線から退き、外郭の甲賀町口《こうがまちぐち》を駆け抜ける途上で、急追する西軍の銃弾に馬を倒され、徒歩で追手門へ辿り着く。甲賀町口では城下町に残留していた老藩士や白虎隊《びゃっこたい》一番隊の少年たち（二番隊の十数人は飯盛山《いいもりやま》で自決）が立ち向かう。

明治42年頃に撮影された八重の男装写真

七十四歳の佐藤与左衛門は槍で一人を刺した後銃弾に倒れ、土佐軍の隊長が「生け捕れ」と号令したのに、槍で突進してきた孫の勝之助も撃ち殺されている。その夜の酒宴に少年の首を大皿に乗せて痛飲したというから、当時の殺伐たる気分が偲ばれる。

城内からの非常呼集を告げる鐘を聞いて身仕度をすませていた八重が駆けつけたのは、午前八時頃だが、藩士の家族たちの中には、足手まといになるのを嫌い、屋敷内で肩を寄せ合い集団自決した例が少なくない。城内へ入った時の様子を、八重の回想から引用したい。

「私は着物も袴も総《すべ》て男装して、麻の草履を履き、両刀を佩《たばさ》んで、元籠《もとごめ》七連発銃(注・スペンサー銃を指す)を肩に担いでまいりました……弟の三郎と申しますのが鳥羽の戦(一月)で討死しましたので……私は弟の敵を取らねばならぬ、その形見の装束を着て、一は主君のため一は弟のため、命の限り戦う決心で」

「腰には弾を百発、家から持ってでました。百発撃って仕舞うまで命があったらよいと思いまして」

なぜか回想談では、すぐ後に続くはずの戦闘シーンが出てこない。最新鋭のスペンサー銃で一〇〇発の銃弾を射ちまくったには違いないが、あえて語るのを避けた理由ははっきりしない。察すれば、維新後に京都府の顧問、府会議長、同志社の総長代理として新政府の治政に関わった兄覚馬への配慮もあったろう。新島襄との結婚を機にクリスチャンとなり、晩年まで社会活動を続ける上で、女だてらに官軍の将兵を殺傷した狙撃兵と見られたくない心理も働いたのか。

八重の主戦場となった北出丸の戦闘ぶりについては、十五歳の少年だった高木盛之輔《たかぎもりのすけ》(のち明治政府の検事正)の次のような目撃談がある。

図1　8月23日の鶴ヶ城攻防戦図

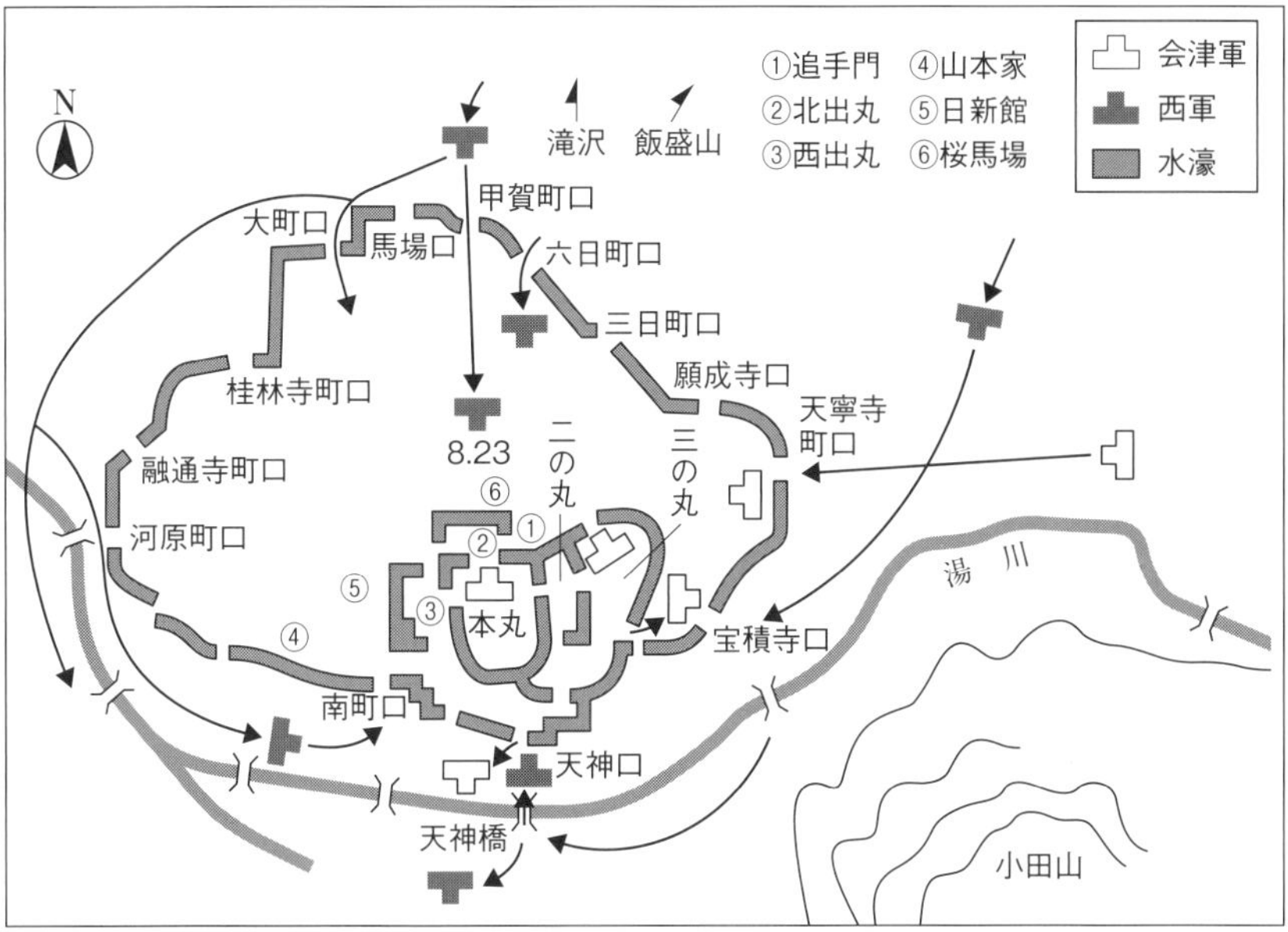

余御手許の元込銃を拝受して此大手に至る。狭間より望めば甲賀町を中心として、西軍殺到し勢い猛烈なり。……城中此敵に抗する者は吏員と老少のみ。具足《ぐそく》櫃《びつ》に土砂を盛って左右に置き弾丸を防ぐ。死傷者数名を出す。

　余木村丑徳其他少年五、六と会し協力防戦す……敵は進んで城の直下西郷、内藤両邸の長屋に拠り、窓より射撃し、或は桜馬場の小堤に拠って狙撃、正に城に向って突撃せんとするの概《おもむき》あり。城中の士克《よ》く戦い敵をして城門に至らしめず。

　この戦闘の最中で指揮役を買って出たはずの八重は登場しないが、男装し三郎と名乗っていたために、高木少年は女と気付かなかった可能性もある。

ともあれ彼女の戦歴はほぼ一日だけで終わり、その存在は官軍にも気付かれることはなかった。その日の夜、会津軍は場外へ夜襲を掛け、八重はスペンサー銃を撃ち尽くしたのか、代わりにゲベール銃を持って加わり、「女では妾《わらわ》一人、命中の程は判りませんが、余程狙撃をいたしました」と昭和に入って、平石弁蔵《ひらいしべんぞう》へ書き送っている。

翌日も出撃しようとしたが、容保から「敵に城中兵なきことを示すが如き」と制止された。籠城の日の午後から連日のように各地に出動していた精鋭部隊が帰還して、彼女の出番がなくなったせいもある。それでも銃弾の製造や配食の運搬など力仕事が回ってきたし、砲隊の総指揮官を務めていた夫の助手役として砲弾の調整や装塡、発射を分担することもあった。

だが、包囲されてから一カ月、鶴ヶ城は守り抜いたが、同盟を結んでいた仙台、米沢、庄内などの東北諸藩が脱落し、孤立した会津藩はついに九月二十二日、西軍に降伏する。

既に小田山の砲兵陣地から撃ち出す西軍の猛砲撃で、天守閣も崩壊寸前の惨状となり、死傷者が続出していた。飛来した砲弾が炸裂する前に水で濡らしたフトンを被せるのは、女たちの任務だったが、失敗して爆死する者もいた。八重の父である権八も老人組の一員として城外へ出撃し、九月十七日に戦死する。

降伏とともに、生き残った藩士は全員が捕虜収容所へ連行されたが、婦女子は放免となった。

八重に倒されたのは誰か

ここで狙撃手としての八重の腕前と貢献度を推し量ってみることにしよう。会津側の戦闘詳報が残っていないので、むしろ八月二十三日に絞った西軍の死傷者統計から実像に迫るのも一法かと考えた。

この日に攻め寄せた西軍は、迅衝隊《じんしょうたい》と呼ばれた土佐藩の兵（一三個小隊）を筆頭に、薩摩、大垣、長州、大村藩の約二〇〇〇人だが、終日の激戦で約一一〇人が戦死または戦傷死し、ほぼ同数の負傷者を出した。

真っ先に追手門へ迫ったのは土佐隊だが、北出丸と西出丸の銃眼から狙い撃ちされて「死傷はなはだ多し」で攻めあぐね、総督兼大隊長の板垣退助《いたがきたいすけ》は薩摩隊指揮官の伊地知正治《いじちまさはる》へ、「朝より一飯も喫せずして大に疲れている」ので交代を申し入れ、承知した伊地知は城門を破るには砲兵が有効だろうと、大山弥助《おおやまやすけ》（のちの巌《いわお》）が指揮する一番砲隊を差し向けた。十二時前後だったかと思われる。

ところが砲撃を開始する間もなく飛来した銃弾で大山は右大腿部を射抜かれ、後送されてしまう。そこへ川崎と八重が城壁に穴をうがち据えつけた四斤山砲に砲撃され、攻撃は頓挫する。そこで両将は協議してこれ以上の力攻めは不利と判断、午後三時には攻囲を一旦中止し、態勢を整

表1　鶴ヶ城追手門正面で戦死した土佐藩兵（8月23日朝）

氏名	年齢	職名	備考
小笠原唯八	40	大総督府軍監	右腹被弾、25日傷死
小笠原謙吉	29	3番隊長	唯八の弟
池田忠兵衛	31	9番隊半隊長	9月14日傷死
池田陽三郎	18	4番隊嚮導	
上田官吉	30	9番隊嚮導	
上田茂太郎	31	2番隊	
大野磯之丞	38	斥候	
大石左馬司	27	2番隊	
宮崎小三郎	53	5番隊嚮導	
尾崎万助	19	4番隊	

出所：「山内豊範家記」「戊辰軍功録」など
（注1）隊長は小隊長、嚮導は分隊長に相当する
（注2）8月23日の西軍戦死者（戦傷死を含む）は土佐藩33人、薩摩藩31人、大垣藩13人、長州藩11人、大村藩6人（『幕末維新全殉難者名鑑』）
（注3）8月23日の土佐藩戦傷者（約30人）には、祖父江可成（半大隊長）のほか、4番、10番、11・12番隊長が含まれている

え翌日に再開することとなった。

その間に他の藩兵は、南側の天神口や東側の天寧寺《てんねいじ》町口を攻めたが、城内から繰り出した槍隊に反撃され、攻撃は成功しなかった。夜に入ると八重も加わった夜襲部隊に不意打ちされて、宿営していた薩摩隊が総崩れになった所へ、救援の板垣が駆けつけ「退く者はぶったぎるぞ」と督励し、やっと食い止めた。

この日の薩摩兵の死傷者は、多くがこの夜戦で生じたものと思われる。しかし会津軍の犠牲も少なくなかった。二十三日だけで戦死者は四六〇人余、他に家族の自決者が二三〇人余と概算されている。

表1は土佐藩戦死者の銘々伝に当たって、二十三日午前、追手門周辺で死んだ

ことが確実な一〇人を抜き出したもので、八重の狙撃対象だったと考えてよい。中でも小笠原唯八《おがさわらただはち》は板垣とほぼ同格の大物、歴戦の勇士で後に明治政府から正五位を贈られている。

小笠原が右腹を撃たれた時、彼は長州藩の砲隊に加わっていたが、そうだとすると歩兵よりやや後方に位置していたことになる。甲賀町口から追手門までは約七〇〇mあるが、会津兵の標準装備である射程一〇〇〜三〇〇mの先込滑腔《かっこう》のゲベール銃では届かないし、命中精度も低かった。この距離で命中させる銃（スペンサー七連発）と技能を持っていたのは八重しかいなかった。同じ理由から薩摩の大山を倒したのも彼女以外には考えにくい。

想像になるが、銃の特性に精通した彼女は有効射程内の桜馬場北縁に陣取る土佐兵たちを、少年兵たちに、当たる当たらぬは度外視した斉射で攻撃させる一方、自身は頭に赤や黒のシャグマをかぶった指揮官クラスを狙い撃ちしたのではあるまいか。

それにしても手持ちの弾丸は一〇〇発ばかり、七連発を節約して単発で撃っても長くは持たない。午後には弾切れになったにせよ、「八重がいなかったら、鶴ヶ城はその日のうちに陥落していた」（中村彰彦）かもしれない。

最新鋭のスペンサー銃の威力

ここで視角を少し変え、表2を手がかりに当時の銃器事情を眺めてみる。

戊辰戦争（一八六八〜六九）の前後は、世界史的に「銃器革命」の時代と呼ばれている。一八五三年のペリー来航で、長く続いた鎖国を脱し始めた我が国に、長崎・横浜の武器商人を通じ欧米から大量の銃砲が流れ込んできた。一八六三年から六八年にかけ洋式銃の輸入は四三万丁以上と推計されている。

特に南北戦争（一八六一〜六五）が終わると、日本は中古銃の売り込み市場と化し、有力諸藩は少しでも新式の銃を入手しようと狂奔する。落ち目の幕府は別格として東日本、中でも会津を含む東北諸藩は、この競争に立ち遅れた。

一八六三年、下関戦争で四国連合艦隊に、薩英戦争で英艦隊に叩かれた長州藩と薩摩藩は、軍の徹底的な洋式化に踏み切り、最新の銃器を調達して討幕戦に立ち上がる。

表2は、この頃の洋式銃が（1）先込滑腔銃から（2）先込（前装）ライフル、次いで（3）元込（後装）ライフルへ進化した流れを示している。刀槍戦《とうそうせん》だと優劣の差は目立たないが、銃の性能差は実戦場では歴然とする。

雨天に使えない火縄銃は問題外として、射手が銃を立てて弾込めをする（1）はライフル線条が刻まれていないため命中精度が落ち、射程も短い。（2）では精度が高まり射程も伸び、（3）は射手が腹這いになって手許で弾込めし、発射できる利点が加わり、集団の銃撃戦では格段の強味を発揮できる。

「ゲベールは弾込に最低二十秒かかる」「元込は一丁で先込の六丁に対抗できる」「ミニエとゲベ

表2　幕末の主要な洋式銃砲

名称	開発年（国名）	特徴	口径（ミリ）	発射速度（毎分）	射程（メートル）	価格（両）	装備藩
火縄		先込 滑腔	18	1～2	50～200		
ゲベール	1777（蘭）	先込 滑腔	18		100～300	5→2	会津
ヤーゲル	1850年代（蘭）	先込 ライフル	17			5→2	白虎隊
ミニエ	1849（仏）	先込 ライフル	15	4	800～1000	18→9	薩長・会津
エンピール（エンフィールド）	1852（英）	先込 ライフル	11	2～4	1100	30→17	薩長
ドライゼ（ツンナール）	1860（独）	元込 ライフル	15	10～12	600～800	60→30	和歌山
シャスポー	1866（仏）	元込 ライフル	11		1200	60→28	幕府
スナイドル	1864（英）	元込 ライフル	15	10～12	800～1400	36→26	薩長・肥前
スペンサー騎兵銃（7連発）	1863（米）	元込 ライフル	14	14～20	800	40→28	肥前・幕府
ガトリング砲	1861（米）	元込 ライフル	25	200		5000	長岡
アームストロング砲	1858（英）	元込 ライフル	64	2～3	3000～4000		肥前
四斤山砲	1859（仏）	先込 ライフル	87	2	1000～2000		各藩

（注１）戊辰戦争終了前（1863～1868）の洋式銃輸入は計43万1,148丁以上（保谷徹）。うち先込ライフルは30万丁、元込ライフルは3.5万丁（うち薩摩２万、長州5,000、幕府7,000、会津3,000）、スペンサー７連発銃は3,500以上

（注２）ヤーゲルはゲベール（1831年輸入）の改良型、エンピールはミニエ（1849年開発）の改良型、スナイドルはエンピール（1852年開発）の改良型

（注３）蘭＝オランダ、仏＝フランス、英＝イギリス、独＝ドイツ（プロシア）、米＝アメリカ

（注４）ドライゼは和歌山、会津が注文したが、現物が到着したのは1869年で戊辰戦争には間に合わず

ールの命中率は一〇対一」「長州はミニエで、薩摩はスナイドルで勝った」というたぐいの風評が広まると、劣弱な銃を持たされた兵士の士気が落ちてもしかたがない。

では八重が使ったスペンサー銃はどこに位置づけられるのか。一八六〇年、アメリカ人クリストファー・スペンサー（Christopher Spencer）によって設計され、リンカーン大統領が気に入り、北軍騎兵が装備した世界最初、幕末日本では唯一の元込連発銃とされる。

カスター将軍が愛用し、ゲティスバーグ戦でも使われたが、高価（ゲベールの一〇倍以上）だったため日本に輸入されたのは少数で、指揮官クラスの個人装備として珍重されたようだ。騎銃なので銃身が短く、重量もゲベールより二割近く軽かったので、女性には持ってこいだったろうが、八重が入手したルートについては諸説がある。

（1）藩命で京都から長崎へ銃の大量買付に出かけた兄の覚馬が、武器商人のレーマンが秘蔵していたものを譲り受けて、八重に送り届けた。

（2）川崎尚之助が入手していたものを、結婚記念にプレゼントした。

（3）会津藩士の柴太一郎《たいちろう》が会津戦の半年前、東北諸藩に武器を売りこんでいたプロシア商人スネルから入手、八重に渡した。

どの説にも長短があり、決めにくいが、大河ドラマでは（1）を採用している。覚馬が一八六

図2　スペンサー銃の模式図

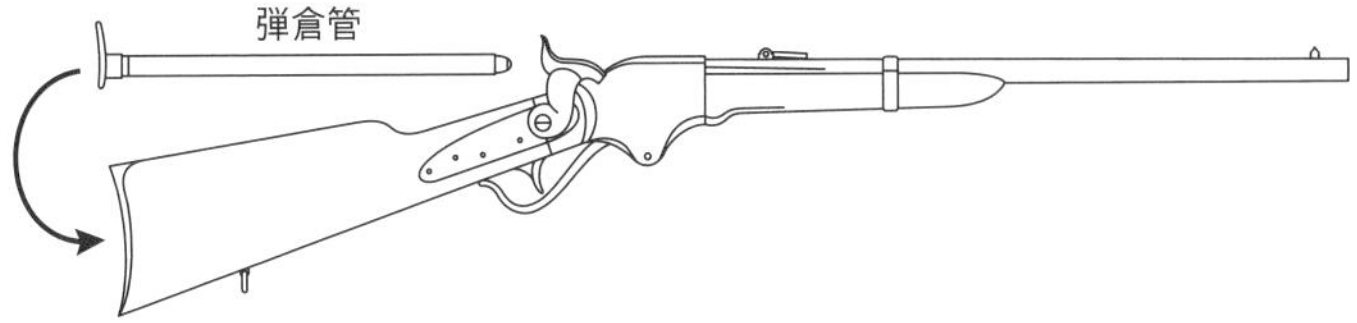

七（慶応三）年五月にレーマンと正式に買付を約定したのは、プロシア製ドライゼ元込銃一三〇〇丁だが、本国から届くのが遅れ、その際手許の元込銃七丁を京都へ持ち帰った記録があるので、そのうちの一丁だったのかもしれない。

鳥羽・伏見の戦いで敗れ、京都から江戸を経て本国へ引き上げた直後の一八六八年三月、西軍の来攻を予期した会津藩は軍の洋式化に踏み切り、銃の更新を図るが、その過程で（3）のように若干のスペンサーも入手した形跡がある。例えば十四歳の井深梶《いぶかかじ》之助《のすけ》は、越後戦線の隊長となった父を追って参戦、伯父が江戸で近藤勇から譲られたと伝わるスペンサー銃で戦った。

閏《うるう》四月二十七日、敵味方の白兵戦に駆けつけ、五、六mの至近で撃ち、「急所に当たったたと見え、敵はたちどころに倒れてしまった」と回想録に書いている。

この銃は父に代わった隊長に譲って引き上げ、梶之助は開城まで小姓役として君側に仕えたため、二度と戦闘の機会は来なかった。他にもスペンサーを所持していた会津藩士はいたらしいが、西軍側では小田山からアームストロング砲で鶴ヶ城を砲撃し、他にもスペンサーを装備した部隊で、庄内軍を撃破した佐賀藩の戦績が伝わっている。その庄内軍も富商の本間家が調達したスペンサー銃で一時は連勝を重ねたといわれる。

最近発見された土佐藩士の『宮地團四郎日記《みやじだんしろう》』（右文書院、二〇一四年）に興味深い記述がある。白河口戦線の四番隊に属していた団四郎はスペンサー銃を注文、借金して三八両を支払い、三日後に弾丸付きで入手、「嬉しきこと限りなし」と書いた。今の価格だと自動車並みの三〇〇万円に相当しよう。

そして七月二十七日に三春《みはる》近くの谷道で二人の二本松藩兵と出くわし、二〇m余の至近から撃つと命中して、倒れた敵を斬り殺した。撃ち倒した敵は火縄銃を携行していたというが、出会い頭では応戦するすべは無かったろう。彼がスペンサーを入手したルートは不詳だが、西軍が分捕《ぶんど》り品《ひん》の生糸を横浜で売って買い入れたスペンサー銃八〇丁が、五月二十八日、白河へ到着したという記録があるから、団四郎が自費で入手したのはその一部かもしれない。

ついでに日記を追っていくと、三番隊に転属した団四郎は八月二十一日、母成峠の会津軍陣地に攻め込んだ時、僚友に撃ち倒された会津兵が「武士の情で首を打ってくれと頼んだので願いどおりにしてやった」のち、幹部級と思われるその男がスペンサーを持っているのに気付く。

二日後の朝には鶴ヶ城へ攻め込むが、八重たちの守備陣が撃ち出す「雨のような弾丸」に射すくめられ、倒れた仲間の河野権六郎を担いで後方の野戦病院へ退いたので、スペンサー同士の銃撃戦は見られなかった。

司馬遼太郎は「幕末の会津藩がなかったら、僕は日本人を信用できなかった」(『王城の護衛者』)と書いている。京都守護職として孝明天皇の信頼が篤かった会津藩は、政局が変転する中で賊軍の汚名を蒙《こうむ》り、薩長など圧倒的な軍事力を誇る官軍の猛攻に屈した。しかし藩祖保科正之《ほしなまさゆき》の遺訓で、藩士たちは老幼婦女子に至るまで一致して律義に武士道の生き方を貫く。他藩のように内部が割れたり、「裏切り者」が出なかったことは、特筆してよいだろう。

晩年の八重はプロの現役将校を前にして、諳《そら》んじていた旧藩の「日新館童子訓」を淀みなく朗誦してみせた。その後彼女は「戦というものは面白いものでございまして」と語っている。老いた元狙撃手としての誇りを込めた感慨だったのだろう。

Column 1

名狙撃手の群像

インターネットで検索すると、狙撃と名狙撃手への関心は意外に高く、少なくない自伝、伝記風の刊行物や映画が紹介されている。

別表は、第二次世界大戦前後の著名な狙撃手名とスコアを列挙したものだが、好事家たちの私的算定が混在し、どこまで信頼してよいか疑問は残る。しかし、勲章授与などで表彰される場合は軍当局も介入するので、半公認と見なしてよいのかもしれない。

では、ランキング一位の狙撃手は誰か？　条件や環境が異なるので論議はあるが、衆目が一致するのは、第二次世界大戦期のソ連・フィンランド戦争でソ連軍から「白い悪魔」と怖れられた、フィンランド軍のシモ・ハユハだろう。

名狙撃手には真偽定かならぬ好事風の伝説が付きまとう。「一日で四〇人倒した」とか「三日かけた名手同士の決闘」とか「生き残り率は五人に一人」の類いだが、最近は、「平均で一〇〇〇m前後の射距離を超える遠距離狙撃を競う」風潮が目に付く。二〇一七年に、イスラム過激派の戦闘員を標的に、三五四〇mの世界最遠狙撃を達成した、カナダ軍特殊部隊の狙撃手（氏名は

別表　著名な狙撃手とスコア

国籍	氏名	戦場	スコア	備考
ソ連(ロシア)	V・ザイツェフ大尉	WWⅡ	257	伝記・映画あり
〃	L・パヴリチェンコ少佐	〃	309	女性・自伝・映画あり
〃	ニーナ・ペトロフ	〃	122	女性・戦死
〃	ローザ・シャニーナ軍曹	〃	54	女性・戦死
ドイツ	M・ヘッツェナウア上等兵	〃	345	
〃	J・アラーベルガー兵長	〃	257	
カナダ	F・ペガァマガボウ伍長	WWⅠ	378	
フィンランド	シモ・ハユハ少尉	WWⅡ	505	542人説も
アメリカ	クリス・カイル	イラク戦争	160	255人説も・自伝・映画あり
〃	A・ウォルドロン	ベトナム戦争	109	
〃	C・ハスコック	〃	93	400人説も
中国	張桃芳	朝鮮戦争	214	

出所：各種情報から著者が作成した。

不公表）が話題になっている。

ところで、狙撃手には女性もいた。山本八重のような例は別として、第二次大戦で日本軍やドイツ軍には、女性兵士を受け入れる制度は無かった。米英軍では婦人部隊を編成したが、職種は輸送機のパイロット止まりで、第一線に立たせることはなかった。

例外はソ連軍で、約一〇〇万人の女性兵士が軍務に就き、戦闘機パイロットや戦車兵などにも登用された。C・ストロング『狙撃手列伝』（原書房）によると、馳せ参じた女性に人気が高かったのはスナイパーで、約二〇〇〇人が選抜され、計二〇〇〇人のドイツ兵を葬ったとされる。

その一人であるリュドミラ・パヴリ

チェンコはウクライナの生まれで、キーウ大学に在学中だったが、ドイツの侵攻（一九四一年六月）と同時に軍務を志願した。そしてスナイパーに選抜され、一年余で三〇九人（うち三六人はドイツ軍のスナイパー）を射殺という驚異的なスコアを達成した。男性トップのザイツェフ（二五七人）を上回る成績である。

スターリンは彼女を二等兵から中尉（最終的には少佐）に昇進させ、「ソ連邦英雄」の称号とレーニン勲章を授与した。さらに彼女は、親善使節としてアメリカへ派遣され、ルーズベルト大統領との会見後、エレノア夫人同行の下で全米を回り、人気を集めた。

元スナイパーの女性たちの多くは、「戦歴を誇りたがらず、ウツの心情に悩まされている」と報告されているが、最近のロシア・ウクライナ戦争では、四〇人のウクライナ兵を射殺した後、負傷して捕虜となった〝バギラ〟という四十一歳の女スナイパーの存在が報じられている。

リュドミラ・パヴリチェンコを描いたソ連の切手

一方、カナダ軍の名スナイパーが義勇兵としてウクライナ軍に加入したという情報もあり、ロシア軍の将軍クラスが七、八人狙撃されて死亡したところから、両軍ともに狙撃手たちの活動ぶりが推察できる。

第二章

明治一五〇年ところどころ
——幻の「百年計画」

▼着眼点　ルーズベルト大統領が怖れた日本の「百年計画」とは?

「明治一五〇年」という見方は「薩長史観」か

本年（二〇一八年）は、明治維新（一八六八年）から百五十年の節目ということで、官民を通じて関連のイベントが並び、識者の感懐や解説がメディアを賑わせているが、いささか盛り上がりに欠けているようだ。

なぜか。いくつかの理由が挙げられよう。第一は明治・大正・昭和を経て、平成が終わろうとしている現時点との「地続き感」や「既視感」が薄れていることである。

既に昭和初年に遡り、明治からの決別を告げる先例はあった。「降る雪や明治は遠くなりにけり」と俳人中村草田男《なかむらくさたお》が詠んだのは一九三一（昭和六）年だが、その頃巷《ちまた》では二・二六事件を引き起こす青年将校団が、「昭和維新」を目指すクーデター構想に熱中していた。

そろそろ「昭和は遠くなりにけり」が出てくる時節かも、と予想していたら、最近の「朝日川柳」欄で「降る雪や明治はそんなによかったか」という苦み走ったパロディ風の句を見つけた。明治を「坂の上の雲」と賛仰する風潮への異議申し立てにもなっている。

第二は、勝者によって形成されたとする明治維新の歴史認識（薩長史観）を問い直そうとする修正主義者たちの台頭である。長州出身で政権担当中の安倍晋三首相は、折に触れ吉田松陰や高杉晋作を称揚する、お国自慢風の発言をくり返してきた。明治五〇年は寺内正毅《てらうちまさたけ》、明治一〇〇年は佐藤栄作と、いずれも長州出身の首相だったと述べたこともある。よほど郷土愛の強い人でないと気が付かぬ視点だが、図らずもくすぶっていた隠微な反薩長気分を刺激した。

それを窺わせる事件もいくつか起きている。二〇一六（平成二十八）年六月、靖国神社の創立百五十年を見据えた共同通信のインタビューで、靖国神社の徳川康久宮司は、明治維新の見方について、「賊軍、官軍ではなく、東軍、西軍と呼びたい。幕府も会津も日本全体のことを考えていた。戦争になったのは価値観の違いからだ。向こう（官軍）が錦の御旗を掲げたので、幕府は賊軍にされてしまった」と語った。因みに徳川宮司は最後の将軍・慶喜の曾孫に当たる。

その後すぐに亀井静香代議士と石原慎太郎らが、西郷隆盛や会津藩士らの「賊軍」も靖国に合祀すべきだと申し入れた時も、宮司は「すぐは無理だ」と答え、明快に否定しなかったのが神社界に波紋を広げ、ネット上でも論争を引き起こす。「百五十年間封印されていたパンドラの箱を開けてしまったのだ」とも評された。前後して『明治維新という過ち――日本を滅ぼした吉田松陰と長州テロリスト』（原田伊織著、毎日ワンズ）と題した著作が出るかと思えば、宮司を批判する靖国ＯＢの本も出たりで、徳川は二〇一八年三月一日に定年を待たずに辞任し、後任者は神社本庁から送り込まれた（新聞は二月二十四日付の『毎日新聞』だけが報道）。

確かに新政府成立の裏面では、「敬天愛人」らしからぬ西郷のあくどい謀略とテロがまかり通った。由来が定かならぬ錦旗に至っては、岩倉具視と大久保利通が京都西陣の呉服屋から私的に調達し、長州に送って縫い上げた詐術の産物だが、「尊王討幕」のシンボルに化けてしまう。一八六八（慶応四）年九月八日（新暦では十月二十三日）に即位し、改元を布告した十五歳の幼帝（明治天皇）は、あずかり知らぬところだった。

王政復古の内情を知るようになった天皇は、戊辰戦争を薩長対徳川、西南戦争を西郷対大久保の「私戦」で、慶喜将軍が恭順の姿勢を貫き、新政府に勝ちを譲ったらしいと洞察した。そして敗者の名誉回復や登用人事によって、東西両勢力の和解をもたらすよう苦心している。

極め付きは、旧賊軍である南部藩（岩手）出身の原敬が長州閥の巨頭山県有朋に見込まれ、一九一八（大正七）年に首相の座に就いたことであろう。それは藩閥専制時代の終わりを告げるものでもあった。

一般に革命や内戦では、勝者は敗者に対し「撫で斬り」（皆殺し）戦略で臨む例が多い。敗者の再起を封じるためである。だが戊辰戦争では賊軍と官軍の戦死者は各約四〇〇〇人、西南戦争を含めても二万人で、米の南北戦争（一八六一〜六五）の六二万人に比べて流血の規模は格段に小さい。

両軍は国際情勢を横目で見ながら、民衆を巻き込まないよう自制しつつ戦った。自制的になったのはそれなりの理由がある。幕藩体制下の上級武士層は、お目見えも叶わぬ下級武士団や下級公卿の暴走と本気で対決し、争う気分を持てなかったからでもある。しかし慶喜や会津の松平容保と後継者たちも怨み言を洩らさず、上級武士の矜持と忍従の百五十年に耐えてきた。

薩長史観に由来する明治一五〇年を機に、戊辰戦争百五十年の視点から見直してくれというのが、徳川宮司のアピールなのかも知れない。折しも二〇一八年のＮＨＫ大河ドラマは、維新最大の功臣とされている西郷隆盛を主役に据えた「西郷《せご》どん」だが、低視聴率（一二％）にあえぎ失速気味のようだ。西郷だけではない。薩長出身の首相を眺めても、初代の伊藤博文から二代黒田清隆、三代山県有朋、四代松方正義と続く元老連が主役に座ったドラマは見当たらぬ。傍役として顔を出すことはあっても、悪役か引き立て役が多い。

それに比べて、新選組の近藤勇、土方歳三らを先頭に、勝海舟、小栗上野介、河井継之助……と幕末・維新の人気ヒーローはほとんどが佐幕方に属す。戊辰戦争百五十年を機に、彼らの人気度は一段と高まるだろう。民衆レベルでは、勝敗はとっくに逆転していると言えそうだ。

東洋のスイスになった

映画『第三の男』で、オーソン・ウェルズが演じる麻薬密売人が、「スイス三百年の平和は何を生み出したか。（精巧な）鳩時計だけではないか」と嘯《うそぶ》くシーンがある。この映画が封切りされた頃の日本は、太平洋戦争の敗北で陸海軍を解体され、「日本は東洋のスイスたれ」というマッカーサー占領軍司令官の御託宣を信じ込まされていた。

スイスが実は徴兵制を布き、近代兵器を装備することで永世中立国の地位を護持してきた事実を日本国民が知るのは、かなり後の話である。ともあれ東西冷戦の谷間で我が国は七十年余にわたり、一人の戦死者も出さぬ「平和国家」として生き延びてきた。鳩時計の代わりにトランジスタ・ラジオ、次いで造船、自動車を大量生産して、経済大国への道を歩む。結果的に我が国はマッカーサー風の「東洋のスイス」に生まれ変わったのである。

それを裏で支えたのが、不戦を宣言した憲法第九条なのか、日米同盟の核抑止力なのか、見方は分かれる。いずれにせよ戦後日本は戦争を絶対悪、平和を絶対善とする建前を崩さないため、涙ぐましいほどの知恵を絞ってきた。様々な手法があるが、ネーミングに「平和」の文字を入れて済ませる例が多い。

日本各地に「平和記念館」と称する建造物が建てられている。見学した外国の友人は、「欧米の戦争博物館（ウオー・ミュージアム）と中身は同じじゃないか」と笑っていた。

八十年前の戦争体験を淡々と語る老兵・老女が、「戦争は絶対やってはいけません」と締めくくるのを、私は「蛇足術」と呼んでいる。その反面、戦争肯定と誤認されそうな言説は禁句となっている。一例を示そう。

数年前に天皇・皇后（現・上皇・上皇后）両陛下が慰霊訪問されたペリリュー島に、古代ギリシャのテルモピレー戦に倣《なら》い、米海軍のニミッツ元帥が刻んだ記念碑がある。「訪れる旅人たちよ。この島を守る日本軍の兵士たちが、いかに勇敢な愛国心をもって戦い、そして玉砕したかを伝えられよ」と読める。だが多数の随行記者は、朝鮮人軍夫の碑は報じたが、ニミッツの碑は無視した。戊辰戦争百五十年にちなんだ記事を見かけないのも、同じ理由かもしれない。

賛否を問わずタブーとされている論点に、日本の核武装問題がある。北朝鮮のミサイル発射（核弾頭付き？）に対し、韓国の世論調査では核武装を支持する声が半ばを超えるが、我が国ではこの種の世論調査さえ敬遠される。友人の新聞記者に聞いてみると、どんな数字が出るか怖くて、解説しようという論説委員がいないので見送られているそうだ。

筆者は十二年も前になるが、『産経新聞』の「正論」欄に「核抑止に〈レンタル核〉の勧め」と題した提言を発表したことがある。唯一の被爆国として我が国には誰よりも三発目の被爆を抑止する権利があるとの前提で、平時は米国に置き、危急の際は米国の合意を得て日本へ持ち込むという主旨だが、何の反響もなかった。

数日後に、日野原重明医師（当時九十五歳）の、「死を覚悟で無抵抗主義を実行する勇気を」というエッセイを読んだ。「その結果、亡国となっても、かつてこんなに立派な国があったと語り継がれるだろう」と結ばれていたが、すぐに賛同する読者からの投書が掲載されたのを覚えている。世論調査をやれば、大勢は日野原流の無抵抗主義に傾くのではないかと直感した。

「開国後攘夷」の源流

ここで想いは、幕末日本の「攘夷」思想に飛ぶ。この時点で幕府と各藩の志士たちは、尊王、佐幕、討幕、開国、攘夷のスローガンが入り乱れる中、激しく争った。結果的に明治新政府は欧化路線を突っ走るが、「開国後攘夷」と「和魂洋才」を約束し、思想的混乱を収拾する。「日付の無い小切手」を切らねばならぬほど、攘夷への思いは強く、敗北主義は捨て去られたのである。

当時の国際環境は、「弱肉強食」を当然と心得た帝国主義の時代である。どう見ても日本は「弱肉」に違いなかったのに、思想家や志士たちの関心は、受け身の日本列島防衛ではなく、「強食」の身にふさわしい大胆な対外進出へ向かっていた。清国、朝鮮など他のアジア諸国には見られない特異な現象だった。代表的なものを選び、別表に掲げる。

この表における1から4までの論者は、いずれも当代きっての知識人だったが、正気を疑うほどに分不相応の向こう意気に驚くしかない。いずれも鎖国育ちだから海外渡航歴はなく、地理の東西も怪しいほどの貧弱な情報量しか持ち合わせていなかった。無知なるが故の蛮勇と評してよいのかもしれない。

多くは列強の分割が未確定段階にあった朝鮮、清国など、東アジアと南洋の一部への出撃論に止まるが、「全世界を全て皇国の郡県に」（1の佐藤信淵《さとうのぶひろ》）とか、「終に五大洲を統一する」（4の橋本左内《はしもとさない》）とか、「(天皇を) 宇宙間の一天子に」（松平春嶽《まつだいらしゅんがく》）など、世界制覇を目指す論調もあった。

それでも彼らは、欧米先進国に対抗し得る近代兵器や渡洋可能な大型船が我が国にないくらいは承知していた。従って「今、海外出撃の大号令が下ったとしても……南支那海の激浪を乗り切る軍船を持つ藩は一つもない」（3の島津斉彬《しまづなりあきら》）のだから、「朝鮮を朝貢させ、満洲、台湾、イン

別表　対外膨張案の系譜

氏名	出典（日付）	支配予定地
1　佐藤信淵	『宇内混同秘策』（1823）	満洲、支那、台湾、フィリピン、全世界
2　吉田松陰	『幽囚録』（1854）	朝鮮、満洲、台湾、インド、ルソン、カムチャッカ
3　島津斉彬	『島津斉彬公伝』（1855）	朝鮮、台湾、福建省
4　橋本左内	「橋本景岳全集」の書簡（1857）	朝鮮、満洲、支那、インド、南洋、五大洲
5　西郷隆盛	西郷→有馬純雄談（有馬『維新史の片鱗』）（1872頃）	朝鮮、満洲、支那
6　百年計画	『スチムソン日記』（1934）	本文参照
7　朝河貫一（予想）	『日本の禍機』（1909）	朝鮮、南満洲、清国、インド、フィリピン、豪州
8　王家楨	「田中上奏文」を偽造（1929）	満蒙、中国、米と決戦
9　総力戦研究所	「大東亜共栄圏建設原案」（1942）	中国、南方、東部シベリア、豪州、太平洋諸島、インド

筆者作成

ド、カムチャッカを斬り従える」のは「船ほぼ具《そな》わり、砲ほぼ足らば」（2の吉田松陰）になってからの遠大な目標だったとも言える。

だがこうした膨張主義に異論を唱える人々がいなかったわけではない。改革された朝鮮や清国などと提携して、白人パワーのアジア侵食に対抗しようとする発想である。「アジアはひとつ」（岡倉天心）のスローガンは人心を捉え続け、大アジア主義、東亜共同体論、大東亜共栄圏へ発展していくが、あくまでも傍流の観念論に止まった。

政権を握ったばかりの新政府がまず着手したのは朝鮮半島、次いで満州への武力進出だった。首相格の西郷隆盛は一八七二（明治五）年から七三年にかけ、参謀長格の伊地知正治に命じ、「征韓作戦計画」を作成させた。秀吉の先例を参考に、四万の兵力を釜山に上陸させ、うち一万を海路で京城へ、七〇〇〇を平壌に派遣し、退路を断って国王を捕虜にするというものであった。それだけではない。

有馬純雄の記録によると、西郷は「朝鮮は通り道で、満洲を占領して足場に、手向かう者を片っ端から征服、ロシアを処分して支那に着手する」という遠大な構想を語っていたという。中国が朝鮮の宗主国だった事情を考慮すれば、征韓論が征清論に発展するのは自然の成り行きであったろう。

江藤新平は早くも一八七一（明治四）年の建白書で「人愚かに、兵弱い」清国を征服し、「米、露、独と世界を争うべし」と唱えていた。山県有朋陸軍卿も、一八七四（明治七）年に閣議で「臣請う。三万の兵を率い……天津を突き（北京で）城下の盟を」と主張したことがある。

日清・日露の両戦役は日本の「利益線」（山県）とされた朝鮮半島の支配権を巡る清国、次いでロシアとの争奪戦であったが、日露戦争に勝利した日本は一九一〇（明治四十三）年、韓国を併合した。

「百年計画」のミステリー

第一次世界大戦は日本に別の生き方を提示した。ウィルソン米大統領が主導した平和主義と軍縮、民族自決（反植民地主義）の理念、いわゆるベルサイユ＝ワシントン体制を、日本は積極的に支持した。しかし間もなく揺り戻しがくる。

世界恐慌を収拾できない政党政治に失望し、脱出口を求めた国民は、満州事変（一九三一年）を強行した軍部の対外膨張路線を支持した。海外の観察者たちは、日本の進路に不安と警戒の目を向け、国家意思に発する「計画的犯行」ではないかと疑い始めた。

その中に、一九三三年三月に第三二代米国大統領に就任したフランクリン・デラノ・ルーズベルト（以後はＦＤＲと略記する）と、フーバー前政権の国務長官、日米開戦前から終戦までの陸軍長官だったヘンリー・スチムソンがいた。

日本膨張の「百年計画」（One Hundred Year Japanese Plan）という不気味な「口伝」がある。作者は不明、日本語の原文も所在不明となると、歴史資料としては心許ないが、口伝（英文）の流通経路は、はっきりとたどることができる。国際宣伝の領域では、怪しげな情報が乱舞しているが、多くは素性や動機が不分明のまま消えていく。しかし真偽に関わりなく、広く内外に流通して、歴史を動かす影響力を発揮する例もないわけではない。

「百年計画」の内容が記録されているのは、エール大学が所蔵するスチムソンの克明な日記である。この日記をベースに執筆された彼の回想録は、歴史家の間では高く評価されてきたが、膨大な分量の日記を読み込んだ人は多くないらしい。

時は一九三四年五月十七日、ＦＤＲに呼び出されたスチムソンは、極東問題全般にわたり意見を交換したが、その際にＦＤＲは一九〇二年、ハーバード大学の学生時代に名門出身の日本人留学生から聞いた、一八八九（明治二十二）年作成とされる「百年計画」について語った。スチムソンはその日、丹念に全容を日記に記入した。留学生は二度の首相を務めた松方正義公爵の七男、松方乙彦《おとひこ》（一八八〇〜一九五二）で、格式の高い同じ学生クラブに入っていた縁でＦＤＲと親しくなった。

松方乙彦（左）

「百年計画」は、一〇段階に区分されていた。第一段階の日清戦争に始まり、朝鮮の併合（第二段階）、日露戦争（第三段階）、満州占領（第四段階）、中国の支配を経て、ハワイやオーストラリアを含む太平洋諸島（第八段階）、全黄色人種を糾合したヨーロッパとの決戦（第一〇段階）と続いていた。ＦＤＲがアメリカをどう処理する予定かと尋ねると、メキシコ、ペルーに拠点を確保するだけだから、米国は心配不要と松方は答えた。

この壮大とも妄想ともつかぬ行程表のう

フランクリン・ルーズベルト

ヘンリー・スチムソン

ち、未来の大統領（ＦＤＲ）が熱心に聞き入った一九〇二年の時点では第一段階が終わり、第二、第三段階が想定の範囲に見えていた。気掛かりなのは、日本が第八段階でハワイの獲得を目指している点にあった。米本土まで行く予定はなさそうだと聞いてＦＤＲは安心したというが、第一〇か第一一段階に入っていたが言いそびれたのかもしれない。

　ではこの計画書の起草者は誰か。筆者がまず想定したのは、父親に届いた意見書、建白書の類いだが、国会図書館の「松方家文書」コレクションからは見つからなかった。次にその前後に流行していた東海散士《とうかいさんし》（柴四朗）、末広鉄腸《すえひろてっちょう》、矢野《やの》龍渓《りゅうけい》らの政治小説、冒険小説あたりではないかと推定し、検索してみたが、該当者は発見できなかった。

　ところで、若き日のＦＤＲが「百年計画」をどこまで信じたかは別として、かなり鮮烈な印象を受け、長く記憶に留め、人にも語っていたのは確かである。そして「百年計画」の半ばに差し掛かったタイミングで、ＦＤＲとスチムソンは日米関係の将来に対する危機感を共有したに違いない。

「百年計画」は大統領の従妹で個人秘書でもあった「デイジー（本名はマーガレット・サッカレー）の日記」（一九三四年一月三十一日付）にも登場するのを見つけたのは、ジャーナリストの前田徹氏（元産経新聞ワシントン支局長）である。デイジーは計画書の要旨を引用したあと、「一九〇〇年以来、その通りに事が進んでおり、日本人は計画を予定通り進めているようだ」と記す。また一九三三年春に大統領が英国のマクドナルド首相に打ち明け、軍縮交渉において日本の海軍力を米英レベルに引き上げさせないことで合意していたとも書き入れていた。

ＦＤＲの原罪？

多くの歴史家が一致して指摘するのは、ＦＤＲが海軍通だったこと、七年間の海軍次官時代に日本を筆頭の想定敵国とする「オレンジ・プラン」の立案にも関わったことである。ＦＤＲの中国びいきは、母の実家であるデラノ家が中国との貿易で巨富を得たとか、アヘンで儲けた原罪意識が親中国と反日感情を生んだとする見解もあるが、「先祖のせいではない」と歴史家のバーバラ・タックマンは切り捨てる。

ＦＤＲと、実業界に入った松方乙彦との個人レベルでの交流は一九三〇年代も続いていた。一九三四（昭和九）年には広田弘毅外相に頼まれ、松方は日米関係改善のため訪米した。半年の滞在期間中に二度ばかり大統領と会ったが、記録は残っていない。しかし、日米友好を説く一方、「米国は中国に対し肩入れし過ぎで日本へ不当に厳しい」と率直に訴える松方の私信が残っている。

ＦＤＲは在任中に死去するまで、四期十二年余りも大統領の座にあったにもかかわらず、回想録も日記も残していないので、彼がいつの時点で対日戦を決意したのか、内的動機を知り得る決め手情報は見つからない。

昨年（二〇一七年）、フーバー元大統領の回想録『裏切られた自由』（渡辺惣樹訳、草思社）が刊行され、反響を呼んだ。フーバーは、日独を伝染病菌になぞらえた「隔離演説」（一九三七〈昭和十二〉年十月）以来、ＦＤＲは日本を敵国とみなし、戦略物資の供給をジワジワと締め付けていき、一九四一年八月の石油禁輸に持ち込んだと書いている。特に近衛文麿首相との頂上会談に応じなかったことを批判し、「戦争を選んだのは日本ではなくアメリカだ」と結論づけた。

ＦＤＲが対日戦を最終的に決意したのは一九四一年十一月二十六日、日本の大船団が台湾沖を南下中という米陸軍の情報をスチムソン陸軍長官がもたらした時点と思われる。「激怒」した大統領は破局を避けるために準備していた日本との暫定協定案を放棄して、最後通牒に等しい「ハルノート」を交付した。少なくとも、二人は同時に覚悟を固めたのである。

別表に列挙した日本の対外膨張策は、いずれもアジア・太平洋のほぼ全域を支配対象としていたが、なぜか米本土は対象からは外れている。アメリカは戦いたくなかった相手だったのかもしれない。「百年計画」は歴史家としての私が抱えこんだ最後のミステリーになりそうだ。

第三章

昭和天皇を襲ったテロリスト像
——難波大助と金子文子の挑戦

▼着眼点　大逆罪の難波大助と金子文子はなぜ特赦・減刑を拒んだのか？

テロリストに三回も狙われた昭和天皇

ブルジョアの庭につつじが咲いており、
プロレタリアの血の色をして

金子文子《かねこふみこ》

一九二三（大正十二）年十二月二十七日の昼前、場所は東京市虎ノ門交差点。帝国議会の開院式に臨むため、赤坂離宮を出発した摂政宮《せっしょうのみや》裕仁親王（後の昭和天皇）の乗った車列が溜池を経て交差点にさしかかった。

その時、車列を見ようと集まっていた群衆の一角から、茶色のレインコートをまとった鳥打帽の青年がステッキをかざしながら飛び出し、摂政宮の車に駆け寄る。そしてステッキ銃から放った一弾が炸裂した。青年は増速した車に追いすがるが、すぐに警官と憲兵に取り押さえられた。

数十センチの差で危機を免れた二十二歳の青年皇太子は、そのまま日比谷の議事堂に向かい、予定通り開院式に臨んだ。間もなく犯人は、山口県選出の衆議院議員難波作之進《なんばさくのしん》の四男大助《だいすけ》と判明する。世間を震撼させた「虎の門事件」である。

事件の責任を負って第二次山本権兵衛内閣は総辞職し、警衛の責任を問われた湯浅倉平《ゆあさくらへい》警視総監（のち内大臣）と正力松太郎《しょうりきまつたろう》警務部長（のち読売新聞社長）らは懲戒免官となる。そして大逆罪を適用された難波大助（二十四歳）は翌年十一月十三日、大審院で死刑を宣告され、二日後に執行された。

戦前期日本の刑法には、いわゆる大逆罪について次のように規定されていた。

第七三条……天皇、太皇太后、皇太后、皇后、皇太子又は皇太孫に対し危害を加え、又は加えんとしたる者は死刑に処す。

既遂、未遂、予備（準備）や陰謀などの計画段階でも適用され、一審（大審院）のみ、公判は非公開という厳しいもので、第二次大戦後に米占領軍の指示で廃止されたが、それまでに第七三条を適用した判例は四件しかない。これを少ないと見るか、意外に多いと見るか見方が分かれる所だが、四件のうち（A）既遂はなく、（B）未遂が二件、（C）予備・陰謀が二件となる。時期順に列挙しよう。

●**幸徳《こうとく》事件**（C）……一般に「大逆事件」と呼ばれることが多い。一九一一（明治四十四）年一月十八日の大審院判決で、幸徳伝次郎（秋水）、管野《かんの》スガ、宮下太吉ら二四人に死刑を宣告、うち一二人は恩赦により無期懲役へ減刑されたが、幸徳以下の一二人は六日後に死刑執行。

明治天皇を暗殺しようと爆弾の製造、実験を試みた宮下ら数人を除き、現在の認定基準だと有罪は困難と思われる。この機会に危険な社会主義者と見なされた幸徳らを連累者として除去しようとする明治政府の意向が働いて、範囲を拡大したものと推察される。

●**虎の門事件**（B）……難波大助による摂政宮の殺害未遂、一九二四（大正十三）年十一月十三日死刑判決、二日後に執行。詳細は後述。

●**朴烈《ぼくれつ》・金子文子事件**（C）……皇太子殺害を計画し爆弾の入手を試みたが、実現しない段階で、朴と金子は一九二三（大正十二）年九月に検束され、二六年三月二十五日に死刑判決を受けた。両人とも十日後に無期懲役へ減刑されたが、金子は服役中に監房内で自殺した。詳細は後述。

●**桜田門事件**（B）……朝鮮独立運動家の李奉昌《りほうしょう》（三十一歳）は、大韓民国臨時政府（在上海）の金九《きんきゅう》から手投げ弾を受け取り、昭和天皇の暗殺を企てた。

一九三二（昭和七）年一月八日、陸軍の観兵式を終え、帰途に天皇の馬車列が桜田門の警視庁正面にさしかかった時、拝観の群衆に紛れ込んでいた李は、一木喜徳郎《いちききとくろう》宮内大臣の馬車をめがけ投弾する。後続の天皇車へ第二弾を投げ付けようとしている所を警察官に取り押さえられた。被害は一木車が少し損傷しただけに終わる。李は同年九月三十日、大審院で死刑を宣告され十月十日に執行された。

被告たちは社会主義者、共産主義者、無政府主義者などの反体制思想を信奉する者が多く、うち朝鮮人が二名だが、相互の関連性はなく、強いて探せば、難波大助が幸徳らの大逆事件を知ったのが、テロを思い立つ動機になったと供述しているくらいである。朴烈と李奉昌はいずれも朝鮮独立運動に関わっていたが、組織的にも個人的にも直接の交流は無かった。

大逆事件の被告には、条文を読めば分かるように、死刑の判決しかあり得なかった。ただし情状の程度により、判決後に恩赦を適用して罪一等を減じ、無期懲役とする道は残されていた。それは天皇の「仁慈《じんじ》」を効果的に印象付ける機会でもあった。

幸徳事件被告の一部、朴烈・金子には適用され、難波も悔悟転向を表明すれば適用される可能性はなくもなかった。実際には予審と法廷における反抗的態度がきわだち、裁判官の心証を悪くしたためその可能性は消えてしまう。そればかりか、難波は死刑宣告の後、少なくとも十二日後という慣例を破り、二日後という異例の早さで執行されている。

それにしても、昭和天皇が皇太子時代を含め三回も、暗殺の危難をくぐり抜けた強運は嘆賞するしかない。

ここではテロに至る心理過程が相似し、同時進行の側面さえあった難波大助と金子文子の二人に焦点を据え、両人の軌跡を追ってみたい。

勤王の家系に生まれて

山口県の東南部に位置する熊毛郡周防村《すほうむら》字《あざ》立野《たての》（現在は光市に合併）は、難波大助の生地である。山あいの寒村だったが、父の作之進は村長、県議を経て一九二〇（大正九）年、衆議院議員に選出された。大地主で、郡農会長や防長農工銀行の取締役なども兼ねた地方の名望家である。

難波家は、祖父の覃庵《たんあん》が幕末に諸隊の一つを率い国事に貢献したとして、正五位を贈られた。その由来を守り、作之進も代議士に出馬した時は、皇室中心主義を公約したぐらいである。妻のロクは近在の名家である国光《くにみつ》家から嫁し、五男五女を産んだ。うち男一人、女三人は早世したが、四男の大助を除くと、人もうらやむ優秀な子女ぞろいであった。

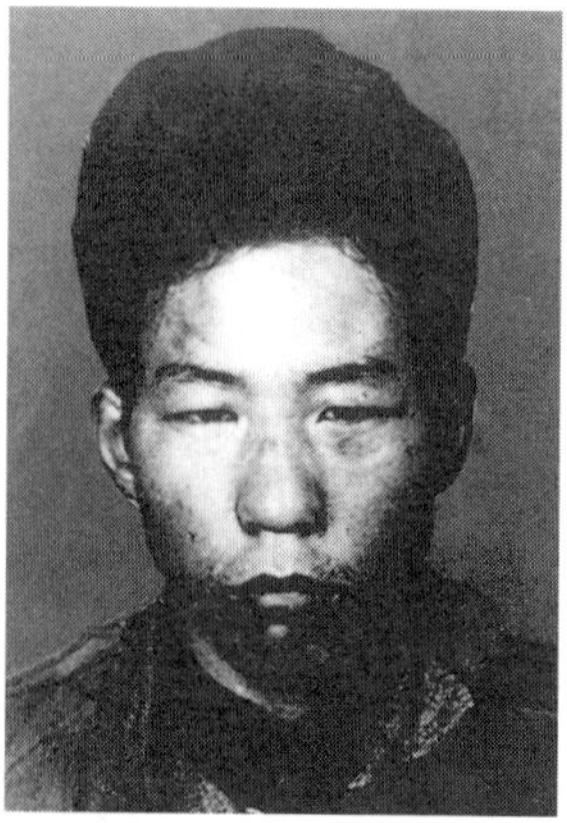
難波大助

図1の略系図を参照されたいが、長男の正太郎は県下一の進学校である県立山口中学校から最難関の第一高等学校英法科に首席で合格、一九一六年、東京帝国大学法科大学（英法）を二位の好成績で卒業して、久原鉱業へ入社、虎の門事件の頃は本社副参事・人事課長の職にあった。田布《たぶ》施《せ》町出身で四年後輩の岸信介とも親しくしていた。

三男の義人は早く吉田家の養子となったが、三高、京都

図１　難波家関連略系図

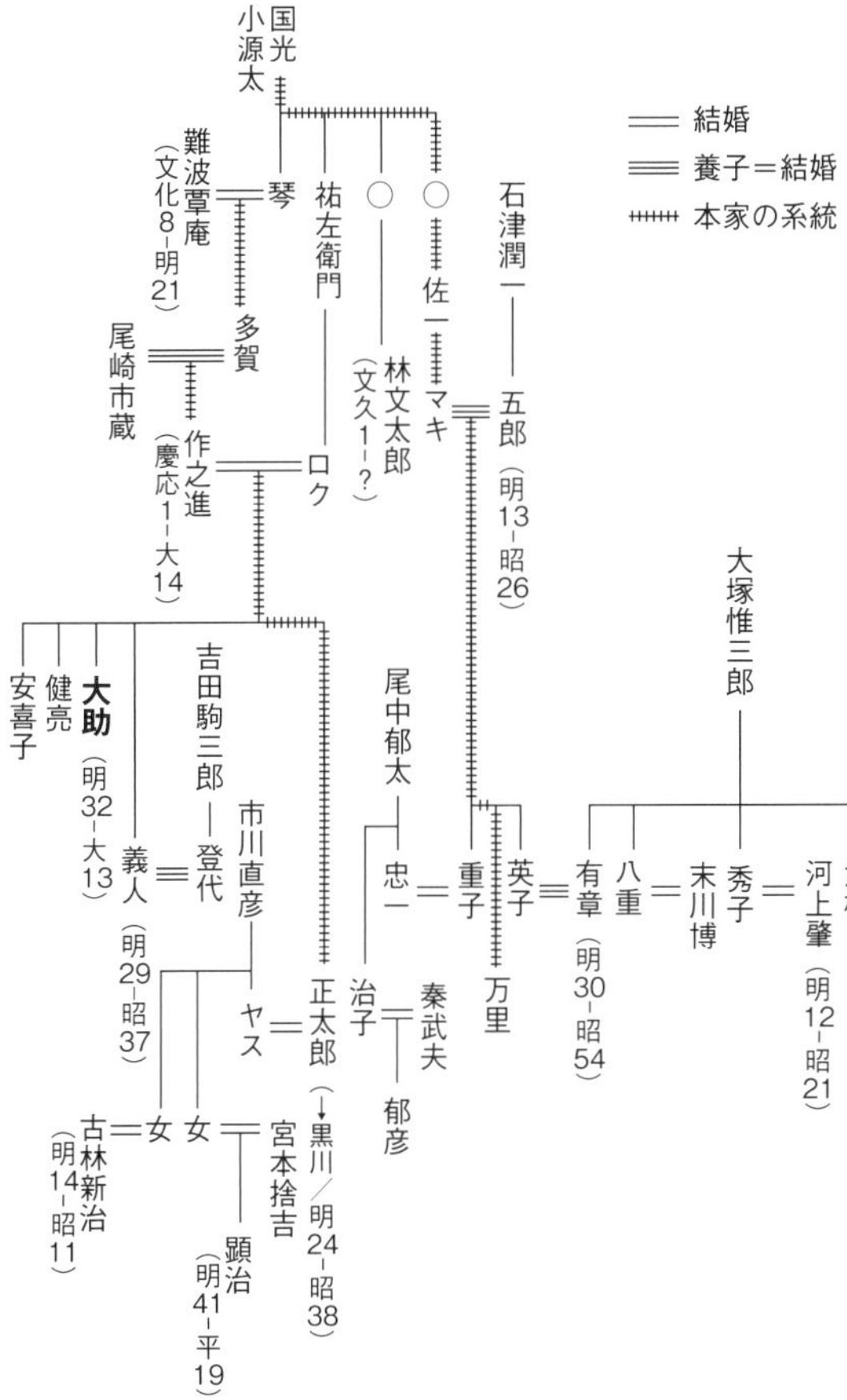

帝国大学法科大学を経て、長崎の三菱造船に入った。

　五男の健亮も桝谷家の養子となっていたが、事件時は山口高校生（のち京大へ）、二人の女子は県立山口高女の卒業直後と在校中というなかで、四男の大助は小学校時代は優等生で級長も務めたのに、県立徳山中学校に進んだ頃から学業に身が入らず、卒業直前に退校してしまう。

その後は、東京や京都で予備校に通いつつ高校を何度も受けたが不合格を重ねた。それでも一九二二（大正十二）年、第一早稲田高等学院へ入る。しかし一年足らずで退校、合い間に新聞配達や臨時人夫などの肉体労働も経験するが長続きせず、生活費を親や兄にせびる、だらけた日々を過ごす。

本人にはそれなりの言い訳もあった。逮捕後の供述によると、何かとかばってくれた母が一九一八年に死んだ後、厳格な父親との関係が悪化した。予審の陳述では、「私が共産主義者になったのは……家族間の専制君主、父・長男の専横と貪欲（倹約の強要）から、私の叛逆心が養成せられ」と述べている。では大助が思いこんだほど、難波家の家庭環境は異常で過酷だったのだろうか。

戦前の民法では家長（戸主）に絶対権があり、長男は全財産を相続できるようになっていた。かといって、次男以下が惨めな境涯に追いやられたとは言い難い。山口県に限らず、難波家のような地主階層では、長男が家を継ぐかわりに、次男以下は上級学校に進ませ、官吏、将校、企業人として自立する進路を想定した。他家へ養子に行くか、財産を分与して分家させる例もあった。女性は中等教育（女学校）を終えた後、格式の釣合う他家へ持参金付で嫁入りさせた。

旧長州（山口県）には、特殊な事情もあった。出自を問わず維新の功臣となった人たちは、新政府の元老・高官として華族に列せられ故郷を離れた。難波家に代表される地主層は藩閥を支える政治的基盤と見なされ、優秀な人材は後継者として功臣世代に引き立てられる仕組みである。試みに難波家の親族関係を眺めてみよう。大助の生母であるロクは、隣村の国光家から嫁してきた。国光本家を嗣いだ養子の五郎は、東京帝国大学を卒業して内務省に入ったが、早く辞して養家へ戻り、県議を経て作之進と雁行《がんこう》する形で四期にわたり衆議院議員を務めた。

五郎の長女英子は、元内務官僚で岩国毛利家の家令に転じた大塚惟三郎の子有章《ゆうしょう》を養子に貰った（のち離縁）。有章の姉秀子はマルクス主義経済学を初めて日本へ導入した河上肇《かわかみはじめ》（京都帝国大学教授）に嫁す。

その影響を受けた有章は、銀行員を経て非合法下の日本共産党へ入党、資金調達のため銀行を襲撃した「赤色ギャング事件」を引き起こす。出獄後は甘粕正彦《あまかすまさひこ》の満州映画で働き、終戦後は中国共産党へ身を投じ、晩年は毛沢東思想学院を主宰した。河上肇も京大を辞し、一党員として共産党の地下活動に従事している。

このように親族関係を手繰っていくと（図1参照）、保守・革新の両派にわたる諸士を輩出していることが分かる。くどくなるので詳細は省略するが、伊藤博文、木戸孝允、山尾庸三、宮本顕治らの名が浮かぶ。国光家の縁に連なる筆者も末端の一人で、子供の頃、伯母から大助の逸話を聞いた覚えがある。

ともあれ、難波家や周辺の生活環境から、大助がテロリストに走らざるを得ない要素は見つけにくい。父も兄弟も大助の行状に当惑したには違いないが、何とか立ち直らせようと努力を惜しまなかった形跡が見られる。特に事件を起こす二、三年前からは、大助の要求を拒否すると不穏な行動に出るのではないかと怖れ、腫れ物に触るような態度で接するようになった。

それでも大助の父親に対する不信感は最後まで消えなかった。国家権力と家父長制を二重映しに捉えていたのかもしれないが、死刑判決の前夜に認《したた》めた父宛ての遺書にも、呪詛《じゅそ》に似た憎言を並べている。だが続けて、「世間のまぬけ共はいっておるだろう——あんなりっぱな家から、あんな極悪非道者！」とか「兄弟姉妹の内から柔順ならざる反逆者が一人ぐらい出たからといって今さら驚くにはあたらぬ」と記している点から見て、家族に当たり散らしてきた空しさをひそかに悔いていたとも受け取れよう。

難波大助のテロ宣言

その大助が、天皇制を標的にするテロリストとして立つ決意を固めた契機は何だったのか。予審調書をよく読み込んだ裁判長（大審院長の横田秀雄）は事件後の法曹講演会で、きっかけは二つあったと語っている。

一つは一九二一（大正十）年三月、京都へ出て三高の受験に失敗した頃、愛読し始めた雑誌『改造』の四月号に、河上肇が「断片」と題して寄せたエッセーの影響である。それは日露戦争から一九一七年のロシア革命に至る革命家たちの動きを紹介したもので、種本《たねぼん》はサックの『ロシア民主主義の誕生』という本だった。中でもテロを実行して処刑される若い女性革命党員が、法廷でテロリストとなった動機を語り、「帝政はよろめき倒れるだろう」と絶叫したシーンが大助の心を揺さぶったらしい。

しかし、大助が京都に住む河上を訪ねて親しく教えを乞うた気配はない。河上の「断片」は死後の一九四六年に刊行された著書『思ひ出』に収録されたが、「断片」が縁者の大助に与えた影響に触れ、「当時の私は夢想だにしなかったことだが、この一文は計らずも一人の青年の頭脳に決定的な影響を与え……」と回想する。

一九二三年九月、関東大震災から逃れて東京から郷里へ向かった大助が、京都に下車して河上家に立ち寄った。金を貸してくれという用件だったが、取り次いだ夫人に姓名を名乗らず、「先生に」と紙片を渡す。肇は大学の同僚と面談中だったが、「私は共産主義者です」と書かれた紙片を気味悪がった同僚の勧めで面談には応じなかった。どうやら大助は死ぬまで河上と会う機会は無かったと思われる。

それにもかかわらず、四面楚歌の悪評にさらされていた大助を「最後までその自信を曲げず毅然たる態度……世にも珍しいしっかりした男」と高く評価したのは、獄中で転向し運動から脱落した自身への退け目もあったのか。

大助をテロリストに仕向けたもう一つのきっかけは、『改造』の河上エッセーを読んだ後、上京して牛込の下宿から上野図書館へ通い、幸徳らの大逆事件を報じる古い新聞記事を借り出して読んだ時だという。

彼は友人への手紙で、「一九二一年四月、俺はかっとのぼせてterroristとして立つべく決心した」と書き、長兄の正太郎にもそれを洩らした。驚いた兄は親族の林文太郎（実業家）に頼み、翻意するよう説得してもらった。大助は「林文太郎氏の忠告により一時思いとどまりました」が、それ以後も「絶えず機会をねらっておったのです」と供述書で告白している。

戦々恐々としていた家族は、翌年に大助が早稲田高等学院に入校（一年後に退校）したので、立ち直ってくれればと、祈るような思いだったに違いない。河上肇に借金を断られた大助は、彷徨生活を切り上げたかのように実家へ引き籠る。

十一月一日の狩猟解禁を前に、大助は少年時代から親しんでいた鳥撃ちを再開する。警察に出かけて、二等の免許を取り火薬も入手した。やはり鳥撃ちの趣味があった父の作之進が、愛用の村田銃と共にステッキ銃を手入れしている姿を見て、ひらめくものがあった。「これを使おう」と目星を付けたステッキ銃は、明治初年に岩倉使節団の一行として欧米を回った伊藤博文（旧姓は林）が護身用としてロンドンで買い求めたものとされる。

岩田礼の調査によると、この銃は韓国統監に赴任した伊藤から統監府の課長だった林文太郎が貰い受け、林が親族に当たる隣村の難波作之進に進呈したものである。大助がこうした由来を知っていたかは定かでないが、裁判所は犯行に使われたステッキ銃を、元勲の伊藤が入手したという由来は隠し通す。

ともあれ、標的を摂政宮と想定したうえ、故郷の山野で射撃訓練を重ねた大助は、十二月二十二日、くだんのステッキ銃を抱えて実家を出た。

父は帝国議会に出席していたため不在、見送ったのは妹の安喜子だけであったが、不安を覚え「なにをするの」と聞くと、「京都の友だちのところで鳥撃ちをするんだ」との返事だった。

立ち寄った京都で、大助は十二月二十六日の新聞を読み、翌日の議会開院式に行幸する摂政宮の日程を知った。漠然と年明け頃に決行と考えていた大助は、「明日をおいてない！」と決断する。そして図書館で数人の友人への絶交状と二人の兄、新聞数社へ宛てて二十七日に摂政宮を銃撃する予告文を書き上げ、夜行列車で上京すると、中央郵便局から投函した。

虫の知らせか、大助が家出したと知らされた作之進は不安にかられ開院式を欠席し、正太郎夫人ヤスの姉婿に当たる古林新治と共に、二十六日夜の下関行き列車に乗って郷里へ向かう。大助の乗る上り列車とは名古屋あたりですれ違ったようだ。

郷里を発つ前に大助を見送った友人の一人は、ステッキ銃を置いて行けと忠告したのに無視されたことが気になり、二十六日に京都へ向かうが、それもすれ違いに終わる。こうして、破局を避ける最後の機会は失われた。

テロリストの方にも多少の誤算はあった。大助は摂政車が無蓋車で、標的は丸見えだと思い込んでいたが、実際には暗赤色の英国製有蓋車だった。だが大助は的確に行動する。車列は警官が乗る先導車を含め七台が二〇ｍの間隔、時速二〇㎞の低速で走行、摂政宮は陸軍中佐の軍服をま

図2　虎の門事件現場の見取り図

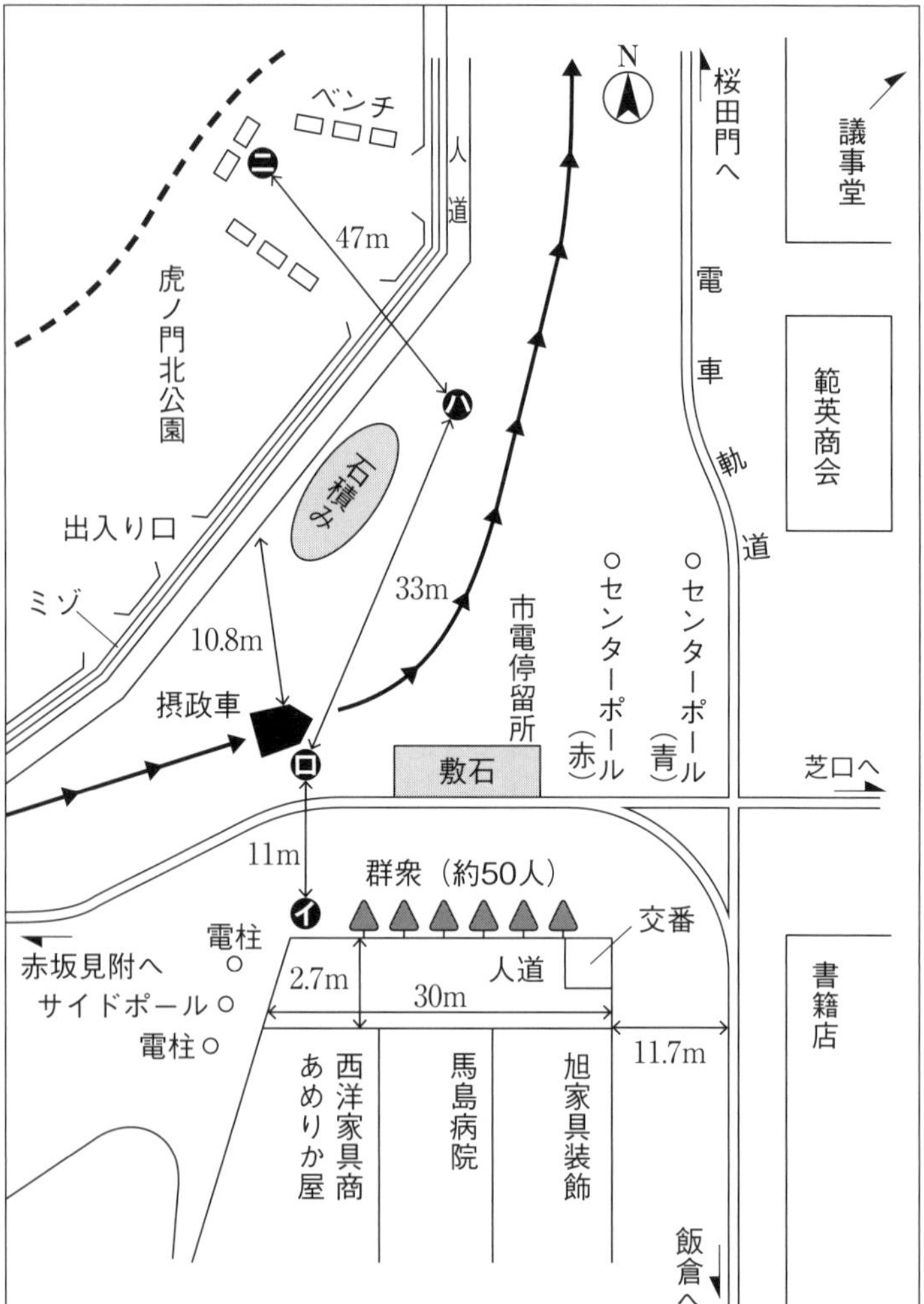

イ～ニは難波大助の移動跡／出所：岩田礼『天皇暗殺』

とい、車内では入江為守《いりえためもり》東宮侍従長が対座していた。

位置関係は図2の通りだが、見物の群衆にまぎれていた大助は二台目を摂政車と判断するや、駆け寄って窓の九～一二㎝まで近付くと、腰を落とし摂政宮を狙って引き金を引く。轟然と炸裂し、厚さ五㎜の窓ガラスに大きな亀裂が入り、径五㎝の穴が開いた。大助は「革命万歳」と連呼しながらなおも車を追ったが、二発目を使う前に取り押さえられる。

東宮侍従長は飛び散ったガラスの破片で顔に軽傷を負うが、弾丸は摂政宮が座っていたすぐ後ろの左上天井隅に命中した。一発必中の至近なのに摂政宮が無事だったのは、窓越しで見えにくく犯人がとっさに腰を落としたのと、強化ガラスが弾道を狂わせたからとも考えられる。

「日本人が憎くて血がたぎる」と叫んだ文子

市ヶ谷刑務所で難波大助に対する予審尋問が進んでいる頃、同じ刑務所で立松懐清《たてまつかいせい》判事による朴烈と金子文子に対する予審尋問が進行していた。両人は兼ねてから危険分子として警察の監視下にあったが、関東大震災（大正十二年九月一日）の渦中で、行政執行法による保護の名目で検束された。容疑は両人が共謀し、摂政宮を暗殺しようと企み、爆弾の入手を準備中だったというものだ。

だが準備とみなすには具体性が足りず、翌十三年二月、とりあえず爆発物取締法違反で起訴したものの、刑法第七三条の大逆罪に持ち込むのは無理かと見られていた。

そこで立松予審判事は、「一切の裁判を認めない」と鼻の先であしらう朴を後回しにして、文子の方から突き崩し、それを朴に伝えて自白させる便法を取った。判事が観察した所では、文子は小学校も満足に出ていないのに知的能力は高く、「反抗的で熱狂的で、しかも涙もろい」女で、「人類の絶滅を期す」と言い切る捨て身の姿勢を見せていた。

すかしたりおだてたりして手記を書かせ、望ましい供述を引き出しているうちに、立松の方も深みにはまっていく。ソプラノ歌手として著名だった妻の房子に、「文子の生い立ちは、実に憐れなんだよ。聞いていて、これじゃ世の中を呪いたくなるのは当たり前だと思った」と語り、予審調書を見せたこともあるらしい。

一九〇三（明治三十六）年、横浜に生まれた文子はすぐに朝鮮へ渡ったが、父母の不仲で双方から捨てられた形になり、孤児も同然の辛い少女時代を過ごす。のち帰国し、一九二〇（大正九）年四月、十七歳の文子は山梨から上京、新聞の売り子、夜店の手伝い、おでん屋での女中奉公、印刷所の住み込み女工などを転々としつつ予備校にも通った。

文子が社会主義思想に傾いたのは、本人の申し立てだと一九二一年頃らしい。予審調書には「私もおでん屋にいたころ、帝国議会に爆弾を投げこんで有象無象を殺してやろうと考えて、おでん屋にくる政治ゴロに議会内部の模様をいろいろくわしくきいた。朴も私と同棲する以前から、そのようなことを計画していたそうです」と供述している。それをテロリスト宣言と見なせば、難波大助とほぼ同じ時期になる。

ところで文子と朴が初めて出会ったのは、一九二二年三月頃とされるが、一、二カ月後には二人は同棲生活に入る。立松に事情を聞かれると、隠しだてを嫌う文子らしく「朴烈が朝鮮人であることと、私が日本人であることの国籍をまったく超えた同志愛と性愛が一致したからです」と明快に語っている。

その朴烈は文子より一歳年上で、京城高等普通学校を中退して数年前に渡日した。朝鮮独立をめざす民族主義者だが、無政府主義、虚無主義の傾向を強め、在日の仲間と共に不逞社《ふていしゃ》という「秘密結社」を結成する。

摂政宮を標的にしたテロの謀議も進め、一九二二年秋には二度ばかりソウルへ旅行して、義烈団から爆弾の入手を試みたが成功しなかった。翌年夏には上海やパリから調達しようとしたが、計画倒れに終わる。特高警察の目が光っている中で、爆弾を入手、運搬して東京へ持ち込むのは至難のわざで、実現の見込みは極めて低かったと言わざるを得ない。

だが司法当局はこの二人に大逆罪を適用したかったし、特赦をちらつかせての悔悟転向の誓約を期待していた。それは三・一暴動（一九一九年）や、大震災時に偶発した多数の在日朝鮮人殺害が海外からの批判を受けた折から、植民地朝鮮の人心を鎮静させるにも望ましいと考えられたからである。

ところが、その意向を汲んで朴と文子を懐柔しようと努めた立松の特別待遇策は、とんでもないスキャンダラスな副産物を生んだ。予審中の一九二五年五月二日、取調室で立松が撮影した「怪写真」である。それは椅子に掛けている朴烈の膝に文子が座り、朴が左手を文子の肩に回して胸を軽く押さえているポーズであった。朴が最後の願いとして、「夫婦の写真を撮り、在朝鮮の母たちに送ってほしい」と頼んだともされる。

だが流出ルートに確証はなく、朴から写真を預かった同房の男が保釈時に持ち出し、岩田富美夫と北一輝ら右翼の手で怪文書としてばらまかれたという説が有力である。

金子文子と朴烈のツーショット写真

噂は噂を呼び、「醜怪見るに耐えざる抱擁狂態を演ぜしめ」た司法部の綱紀頽廃《こうきたいはい》を指弾する声が高まり、倒閣運動にまで発展したので、立松は退官せざるを得なくなった。

しかし立松の巧妙な優遇戦術が無ければ、大逆罪を適用するだけの「自白」は朴から引き出せなかったろう。朴が「金子がそう言っているとすれば、私もその通りだと認める。おれは爆弾が手に入ったらいつでも決行するつもりだった。できれば日本の皇太子の結婚式（注・一九二三年十一月の予定だった）に爆弾を投じる計画を進めていたのだ」と供述したのは、まさに写真撮影の当日であった。

また朴は以前に郵便集配人として宮城《きゅうじょう》に入った経験があり、意外に警戒が手薄であることを知っていたので、変装して潜入し、爆弾を投げる計画もあったと、新たな「証拠」まで付言している。こうして大逆事件に仕立てる材料がそろったので、二カ月後の七月十七日、二人は刑法第七三条で起訴された。

「過去も現在も私は大逆の思想を持っていて、それを実行しようとした。反省する余地はない」と割り切っていた金子文子には、想定通りの結果だったのではあるまいか。文子の方はその頃、獄中から小学校時代の恩師へ「私は日本人ですけれども、日本人が憎くて憎くて血がたぎるのを覚えます」と書き送っていた。

森長英三郎弁護士は、自殺願望に取りつかれていた文子が、「共に死のう」と朴を誘う場面が先行していたのではないかと想像している。

判決の日に文子が白綸子《りんず》の朝鮮風礼装で法廷に立ったところを見ると、彼女は心情的に朝鮮人朴烈の妻になり切っていたとも考えられる。そして死刑が言い渡されると、文子は「万歳」と大声で叫び、朴は「裁判長、ご苦労様」と怒鳴った。

意外にも司法当局は、被告が改悛の態度を示さなかったにもかかわらず、特赦で無期懲役へ減刑の恩典を与えた。高度の政治判断による予定路線だったろうが、文子は受け入れなかった。四カ月後に、収監されていた栃木女囚刑務所の独房で、作業用の麻縄を使って縊死する。

朴烈は太平洋戦争が終わるまで服役し、一九四五（昭和二十）年十月に釈放される。政治犯としては徳田球一、志賀義雄ら共産党幹部の「獄中十八年」、宮本顕治の十二年を上回る二十二年二カ月という最長記録とされる。戦後は韓国系の在日居留民団長を務めた後、朝鮮戦争の頃北朝鮮へ渡り、一九七四年に没した。

二人は最後まで「転向」を拒否した

さて、徹底して非転向を貫き死を覚悟した金子文子と難波大助の信条と思想歴を、対比しつつ観察してみたい。

生まれ育った環境はまるで違う。マルクスの定義に従えば、大助は支配層に属すブルジョア、文子は被支配層であるプロレタリア階級の出身である。しかしマルクス主義を信奉し、革命運動に走った青年には高学歴のブルジョア出身者、特に華族や顕官の子弟は珍しくなかった。もっとも多くは獄中生活数年のうちに「国体の尊厳とありがたさ」に目覚め転向してしまうのだが。

病身の河上肇もマルクス主義への信仰は棄てなかったが、活動面から手を引くという条件で、釈放されている。こうして非転向で獄中に留まった徳田や志賀らを別として、一九二二（大正十二）年に創立された日本共産党（コミンテルン日本支部）は、一九三五年頃までに壊滅してしまう。

その他の社会主義政党や労働組合運動も衰滅し、ファシズム体制へ移行した日本は、太平洋戦争への道を突っ走る。

大助や文子はこうした流れからはみ出していた。二人ともマルクスやクロパトキンの原著を読んだ形跡はなく、大杉栄《おおすぎさかえ》や河上肇など左翼評論家が書いた雑誌論文をかじるか、友人から仕入れた耳学問の域に止まっていた。彼らに会って師事しようと考えたようすもない。

だが彼らの理論面における弱さの分だけ、行動面における強さが発揮された。迷いなしに、個人テロという最も単純で過激な行動に直行できたからである。鶴見俊輔は、文子の心情は説明し難いが、生活実感に根ざした「手作りの哲学をもっていた」と評価する。大助にも通じる観察かもしれない。

テロリストの心情を論理的に解明することほど厄介な作業はない。前述の横田裁判長は、何とか大助から反省と転向を引き出そうとして宗教家や精神科医を差し向けるが、効果がないので、「体《てい》のよい自殺」を望んでいるのかと疑った。そして「他の兄弟と違って出来損《できそこ》ないなんです」と決めつけるしかなかった。

「鉄のように冷い」男と評した弁護士今村力三郎は「こんな人物に会ったことは、かつてありません」とも述べ、死刑を求刑した小山松吉検事総長は「被告人は帝国臣民に非ずして露国人に非ずや」と論告した。岩田宙造《いわたちゅうぞう》弁護人に至っては「心から悔悟しない限りは、弁護の余地はない」と突っぱねた。

散々な扱われ方だが、大助の一面を弁護する人士もいなかったわけではない。鈴木看守部長は「行儀のよかったのは河野広中《こうのひろなか》とあの難波大助だ……家庭がよかったからじゃないか」と回想する。

かつての大逆事件に際し、天皇へ助命を嘆願した作家の徳冨蘆花《とくとみろか》は、摂政宮宛に減刑の直奏文を送ったが、反応のないままに判決の日が来た。裁判長が「死刑に処す」と読み上げるや、すっくと立ち上がった大助は、傍聴席に向かい双手をあげて連呼した。

「日本無産者・労働者、日本共産党万歳！」

「ロシア社会主義ソビエト共和国万歳！」

「共産党インターナショナル万歳！」

それは横田らが狙っていた、天皇の名による減刑の可能性が消し飛んだ瞬間であった。最後の絶叫を伝えた新聞は記事差し止めを食い、印刷所の鉛版は削り落とされる。

時移り大正十五年五月、山口県下へ行幸した摂政宮から大森吉五郎知事に、難波家はどうしているかとの御下問があったようだ。

大助の犯行と同時に、父の作之進は衆議院議員を辞し、門前に青竹を組んで閉門謹慎の生活に入ったが、死刑執行を知った日から三畳の間に端座して絶食に入った。絶命したのは一九二五（大正十四）年の五月二十五日、まさに餓死の道を選んだのである。大森知事がそこまで報告したかは確かめようもないが、摂政宮の下問直後に青竹は撤去され、難波家は断絶する代わりに「黒川」の創氏が認可された。

作之進の地盤を継いで代議士、次いで満鉄総裁に就任した松岡洋右の縁によってか、久原鉱業を退職した黒川正太郎は、東満洲産業会社の専務に拾われたが、終戦前に帰国し、亡くなるまで旧難波家に住んだ。

大助の次兄に当たる吉田義人は、養子のせいもあって三菱造船で順調に昇進し、新三菱重工業社長となり、在任中に急死している。

中国や朝鮮には、大罪人の「罪は九族に及ぶ」という伝統的慣習があった。九族とは先祖・子孫の各四代にわたる親族を指す。罪人の死後も仮借ない糾弾が続いた。汪兆銘《おうちょうめい》（日本が起用した中国の国民政府主席）の墓が暴かれ、金玉均《きんぎょくきん》（朝鮮改革派）の遺骸が切り刻まれた例が思い浮かぶ。

幸い日本にはこの「悪習」は定着しなかった。狭い島国に生きる知恵か、我が国では出家したり、養子に出したり、改姓するなどの抜け道を用い、「忠誠と反逆」（丸山真男）の激突をかわしてきたと言えそうだ。

難波大助の死後、山口高校生の間に奇妙な噂が流れたと中原静子は書いている。皇太子がかつて山口へ行幸した際、世話を仰せつかった三人の女性のうち一人が宮中へ召されて行ったが、それは大助のフィアンセだったというのである。

噂はかなり広範囲に流布されたらしく、大塚有章は「このデマは誰かによって計画的に流されていると直感した」と回想している。

主要参考文献

『日本政治裁判史録　大正』（第一法規出版、一九六九）

松本清張「朴烈大逆事件」（『昭和史発掘』1、文藝春秋、一九六五）

『虎ノ門事件裁判記録』（黒色戦線社、一九九二）

岩田礼『天皇暗殺』（図書出版社、一九八〇）

山田昭次『金子文子』（影書房、一九九六）

中原静子『難波大助・虎ノ門事件』（影書房、二〇〇二）

第四章

日韓歴史戦の恩怨

▼着眼点　「慰安婦」から「徴用工」へ、日韓歴史戦に終末は来るのか？

「恨」文化に土下座

天皇在位三十年の式典で、「平らけき代《よ》」と詠み込んだ美智子皇后（現・上皇后）の歌が紹介された。その平成の世もあと数十日で終わろうとしているが、最後の半年は「厄介な隣人」としか言いようのない韓国の、常軌を逸した「反日」的振る舞いに掻きまわされた感がある。

ざっと並べてみても「最終的かつ不可逆的な解決」をしたはずだった慰安婦合意（二〇一五年）の一方的な「破棄」、いわゆる「徴用工」（日本政府は旧朝鮮半島出身労働者と呼称）に対する韓国大法院（最高裁）の異常判決、海上自衛隊哨戒機へのレーダー照射事件と続いたが、極め付きは韓国国会議長の「無礼極まる」（河野外相）一連のヘイトスピーチだろう。

知日派と思われていた国会議長は米通信社のインタビューに応じ、前後の脈絡無しに、「戦争犯罪の主犯である退位間近な現天皇が、日本軍の元慰安婦の手をとって、本当に申し訳なかったと謝罪してもらいたい」と発言した。日本政府が謝罪と撤回を要求しても、「謝罪すべきは日本の方だ」「十年前からの持論」「土下座が望ましい」と逆ギレする始末。おまけに十年前、天皇から訪韓の仲介をしてくれと頼まれたと平気で虚言を弄《ろう》した。文在寅《ムンジエイン》政権の首脳は素知らぬ顔で、議長の非礼を取り繕おうとする気配もない。

様子を窺っていた北朝鮮は、議長発言に同調し、「日本は永遠にわが民族の前に跪《ひざまず》いて謝罪しても許されない」（二〇一九年二月二十日付『産経新聞』）と共闘を呼びかけた。二月末のトランプ・金正恩《キムジョンウン》の第二次トップ会談を見据えて、韓国が対日妥協に流れるのを封じようとする狙いだったのかもしれない。

くだんの議長発言で私が思いを馳せたのは、三十年近く慰安婦問題に関わって気付いた朝鮮半島に特有の「恨《ハン》」文化と、そこから派生した謝罪や土下座の風儀である。欧米人や日本人だと恨みに永続性は乏しく、一回の謝罪で許してもらえるのが通例で、謝罪と許しはセットになっているが、朝鮮半島は違うようだ。

さまざまな要因が背景にある。ひとつは朝鮮半島の地勢条件で、二千年間に九六〇回も周辺の異民族に攻めこまれ、不安と警戒の心情が浸透してしまい、被害妄想が「怨」にまで高まった、という説もある。

朴槿恵《パククネ》大統領は公式の演説で、「千年過ぎても消えない怨(1)」と宣言したことがある。そうだとすれば謝罪は無用となりそうなものだが、「加害者（の日本）は百回謝罪して当然」と公言した駐日大使がいる。許してもらえないのを承知の上で、謝り続けろという要求なのだろうか。

ともあれ戦後の日本政府は、相手が許してくれるのを期待しつつ反省と謝罪を繰り返してきた。計二一回と算出した人もいる。南北朝鮮からは今年（二〇一九年）に入ってからも数回の謝罪要求が伝えられている。「許す」という反応はまだなく、「土下座しなさい」という声が聞こえてくる。「既に何回もお詫びしているのに」と反論しても、「心がこもっていなかった」と言い返されるのがオチだ。

土下座は中国に由来する。清朝に敗れた李朝の国王は、清国の皇帝に三跪九叩頭《さんききゅうこうとう》を強いられたが、欧米の大使は拒絶し、副島種臣《そえじまたねおみ》大使は中国の古い礼式を引用して立礼で済ませた。ところが「ルーピー」こと鳩山由紀夫元首相は、ソウルの西大門《ソデムン》刑務所の跡地で、土下座して日本統治の罪を謝罪した。「朝鮮日報」はその情景写真を大きく掲載し「心がこもっていた」と評した。

土下座の強要は同国人にも及ぶ。

元日本軍慰安婦の支援活動で北と連携し、韓国では最強の圧力団体とされている挺身隊問題対策協議会（挺対協、二〇一八年に正義記憶連帯と改名）という組織がある。ソウル郊外にある「ナヌムの家」には直系の慰安婦たちが共同生活をしているが、気に入らぬ関係人物を呼びつけて土下座を強要する場になっている。

経済史の大家である李栄薫《イヨンフン》教授（国立ソウル大学）もその一人で、慰安婦の強制連行を否定した廉《かど》で、殴る蹴るの暴行を加えられた後、土下座を強いられた。『帝国の慰安婦』（二〇一三年）という学術書で同様の認識を示した朴裕河《パクユハ》氏（世宗大学校日本文学科教授・女性）も、土下座は免れたらしいが、九人の元慰安婦から名誉棄損で刑事告訴され、二〇一六（平成二十八）年一月に有罪判決を受けた（二〇二三年十月に大法院が判決を破棄）。

二〇一五年十二月の日韓合意に異論を唱えるナヌムの家へ、釈明に出向いた外交省の高官も口汚く罵られ土下座させられたと聞く。この時、日本の駐韓大使か首相を招いてナヌムの家で謝罪させようとする案が出たらしいが、さすがに日本政府は乗らなかった。

「聖女」化した慰安婦

だが韓国特有の「謝罪＝土下座」文化は、奇妙な副作用をもたらす。利用対象にすぎなかった慰安婦たちを持ち上げているうちに、虚像がどんどん膨らみ、「聖女」扱いされるようになったことだ。そして世界の社交常識から見ると、喜劇的としか見えない珍風景さえ出現する。

二〇一九年の一月に九十二歳の金福童《キムポクドン》が病死した時点で、存命の慰安婦は二三名になったと公表されている。韓国の新聞はここ数年、彼女たちの訃報を欠かさず掲載しているが、金の場合は文大統領が危篤の病床を見舞い、閣僚たちは葬儀にも参列した。

米下院で証言に立った李容洙《イヨンス》は、二〇一七年、トランプ大統領がソウルを訪問した時の夕食会に招かれ、トランプ氏に抱きついて世界を仰天させた。私は文大統領が彼女の背中をトランプ氏の方へ押しやる瞬間を、テレビ中継で目撃している。

実は韓国人の本音部分では、「売春婦＝汚い女」という偏見はどこよりも強いという。実際に挺対協は「日本のアジア女性基金から『償い金』を受領したら売春婦と呼ぶよ」と威迫していたらしい。また彼女たちの周囲には大金が動くため、ビジネスに絡むスキャンダルが絶えない。二〇二〇年五月には、正義連の理事長で国会議員でもある尹美香《ユンミヒャン》が、元慰安婦からナヌムの家の政府助成金等を私的流用したかどで告発された。

韓国の新聞（日本語版が数紙ある）を覗いてみると、慰安婦がらみの奇抜な話題に事欠かない。例えば、「ナヌムの家で元慰安婦の遺族会が結成され、謝罪と補償金を要求する予定」（「中央日報」）とか、女性弁護士会が「慰安婦たちをノーベル平和賞候補に推す」（「世界日報」）とか、一〇〇〇万円をナヌムの家に寄付したり、遺産の五五〇万円に募金を足して記念館がオープ

トランプ大統領と李容洙

ナヌムの家

ンした元慰安婦の「美談」である。

しかしそれは新たな格差問題を生み出す。二〇一四年六月、一二二人の元米軍慰安婦が、韓国政府を告訴した。韓国や日本の新聞の多くは黙殺し、訴状も公開されていないが、『ニューヨーク・タイムズ』などによると、二〇一七年一月の地裁判決は、五七人に一人四二四〇ドル（約四〇万円）の支払いを命じ[2]、二〇一八年二月の高裁判決では、全員に三〇〜七〇万円の支払いが命じられた。洩れ聞くところ、彼女たちの言い分は、日本軍慰安婦たちはチヤホヤされて高額の収入を得ているのに、私たちは性奴隷として貴重な外貨（ドル）を稼ぎ、大統領から感謝の握手もしてもらったが、使い捨てにされ、惨めな老後を送っているとのこと。

私が韓国の駐日新聞記者に「なぜ報道しないのか」と聞いたところ、「日本の右翼を喜ばせるだけだから」と弁明した。そして日本政府は「これを機になぜ反撃しないのか」と不思議がっていた。大法院（最高裁）がどう裁くか見ものだが、他にも朝鮮戦争前後の韓国軍慰安婦や、ベトナム戦争時の虐殺事件や、ライダイハン（混血児）問題などもくすぶっている[3]。その規模は日本軍慰安婦どころではないのだが、「攻撃は最大の防御策」と心得て、引き続き国際世論にアピールする戦術を取っていたようだ。

ユネスコの「世界の記憶」（記憶遺産）への登録も、韓国、中国などの八カ国、日本のＮＧＯ組織を含む一四団体が申請したが、対象は旧日本軍慰安婦に限られ、韓国も加えたらどうかとの声はどこからも出なかった。

それまで消極的だった日本の外務省は、保守系のNGOと連携して異議を申し立て、二〇一七年十月、ユネスコは登録を保留とし、申請者と日本政府の間ですり合わせるよう勧告した。

その間に、日韓の外交当局の合意により、二〇一五年十二月に日本政府が拠出した一〇億円を基金とする「和解・癒し財団」が呼びかけて、元慰安婦全員への給付に着手したが、挺対協やナヌムの家の強烈な反対運動に押された韓国政府は給付を中断し、一九年一月、一方的に財団を解散してしまう。

それでも対象となった慰安婦四七人、遺族一九九人のうち、三五人と六四人が受領したが、一〇億円のうち五億円弱が宙に浮くという結末に至る。

反対派はその間も日韓両国政府を相手取った訴訟を継続しているが、二〇二二（令和四）年五月に就任した尹錫悦《ユンソンニョル》大統領の保守政権が、日韓関係の改善を打ち出したのが影響してか、徴用工・慰安婦関連の訴訟に対し、大法院は判決をためらい、日本企業の資産没収の実施は留保している。

慰安婦に代わって浮上した徴用工問題

いずれにしても、一世を風靡《ふうび》した慰安婦問題は衰退の過程にあるが、二〇一八（平成三十）年秋に急浮上してきた、いわゆる「徴用工」裁判は加熱状況を呈した。

裁判の第一号は、二〇一八年十月三十日に韓国の大法院が下した判決である。上告した被告の新日鉄住金（旧日本製鉄）は、原告の四人へ一人当たり一億ウォン（約一〇〇〇万円）の支払いを命じられた。そして原告の弁護団は直ちに資産差押えの法的手続きに入った。十一月二十九日には三菱重工業に対する二件はやはり大法院によって同様の判決となった。

類似の裁判は他にも進行中で、二二年六月の時点で大法院で確定した三件の他に、第二審中が九件、第一審で係争中の事例を併せ三十数件、原告数は累計一三八五人、被告は対日本企業だけで七〇社を上回っている。

いずれも第一号の判決を踏襲しているので、単純計算でも計一一〇億円、韓国政府が認定している「徴用工」二二万人を乗じると、二兆二〇〇〇億円と試算できる。ただし本人は一億ウォン（相場により八〇〇万～一〇〇〇万円）だが、遺族は二〇〇～四〇〇万円に下げられているようだ。

破壊的なのは「判決そのものよりロジックだ」と木村幹神戸大学教授は指摘する。「ロジック」とは、一九六五（昭和四十）年の日韓基本条約と付属の請求権協定を、韓国併合（一九一〇〈明治四十三〉年）の不法性と結び付けた大法院判決の手法を指す。

六五年条約の交渉過程で、韓国側は強制された韓国併合は不法かつ無効だとして、巨額の賠償を要求したが、日本側は国際法上は合法的だったと反論し、「もはや無効」の表現に落ち着いた。日本政府は、一九四八（昭和二十三）年の大韓民国独立の時点で無効になったと解釈したのである。

そして双方の請求権（日本の場合は投資と既設のインフラ等）は相殺し、日本は「独立のお祝い金」の名目で無償三億ドル（以降一ドル三六五円）、有償二億ドル等を供与することになった。交渉中には「徴用工」の未払賃金や天引き貯金も対象項目に入っていたが、日本側が個別の支払いを申し出たところ、朴正熙《パクチョンヒ》大統領は「一括して受け取りたい」と要望した。

こうして無償三億ドルの大部分は、浦項製鉄所の建設などのインフラ整備に投入され、韓国は「漢江《ハンガン》の奇跡」と呼ばれる高度経済成長を達成する。それでも朴政権は三億ドルの九・七％に当たる九二億ウォンを割いて「被害者」個人に給付している。うち「徴用工」の死亡者（八五五二件）に二五億ウォン（一人当たり三〇万ウォン）が支払われた。

しかし配分が少なかったと認識した盧武鉉《ノムヒヨン》政権（二〇〇三〜〇八）は、「徴用工」の死亡者一人に付き二〇〇〇万円の一時金、健常な生還者には本人に限り医療支援金を年間八万円支給した。二〇一五年までの支給額は累計六二〇〇億ウォンに達している。その際、六五年条約の請求権問題は「完全に、かつ最終的に解決されることになった」とある部分を引用して、日本に追支給を要求する筋ではないと念押ししていた。

慰安婦問題についての二〇一五（平成二十七）年の日韓合意にも、「最終的かつ不可逆的な解決」というダメ押し風の文言が入っている。先進国同士の条約や合意では見掛けない表現だが、ゴールポストを平気で動かす性癖のある韓国が相手なので、この種のダメ押しを入れたのだろうが、役に立たないことが露呈する。

しかし韓国政府は、二〇一〇年頃までは六五年体制を守る気だった。そして裁判所も「徴用工」の提訴に対しては棄却していたのだが、二〇一二年五月、大法院は日本企業勝訴の高裁判決を差し戻す判決を下した。その結果、第一、第二審は次々に日本企業敗訴の判決を出し、二〇一八年十月に大法院が新日鉄住金の上告を棄却、原告の請求通りの支払いを命じたのである。

そのためには、新たなロジックを構築する必要があり、日本の「不法な植民地支配および日本企業の反人道的な不法行為」に対する慰謝料請求と性格づけた。

以前からくすぶっていた「日本統治不法論」を応用すれば、六五年条約には制約されないという論理なのだ。ついでに被告が申し立てた時効の適用も認めなかった。「千年の怨」に時効はあり得ないというロジックであったろう。

こうしたロジックを拡張すれば、韓国併合に始まる三十五年間の日本統治時代に起きたどんな事象でも、「被害者」が慰謝料を請求できることになりかねない。「丁寧に無視する」（当時の菅義偉官房長官）式の消極的対応では、間に合いそうもない。

対抗策として、国際司法裁判所への提訴、大使の召還や国交断絶、ビザ発給の厳格化、半導体産業や自動車産業の部品輸出禁止などが話題になって一部は実施された。本来はウイン－ウイン の関係にある経済の制裁は、我が方にもそれなりの痛みをもたらすので、経済界の方針は揺れ動いた。特に新日鉄住金や三菱重工のような大企業は日本政府の方針に沿って、韓国側弁護団が呼び掛ける和解路線は拒否してきた。

だが不二越《ふじこし》は、一九九〇年代に日本の裁判所に提訴された際、日本人支援グループによるデモや座り込みに閉口してか、三〇〇〇万円払って和解に持ち込んだ。その効果もなく、二〇一三年から三つの原告グループが韓国の裁判所に提訴し、一九年一月に高裁が原告勝訴（一〇〇〇万円）の判決を出し、大法院の審理に回される。

不二越には一九四四（昭和十九）年五月頃、小学校卒業と同時に学校の勧めで十三～十五歳の少女（約一一〇人）が、富山県にある不二越の工場に向かった。当時は内地でも、義務教育を終えた小卒の児童が工場へ集団就職する例は多かった。朝鮮半島でも女子挺身隊の名で動員されているが、強制ではなく通常の就職であった。彼女たちの申し立てでは、労働時間は一日十時間、夜間女学校で学べるという約束は守られず、寮生活では皮膚病に悩まされ、空腹を抱えていたと訴えているが、内地でも中学校、女学校の二年生以上は工場に動員され、空襲の犠牲になった者も珍しくなかった。

二〇一九年二月の『朝日新聞』投稿欄で、川西航空機の工場で油まみれの重労働、食事は豆入り飯に味噌汁のみ、衣類はシラミだらけで過酷を極めたという、元女学生の回想談が紹介された。不二越の原告たちと似た環境だと思われる。朝鮮から来た女子挺身隊員の滞日期間は一年半足らずだから、慰労金を渡すとしても、数十万円が妥当な額ではあるまいか。

「徴用工」の場合も、国民徴用令が朝鮮半島に適用されたのは一九四四（昭和十九）年九月で、翌年三月には渡航が不可能になったので、わずか半年に過ぎない。それ以前はほとんどが企業の募集に応じた「出稼ぎ労働者」だった。内地の企業はどこも労働力不足に悩んでいたため、高賃金で引き抜かれる例が多かった。韓国政府が生還者への支払いに冷淡だったのも、実態を承知していたからと思われる。

このあたりの原告（と弁護団）と被告の駆け引きは微妙である。気前のよい日本企業も「さすがに渋るかも」と推量して、韓国政府から取り立てようとする原告も出てきた。

二〇一八年十二月に遺族会が取りまとめ、一一〇三人の大原告団が韓国政府を提訴した。日本企業と同額の一人一〇〇〇万円と、とびきりの高額だが、「不法な植民地支配」で理由づけるわけにもいかず、左派の文在寅政権（二〇一七～二二）や大法院は困惑した。

既に紹介したように、一人三〇万から七〇万円に過ぎない一二二人の米軍慰安婦への高裁判決との格差をどう整合するか、徴用工の生存者が激減して、主体が遺族になってしまった事情も加わった(4)。

いずれにせよ我々は、韓国大法院の日本統治不法論に対抗し得る理論武装を準備し、国際世論に訴えていく必要がありそうだ。

日本人の親韓派像

ところが当惑するのは、日本の学界、言論界に少なからぬ親韓派が健在で、韓国の反日勢力と連携して行動している構造である。最近の代表例を挙げると、二〇一九年二月六日に衆議院議員会館で公表された「二〇一九年日本市民・知識人の声明」に名を連ねた二二六人の歴史家、評論家、弁護士、ジャーナリストたちがいる。このうち二一人が発起人だが、記者会見に登場したのは和田春樹、内海愛子、田中宏ら六氏である。

このグループは二〇一〇年五月に「『韓国併合』100年日韓知識人共同声明」に名を連ねた日本人（一〇五人）、韓国人（一〇九人）とほぼ重複する。

二〇一〇年の共同声明は「日本帝国は大韓民国をこの地上から抹殺し」という刺激的表現で始まっているのに対し、一九年二月の声明（韓国は不参加）は、「一九〇四年以来四十一年間の軍事占領、一九一〇年以来三十五年間の植民地支配が……」で始まり、「本年は三・一独立宣言が発されてから100年の記念の年」だとして、独立宣言の一部を引用した後、「植民地支配への反省謝罪に」で締めくくっている。

どちらも日本史の本流から外れた傍系の史実だが、二つの声明(5)の署名者には我が事のような思い入れがあるらしい。リーダー格の和田氏は以前から「韓国併合は不法」、「竹島は韓国に渡せ」、「天皇は訪韓せよ」、「『徴用工』判決を実施できるよう新たな基金を作れ」と運動してきたが、対韓世論の硬化ぶりにひるんだ参加者からの異論を拒み切れず、「韓国併合は不義、不当」、慰安婦問題、「徴用工」問題は「尚一層の真剣な対処が必要」とトーンダウンせざるを得なくなった。

その代わり南北接近の近況に合わせ、無条件で日朝国交正常化の実現、閑却されてきた北の慰安婦、徴用工を取り上げるよう提言した。しかし北に重点を移したかのような声明は、記者会見に集まった韓国人記者たちを失望させたらしい。

二月八日の「聯合通信」は、次のようなコメントを寄せている。「声明を報じたのは韓国のマスコミばかりで、日本のマスコミは配布資料と録音だけ持ち帰っただけで、七日の朝日新聞や東京新聞でさえ報道しなかった」(『朝日新聞』はベタ記事を出したのだが)。「利用できるバカ」と彼らが見なしている和田氏が「今回は役に立たなかった」とか、「ビッグネームは揃っているが年寄が通夜に集まっているかのよう」と嫌味を並べた。

年寄ばかりというのは間違いではない。二二六人のリストをざっと眺めたところ、平均年齢は七十歳を超えているから、行動力が落ちているのはやむを得まい。その代わり数多い下請けのNGO（市民団体）が奮闘する姿が目立つ。日本での慰安婦や「徴用工」裁判には、この種の支援組織が法廷の傍聴席を埋め、被告の日本企業にデモをかけたり、座り込んだり、本社に掛け合ったりしてきた。

イメージダウンを怖れる企業に和解を持ち掛けたりもしているが、最高裁まで争っても一九九〇年代末までにすべて敗訴に終わった。そこで彼らは韓国の裁判所へ持ち込んで、日本統治不法論による慰謝料請求という知恵を編みだしたり、大法院判決に従おうとする日本企業に圧力を掛けないよう外務省に申し入れたりもした。どうやら頼まれもしないのに「被害者」を探し出し、日本の「旧悪」を暴き出す運動兼ビジネスを組織化させたのは、すべて日本人である。

何人かの有力仕掛人を例示したい。

1 **高木健一**（弁護士）：韓国、台湾、インドネシアに出向いて慰安婦を探し出し、報酬は不要という条件で告訴させた。第一号の金学順《キムハクスン》を見つけ、訴訟代理人になった。

2 **吉田清治**（故人）：戦中に済州島《チェジュとう》の慰安婦狩りをやったと、根も葉もない嘘を並べた著書（『私の戦争犯罪』三一書房、一九八三年）を刊行（韓国語訳も）、朝日新聞は一九八〇年代から九〇年代にかけ記事化した一六本の「吉田証言」を取り消し（二〇一四年八月）、社長が辞任した。

3 **戸塚悦朗**：日弁連から派遣され、ジュネーブの国際人権委員会に張り付いて、慰安婦を「性奴隷」と呼び変えるよう工作を続け、それに成功したと自著で自慢している。

4 **松井やより**（故人）：朝日新聞記者を辞め「バウネット・ジャパン」を立ち上げ、二〇〇〇（平成十二）年に東京へ「女性国際戦犯法廷」を招致し、各地から六〇人ばかりの慰安婦を集め、昭和天皇有罪の判決を下した。バウネットは韓国、中国など一四団体がユネスコの「世界の記憶」への登録申請に参加して、日本政府と対立した。

5 **吉見義明**（中央大学名誉教授）：『従軍慰安婦』（岩波新書、一九九五年）の英訳版が二〇〇〇年にコロンビア大学出版局から刊行された。秦郁彦の『慰安婦と戦場の性』（新潮選書、一九九九年）の英訳版が二〇一八年に出版されるまでは、唯一の英文研究書だったこともあり、国際的に吉見の持論である「性奴隷」説を定着させた。

6 **和田春樹**（東京大学名誉教授）：当初は法的責任を取るため、慰安婦たちへ国費による補償を主張するグループに入っていたが、転向して、一九九五（平成七）年に設立された「アジア女性基金」に入った。専務理事として民間からの募金五億円余に政府の支出を加え、韓国、台湾、フィリピンの元慰安婦二八五人へ、一人二〇〇〜五〇〇万円を「償い金」の名目で支給した。韓国政府は受給を禁じ、ほぼ同額の見舞金を払ったが、基金は秘密口座を作り、六〇人に支給したので、「二重取り、三重取り」の事態を招く。

　和田氏はまた大江健三郎と共に、日本の統治は不法だったという国会決議をやろうと民主党政権の時代に画策した。「二〇一〇年声明」はその副産物だが、原案にあった「不法」には異論が出て削られ、「不義、不当」にトーンダウンした。

「自分で生きて行けない国」?

1～6で例示したのは氷山の一角に過ぎぬが、二〇一〇（平成二十二）年の声明では当初の署名者は数カ月後に五〇〇人を超した。関心度の低い話題に「付和雷同」する士がこんなに集まるとは驚くしかない。

私は知識人と自認する日本人が、さしたる利害関係もなさそうなのに、韓国の知識人かと見まがうような声明や運動に連帯する動機は何だろうかと考えこんでしまう。

特に署名者の三割を占める国立大学の教授や名誉教授にとって、多額の国費が流出すれば彼らの老後を賄う年金が減ってしまう因果が気にならないのか。「自国にネガティブであることが良心的日本人の証しと信じこんでいるのかも」（平川祐弘）と指摘する卓抜な洞察から、「甘え、甘えられる快感」、「暇つぶしの愉快犯か」と皮肉る感想まで諸説が乱立するが、結論は保留しておく。

そのかわり、日本統治不法論の起源となっている日韓保護条約の成立過程を、調印当時の動静に絞り込んで洗い直してみたい。

不法論は一九四八（昭和二十三）年に大韓民国が建国されて以来、公式スローガンとして堅持され、一貫して合法論を主張する日本政府と対立してきた。実証を重んじる研究者には割り込みにくいが、それでも双方の研究者が正面から論争を交わす機会が少なくとも二回はあった。

一回目は韓国政府のお膳立てで二〇〇一年に、ハワイ大学やハーバード大学などで数回にわたり開催された国際学術会議である。韓国としては不法論に決着を付けるもくろみだったが、期待は裏切られた。韓国の歴史家たちは、条約に皇帝の署名が無いことなどを理由に、全員が不法論で一致した。日本からは五人の歴史家が参加しているが、海野福寿《ふくじゅ》教授の「不当だが合法」論や笹川紀勝教授の不法論など見解が分かれた。

原田環教授は、皇帝側近の日録など韓国側の史料を使って、一九〇五（明治三十八）年の日韓保護条約に、高宗皇帝は賛成し、批判的だった大臣たちの意見を却下していた事実を強調した。[6]

第三者的立場にあった国際法学者のJ・クロフォード氏（ケンブリッジ大学教授）は、「自分で生きて行けない国について周辺の国が国際的秩序の観点からその国を取り込むことは当時よくあったことで、国際法上は不法ではなく、皇帝の署名は必ずしも必要ない」と論じ、会議の大勢を制したとされる。

二回目はそれから四年後、日中韓三国の歴史家により共通の副教材を作ろうとするプロジェクトが実施され、『未来をひらく歴史』（高文研、二〇〇五年）と題した本が刊行された。[7]

三国の歴史家四十数人は討議を重ねたが、執筆者はそれぞれの国の歴史家に委ねる方式を採用した。その中に「日本は韓国を〈強占〉（強制的な占領）したのか、〈併合〉したのか」と題するコラムがあるので、要点を抜き出してみる。

国際法では、国家の代表者個人に対する強制によって結ばれた条約には法的な効力がないとされています。一九〇五年の第二次日韓協約は大韓帝国の王宮を日本兵が制圧し、皇帝や閣僚が脅迫的な言葉で脅されるという状況の下で結ばれたものでした。

植民地支配からの解放後、韓国政府は、この条約は無効であり、これを前提に結ばれた韓国併合に関する条約もまた無効という立場をとってきました。（中略）研究者の間では一九〇五年の条約締結が強制によるものだということについては、ほぼ共通理解が得られています。

ただし、「併合」以後三十五年間に及んだ植民地支配が、国際法から見て合法的な状態にあったのか否かという問題に関しては意見が異なっています。韓国の学者たちは不法と見なしていますが、日本の学者たちの間ではまだ結論が得られていません。

冒頭の部分では、韓国の公式見解に沿って一九〇五（明治三十八）年の日韓条約は不法とみなすが、併合以後は確言を避け、普遍的見方を保持したいという意図が感じとれる。「韓国併合への過程も併合条約も不義不当」と断じる和田グループの日本知識人の方がより親韓的と評せるかもしれない。

それでは一九〇五年十一月の第二次日韓協約（保護協約）を結んだ際にどんな脅迫や強制が横

行したのか。韓国の国定教科書（一九八八年版）を見ると、「高宗皇帝をはじめ内閣はこれに強く反対した。しかし日本は軍隊を動員して宮城を包囲し、親日大臣を先頭に立てて一方的に条約を発表した」と概説している。

日韓保護条約の表裏

では実状はどうだったのか。忠実過ぎるほどの筆致で克明に記録した伊藤博文特派大使と林権之助駐韓公使の公式復命書と回想録などから、事実経過を復元したい。

大韓帝国を日本の保護国とし、外交権を全面的に接収することを規定した保護条約の原案は、日露戦争が終結した直後の一九〇五年十月二十七日の閣議で決定された。帝国主義時代の最中で、朝鮮半島の支配権を巡って、清国、ロシア、日本が争ってきたのだが、日清戦争（一八九四～九五）の勝利で清国が、日露戦争（一九〇四～〇五）の勝利でロシアが手を引き、その他の関係列強も桂・タフト協定（一九〇五年七月）でアメリカ、第二次日英同盟（一九〇五年八月）でイギリスの承認を得たので、後に高宗があちこちに泣き付いたが、どこからも無視されてしまう。

既に日韓議定書（一九〇四年二月）で、韓国は満州を主戦場として戦う日本軍に協力を約して以来、半ば保護国の状態になっていた。天皇の親書を携えた伊藤博文特派大使は十一月十日、高宗に王宮で謁見する。社交的な挨拶の交換に止まり、十五日に協約案を示したが、皇帝は延々と

「哀訴的情実談」を繰り返し、外交権を放棄することに難色を示した。

いらだった伊藤は「御拒みあるとも御勝手たりといえども……帝国政府は既に決心する所あり。（拒めば）一層不利益なる結果を覚悟せられざるべからず」（随行の書記官が筆記）と述べ、高宗は「事重大につき閣僚と相談したい」と答えた。

翌十六日に林公使は朴斉純外相へ協約案を手交、伊藤は各大臣を宿所に招き協約の受諾を求めたが、賛同は得られなかった。伊藤と林は十七日のうちに決着させようと申し合わせる。

十七日午後、林は大臣たちを公使館に集め協議したが、御前会議で決したいということになった。林も王宮まで同行して、結果を待った。午後八時には伊藤と長谷川好道大将（韓国駐箚軍司令官）も参内するが、皇帝は伊藤との会見を病気と称して拒絶した。代わって韓圭卨《かんけいせつ》参政（首相）が伊藤へ「我陛下は貴方の提案に対し妥協を遂げよと再三御沙汰ありたるに拘わらず、余はこれを拒みたり」と打ち明けたのに対し、「不忠に非ずや」と反問するや、韓は「責任をとって辞任したい」と言い出す。

そこで伊藤は閣僚を一人ずつ詰問して「陛下の御命令下らば調印するか、それでも反対するか」と聞いてはマル、バツを付けていった。伊藤が「しっかりしている」と評したのは学部大臣（文相）の李完用《りかんよう》で、「我に之を拒否するの力なきにおいては……日本の要求を容るると同時に我方の要求をも容れしめ、彼我合意上の締結をなすにしかず」と皇帝に勧めた、と語っている。

伊藤はそこで韓参政へ、七人の閣僚のうち五人（韓国では五賊と呼ぶ）が李と同意見と判定するので、多数決で決めたいと奏上してくれと迫り、「陛下は修正案に満足」となった。宮内大臣が伝えてきた皇帝の要求は、「韓国皇室の安寧と尊厳を維持することを保証す」という条項の追加だったが、伊藤はその場で第五条として書き加え、林公使と朴外相は深夜に調印を終えた。

つまり協約の締結責任者はこの二人であり、当時の国際慣習では元首が当事者になる例はほとんどなく、批准を要する例もないから、協約の正本に皇帝の署名、捺印が見当たらないので無効だと論じるのは、そうだとしても内輪の事情に過ぎず、対外的には有効と解すべきであろう。

韓国側の責任者は「誰が何と言っても（主犯は）当時の主権者だった国王高宗です」と説く見解もある。李栄薫ソウル大学教授は、「彼は王朝を自分の家業と考えた愚かで欲の深い王」で、「王朝を日本に売り渡したのは、他でもないこの人」と極言する（『反日種族主義』文藝春秋、二〇一九）。

いささかドタバタ調で終始した保護協約の誕生だが、韓参政は会議中に半狂乱の体となり、皇帝（林によれば皇后）の居室に乱入しようとして激怒され、即免官となり流刑（のち赦免）に処せられるという珍事が起きている。しかし皇帝の乱心ぶりも相当なもので、宮内大臣から調印が済んだと報告を受けるや「実に千歳の遺恨なり……大臣等の無能、無気力なる心外に堪えず」（丸山警務顧問の報告書）と吐露し、発熱苦悶したという。

一連の経過を眺めると、「王朝を日本に売り渡したのは、他でもない」[8]高宗皇帝だと判定する李栄薫教授の見解は、やや極言の感もあるが異論は出まい。

だが日韓交渉の重要局面は王宮が舞台で、兵力約三〇〇〇人の韓国軍侍衛隊が皇帝や高官たちを守る任務に就いていた。日本軍は約一個大隊が王宮外のソウル市街を巡回していたが、韓国軍との衝突は起きていない。つまり一滴の血も流れなかったのである。

そもそもグレゴリー・ヘンダーソンが、当時の韓国は「政治的、経済的に破綻の寸前にあり、軍事力は皆無に近かった」と観察したように、侍衛隊といえど十三カ月も給料が不払いという有様で、戦意は乏しく皇帝もあてにしていなかったらしい。日本の陸士砲兵科で学んだ魚潭《オダム》少佐(9)は、王宮の門に砲を据えようとしたが、砲弾の手持ちがなく、英人顧問から「砲身だけでも」と勧められたと回想している。

歴戦の日本軍一個大隊だけでも、威圧効果はあったと言えよう。

伊藤と随員の多くは丸腰の文官で、長谷川大将と随行の憲兵隊長も武装していたわけではない。あくまで締結を拒否する構えならば、伊藤以下を監禁するのは容易だったろう。その上、皇帝たちは行動の自由を確保していた。交渉の場では日本側の荒っぽい言動はあったにせよ、物理的に強要した場面はなさそうだ。首相が狂乱状態で卒倒したと聞いた林公使が「冷水でもぶっかけたら」(10)と放言したようだが、実行されたとは思えない。

一九〇七(明治四十)年の第三次日韓協約によって韓国軍は解散し、一九一〇年には一進会という親日政治団体の併合運動をすくいあげる形で日韓併合となる。併合条約では、韓国皇帝が統治権を日本に譲与すると申し出たので、日本国皇帝陛下がそれを受諾するという形になってい

表１　日本統治時代における朝鮮の成長指標

朝鮮の人口	1,313万人（1910年）	2,553万人（1944年）
内地在住の朝鮮人	790人（1909年）	200万人（1945年）
在鮮の日本人	17万人（1910年）	71万人（1940年）
平均寿命	24歳（1910年）	45歳（1942年）
水田面積	84万町歩（1910年）	177万町歩（1942年）
コメ収穫量	746万石（1909年）	2,489万石（1942年）
小学校の数	100校（1910年）	5,213校（1944年）
小学校就学率	10%（1910年）	49%（1943年）
識字率	6%（1910年）	22%（1943年）
鉄道の長さ	1,039km（1910年）	6,632km（1945年）

著者作成

た。

その後の日本統治に対する評価は論者によって分かれるが、三・一独立運動（一九一九年）後は、反日の運動は影をひそめた。

他の帝国主義諸国と植民地の関係を比較してみる。イギリス対インド、フランス対ベトナム、アメリカ対フィリピン、オランダ対インドネシアでは、旧統治国が弾圧と搾取を植民地に加えた例が多い。しかし被統治国が独立を実現した後、植民地統治への賠償金を要求したり、旧統治国がそれを支払った例はほとんどない。

日本は後発の立場から先例を学んで、植民地にインフラ整備や教育の振興など建設的な施策を推進した。特に三・一独立運動を境に武断統治から融和統治へと切り替え、「内鮮一体」の目標が実現するかに見えた。

表１の指標が示すように、三十五年間の朝鮮統治で生産力と生活水準は大幅に向上している。そのために日本政府は一般会計から多額の資金を投入、〝持ち出し〟の

赤字経営で終始した。[11]

併合時の首相だった李完用は「自主独立国になるより、日本の統治を受けながら実利を追うのが正しい」と説いたが、同様の観点から「反日より用日」を唱えたのは、一九六五（昭和四十）年の日韓基本条約で「漢江の奇跡」に必要な資金を日本から引き出した朴正熙大統領である。彼は「韓国併合は私たちの先祖が選択した。日本の強圧ではない。清国またはロシアを択《えら》んでいたら大変だった[12]」と述懐した。

朝鮮人ばかりではなく、日本人の親韓論者にも、朴大統領の認識を学んでもらいたいものである。

註

1　二〇一三年三月の三・一独立運動の記念式典における朴大統領の演説。
2　*The New York Times* dated Jan. 20, 2017
3　秦郁彦『慰安婦問題の決算』（ＰＨＰ研究所、二〇一六年）七五〜九一ページ
4　「徴用工」裁判の経過と課題については、西岡力氏の『でっちあげの徴用工問題』（草思社、二〇一九年）など一連の論稿、波多野澄雄『「徴用工」問題とは何か』（中公新書、二〇二〇年）を参照。李栄薫『反日種族主義』（文藝春秋、二〇一九年）。
5　二〇一九年二月の声明全文は、二月八日発売の『世界』一九年三月号、二〇一〇年の声明全文は、『正論』一九年二月号に収録。
6　原田環「第二次日韓協約調印と大韓帝国皇帝高宗」『青丘学術論集』二四（二〇〇四年）
7　『未来をひらく歴史』（高文研、二〇〇五年）六五ページ
8　前掲李栄薫、二五ページ
9　『魚潭少将回顧録』（私家版、一九三〇年）
10　林権助述『わが七十年を語る』（第一書房、一九三五年）。尚、交渉の経過は海野福寿編『韓国併合』外交史料 上・下』（不二出版、二〇〇三年）に詳しい。
11　外務省調査部「日本固有の外交指導原理綱領」一九三六年十二月（外交史料館蔵）
12　金完燮《キムワンソプ》『日韓「禁断の歴史」』（小学館、二〇〇三年）二一二ページ

〈補記〉尹錫悦政権による「肩代り」策が進行中

既述のように、徴用工問題の収拾策を見失い、窮境に追い込まれた韓国で、保守派で元検事総長の尹錫悦は、選挙戦で対日関係の改善を公約していたが二〇二二年五月、大統領に就任すると、世論の動向を見定めながら慎重に具体策を摸索していた。そして翌二三年三月六日に、「肩代り」と呼ばれる方針を公表した。

それは大法院で判決が確定した三件（一五人）の原告に、政府傘下の「日帝強制動員被害者支援財団が日本企業に肩代りして賠償金相当額を支払う」「係争中の原告には勝訴の確定時に」支払う。その財源は民間の自発的な寄付（浦項製鉄所を経営する鉄鋼大手ポスコなど一六社が内定）などで賄い、日本企業の寄付は要請しないというのが骨子である。

バイデン米大統領は直ちに歓迎のメッセージを送り、日本政府も輸出規制などを緩和する措置を取り、好意的に受け止めたが、韓国の野党は「最大の屈辱であり汚点」と評し、「物乞いのようなお金は受け取らない」と怒る原告も見られたが、四月には早くも「肩代り」を受け取る原告が登場し、その後も増加しつつあり、年末までに勝訴が確定した当事者一五人のうち一一人が解決金受領に応じた。しかし裁判所は確定判決をためらう傾向もあり、韓国政府を被告とする一一〇三人の集団訴訟の処理をどうするかなど、問題はくすぶり続けている。

　また韓国内では、日本企業が財団へ寄付すべきだという声があり、日本側からも青年の交流を目的とする基金の設立案が流れている。次の大統領選で現野党の左派候補が登場すると、反日が蒸し返される可能性もなくはないだろう（二〇二三年十二月記）。

第五章

南雲機動部隊 対 エンタープライズ
——索敵のミステリー

▼着眼点　真珠湾奇襲に成功した南雲機動部隊はなぜ索敵を怠ったのか

「雷撃の神様」の執念

「平山軍曹、魚雷は走っているな」

「はい、走っています。隊長！　あーッ命中！」

操縦席の「ブッさん」こと村田重治少佐からは、撃った魚雷の航跡は見えない。後部座席で後向きに座っている平山電信員は、九七式艦上攻撃機が米空母「エンタープライズ」の飛行甲板をすれすれに飛び越し上昇する間、撃った魚雷の走行を凝視し続けていた。

巨大な水柱が上がると、先行した第一波の集中魚雷ですでに火炎を吹き上げ、傾いていた米空母は、止めを刺された形で傾斜を深め、間もなく海没する。村田は戦果確認のため上空を周回し、直衛重巡洋艦の三隻も沈みつつある姿を目撃していた。

「雷撃の神様」と自他ともに許す村田は、数時間前の真珠湾攻撃で、戦艦「ウエスト・バージニア」を血祭りに上げたばかりだが、停泊中の静止目標に対する「据え物斬り」なので物足りぬ思いが残っていた。ところが空母「赤城」に帰艦してみると、留守の間に重巡「筑摩」の予備索敵機が米空母「エンタープライズ」を発見、待機していた雷撃隊と艦上爆撃機隊が出動中と知るや、「一休みしたら」と勧める飛行長の制止を振り切り、押っ取り刀で攻撃隊を追った。そして洋上の空母雷撃を見届けるや、会心の笑みを浮かべたのである。

ハルゼー

スプルーアンス

村田重治

南雲忠一

数カ月後、米海軍は、エンタープライズ艦隊を指揮していたハルゼー中将と、直衛重巡のノーザンプトンに乗っていたスプルーアンス少将の戦死を発表した――。

以上は私の全面的空想の産物に過ぎない。とはいえ、一九四一（昭和十六）年十二月八日の真珠湾攻撃において、南雲機動部隊（第一航空艦隊）が適切な索敵を実施し、先制攻撃を加えていたら、九割以上の確率で起きたに違いないシーンではある。米海軍最高の殊勲者とされる二人の司令官と空母を開戦初日に葬っていたら、と次の空想が湧いてくる。

ではなぜ南雲は索敵を怠ったのか。戦史叢書『ハワイ作戦』や関係者の回想録はもとより、問題提起した研究者もいないままに七十数年が過ぎてしまった。筆者がこの重要な盲点に気付いたのもごく最近のことに過ぎない。当事者の証言はもはや得られないが、可能な範囲で核心に迫ってみたいと思う。

実は索敵にからむ重大ミスは、ハワイを防衛する米軍にも起きていた。日本軍の艦載機（第一波一八三機、第二波一六七機）に奇襲され、真珠湾一帯が猛火に包まれているなかで、キンメル太平洋艦隊司令長官は、なぜか南雲機動部隊は北方からではなく南方からやってきたと判断する。

そして散発的な索敵の重点を南側に指向したため、残存機で反撃する機会を失った。オアフ島西方二〇〇カイリにいた「エンタープライズ」座乗のハルゼー中将も同様である。こうして史上最初となる空母同士の洋上決戦は実現しなかった。

米側の内情は後で論及したいが、まずは日本側の索敵事情について、次の三点を念頭に観察する。

Ⅰ　事前の索敵計画はあったのか。
Ⅱ　索敵機の能力と機数。
Ⅲ　米空母攻撃に差し向けられる兵力と能力。

索敵は敵の勢力範囲を航行する空母機動部隊にとって、攻撃のためにも防御のためにも欠かせない。防御のためとは、側方から敵の奇襲攻撃を受けるリスクへの対応を指す。

索敵機を出して敵艦隊を発見すれば、直ちに攻撃隊を差し向け、自隊は直衛戦闘機と対空砲火で守る。敵からも発見されれば「刺し違え」のシーンも起きよう。

もっとも、真珠湾攻撃には変則の要素が加わった。一九四一年十一月二十六日、南千島の単《ヒト》冠《カップ》湾を出撃した「赤城」以下六隻の空母、戦艦二隻、重巡二隻、軽巡一隻、駆逐艦九隻等の艦隊は、ワシントンの野村吉三郎大使がハル国務長官へ手交する「最後通告」の時間を、真珠湾攻撃の三十分前に設定したほど、奇襲による開戦にこだわった。

そこで、商船が行きかう北太平洋の航路を外した、やや南寄りのコースを選び、前路に警戒用の潜水艦（三隻）と駆逐艦（四隻）を配し、遭遇しそうな艦船は事前に迂回するようにした。

航海中は敵に察知されるのを防ぐため無電の発信を厳禁し、隊内の連絡は視覚信号で済ませた。ただし大本営は必要な情報や指示を送信し、機動部隊は受信に専念した。

図1　南雲機動部隊の航跡

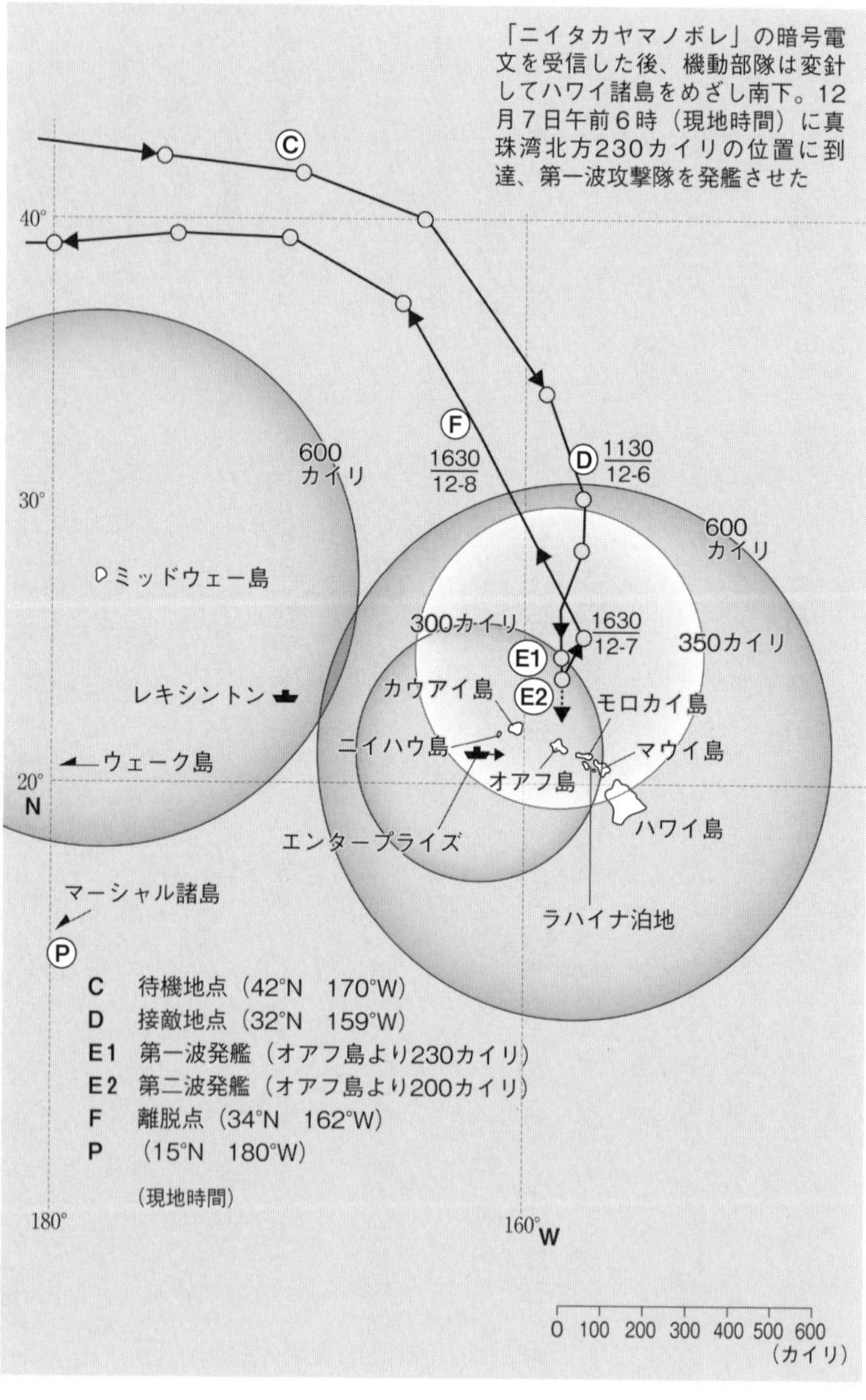

「ニイタカヤマノボレ」の暗号電文を受信した後、機動部隊は変針してハワイ諸島をめざし南下。12月7日午前6時（現地時間）に真珠湾北方230カイリの位置に到達、第一波攻撃隊を発艦させた

十二月二日には「X日（開戦）は十二月八日」を意味する最終決定が「ニイタカヤマノボレ」の隠語で送られている。

進撃途中の飛行は全て禁止され、標準的な索敵飛行はもとより、対潜哨戒や上空警戒の任務さえも休止する他なかった。

飛行が再開されたのは、南雲機動部隊が誰にも見つからず十日間にわたる沈黙の航海を無事に終え、予定通りに現地時間の十二月七日六時〇分（日本時間は八日一時三十分、以後はすべて現地時間を用いる）に、真珠湾の北二三〇カイリ（図1のE1）から、第一波攻撃隊（艦攻、艦爆、艦戦計一八三機）を発艦させた時である。

同時刻に上空直衛の第一直（一二機）が発進しているが、厳密に言えば飛行再開の第一号は三十分前の五時三十分に重巡「利根」、「筑摩」から直前偵察の任務を帯びた零式三座水上偵察機が、ラハイナ泊地（真珠湾の東南九〇カイリ）と真珠湾上空へ飛び立っている。

利根機は予想通り「ラハイナに敵艦隊を見ず」と報告、筑摩機の福岡政治飛曹長は七時三十五分に「真珠湾に戦艦八隻……空母はいない」と発信、進撃中の第一波総指揮官淵田美津雄中佐も受信した。

南雲艦隊の索敵手法

既に前々日、ホノルル総領事館に館員としてもぐりこんでいた森村正海軍少尉が収集して、喜多長雄総領事名で打電し、中央から南雲へリレーした米艦隊の動静と一致していた。南雲も淵田も空母「エンタープライズ」と「レキシントン」が不在であることは承知していたが、筑摩機の報告で「やはり不在か」とがっかりしたようだ。

筑摩機は真珠湾上空からさらに南へ六〇カイリ飛び、「所在不明の敵空母に一縷《いちる》の望みを託した」(福岡手記)が見つからず、反転してオアフ島西岸沿いに北上し、帰投している。同時刻にラハイナへ飛んだ利根機も、空振りと報告した際、「では外洋を探せと命じられるかと思ったが、それはなく、燃える真珠湾を望見した後、帰投した」と機長の高橋与一一飛曹は私に語ったことがある。

他にも二機の直前偵察機から一時間遅れで、戦艦の「比叡」、「霧島」、重巡の「利根」、「筑摩」から九五式二座水偵が各一機ずつ、計四機が発進し、対潜哨戒等の任務に就いているが、いずれも本来の索敵行動には該当しない。

当時すでに標準化していた索敵法は、水偵か艦攻の数機(ミッドウェー海戦では八機)を進出距離三〇〇カイリ、側程四〇カイリの扇形に飛行させ、対象水域を洩れなく探す手法であった。

ところで南雲機動部隊は単冠湾に在泊中、全飛行士官を集め、真珠湾攻撃の計画と手順を詳細に規定した機動部隊命令第一～三号を交付している。実際の経過と対比すれば、多少の手直しはしたが、ほぼ計画通りに進行したことが分かる。それを前提に見ていくと、三座水偵による直前偵察の他に「敵艦艇に対する索敵はX日午後およびX＋1日午前、二五〇ないし三〇〇カイリの範囲を実施する」（傍点は秦）という項目がある。当然入るべき任務だろうが、不審なのはX日（開戦日）の索敵をわざわざ午後と限定していることだ。

米空母エンタープライズ

　二波に分かれた真珠湾攻撃隊は日本時間の八日八時三十分、現地時間の十三時〇分までに帰投収容が終わっているはずなのにである。午前中は攻撃で忙しいだろうから、米空母を求めての索敵と攻撃は午後に回すという想定なのだろうか。ところが機動部隊各艦の戦闘詳報や日誌を点検しても、午前はおろか午後の索敵も実施した形跡がない。

　機動部隊の草鹿龍之介参謀長、航空（甲）参謀の源田実中佐、航空（乙）参謀の吉岡忠一少佐は、戦後に回想記を残しているが、索敵を実施しなかった理由には一切触れていない。表1が示すように、真珠湾攻撃の大戦果に満足した南雲司令部は、早くも十三時五分には北へ転針、そのまま帰路についた。

淵田ら現場指揮官の間では第二撃を望む声もあったが、南雲、草鹿らは「空襲終わらば機動部隊は速やかに敵より離脱」（機動部隊命令第一号）の方針を変える気はまったくなかった。「帰心矢の如し」の心境で、索敵して米空母を叩くために長居する気になれなかったのかもしれない。

そして司令部は、十五時五分に指揮下の空母へ「当隊今夜敵出撃部隊に対し警戒を厳にしつつ北上し明朝、付近の敵を索《もと》めて之を撃滅せんとす」と伝え、十七時十五分には翌日の日の出時（七時〇分）に二四機を以て四周約三〇〇カイリの綿密な飛行探索、終日にわたる上空警戒、対艦船攻撃待機を命じた。

その時までに機動部隊は、行動半径六〇〇カイリの能力を持つ米カタリナ飛行艇の索敵圏外へ抜けていた。オアフ島の米陸軍航空隊（計二四三機）の大部分は地上で破壊され、とくに可動の爆撃機は皆無に近いのが実情だったが、南雲司令部は「敵信（傍受電）により、敵大型機少なくとも五〇機程度が残存することは大体確実」と脅《おび》えていた。

「敵空母の動静は不明」とされたが、夕方から夜にかけ、連合艦隊司令部から「敵艦八隻はオアフ島西方五〇カイリ付近にあり」との通報を受けている。「エンタープライズ」を含む一三隻のハルゼー艦隊の位置（実際はオアフ島の西方九七カイリ）に近い。

表１　真珠湾攻撃と日米両軍の動き

日本	日本時間（8日）	現地時間（7日）	米国	現地時間（7日）
日の出	01：56	06：26		
筑摩水偵発帰艦	01：00～06：35	05：30～11：05		
第一波発艦	01：30～01：45	06：00～06：15	エンター艦爆×18機発艦	06：15
同真珠湾攻撃開始	03：25	07：55	同上真珠湾上空でゼロ戦と交戦	08：20～08：45
同　帰艦	05：25～06：30	09：55～11：00	レーダーの日本機探知	07：06
			キンメル全艦にハルゼーへ合流命令	09：12
第二波発艦	02：45～03：00	07：15～07：30	オアフ島南西48㎞に日本空母と誤報	09：50
同　攻撃開始	04：32	09：02	ハルゼー東方へ60㎞移動	08：00～12：00
同　帰艦	07：00～08：30	11：30～13：00	レキシントンほぼ動かず	08：00～12：00
			レーダー、帰路の日本機を探知	10：39
米飛行艇をゼロ戦が攻撃	08：20	12：50	カタリナ機北西へ索敵飛行	12：45
ＫＢ北へ転針	08：35	13：05		
南雲、ＧＦへ帰投方針連絡	10：30	15：00		
			エンターのＳＢＤ×９機、日本空母を175カイリ南西に発見（誤報）	13：45
翌日の索敵要領を指示	12：45	17：15	エンターの雷撃機×18機　上記の攻撃へ（夜間着艦）	16：59
日没	12：48	17：18		

ＫＢ：機動部隊　ＧＦ：連合艦隊　エンター：エンタープライズ

ここで藤田菊一第八戦隊参謀の日記（X＋1日）を引用すると、「黎明艦位ハワイの北六〇〇カイリ余……早朝母艦飛行機を以て三〇〇カイリ四周を捜索し敵追い来たらば一挙に之を撃滅せんものと意気込みたりしも何等得る所なし」とある。

しかも飛行機発進後に機動部隊が予定コースを変えたので、多数の帰艦不能機を生じ、母艦は長波を輻射、誘導で収容したが、五機の不時着機を出す。また上空警戒の零戦も延べ六四機を出動させ、一機が事故で墜落している。

「ケンカ過ぎての棒ちぎり」を絵に描いたような情景と評さざるを得ない。なぜ同規模の索敵を前日に実施しなかったのか、疑問は深まる一方である。改めて機動部隊の行動を見直してみよう。

所在不明の米空母

この見直し作業が簡単にいかないのは、一航艦司令部の戦闘詳報、戦闘日誌、航海記録（LOG）ばかりか、電報の発受信記録、信令記録が残っていないからである。

そこで十一月二十三日の機動部隊作命第一〜三号（戦後に関係者が集まり復元したもの）という予定スケジュールをベースに、関係者の記憶や戦隊司令部、参加各艦の断片的な記録で補充するしかないが、詰め切れない部分が残るのは止むを得ない。

表1はX日（日本時間は十二月八日、現地時間は七日）に起きた重要な事象を時系列に沿い列挙したものだが、例えば真珠湾攻撃隊第一波の発艦位置を経緯度で示した公的データはない。代わりに真珠湾からの距離を表示したものしかなく、それも北方（〇度）二〇〇、二三〇、二五〇カイリとまちまちである。中には攻撃前日の項に「二三〇カイリに改める」（第三戦隊戦時日誌）とあるように、途中で変動した可能性もある。

十一月二十三日の機動部隊命令も、第一号は二二〇カイリ説だが、第三号は二三〇カイリと食い違う。とりあえずは戦史叢書に従い、「二三〇カイリにおいて第一波（一時間半後に）同二〇〇カイリにおいて第二波を発進……第二波発艦終了後約一時間南下したのち反転、二四ノットで北上」を採用しておく。

概算すると、機動部隊は真珠湾の北方一七〇カイリ余りまで接近したことになる。ただし吉岡参謀の回想記によると、攻撃隊の収容を容易にするため、攻撃前日に源田参謀が一五〇カイリまで南下しようと提案し、南雲長官も了承したという異説がある。

その分だけ機動部隊が米軍機の反撃にさらされるリスクは高まることにはなる。

あらためて図1を検分してみると、E1～E2から複数機により三五〇カイリ圏の半周索敵を実施していたら、ハルゼー部隊はほぼ確実に発見されただろう。

投入できる索敵機も不足はない。第八戦隊の「利根」、「筑摩」はカタパルトより発進する零式三座水上偵察機、九五式二座水偵二機ずつを装備していた。二座水偵は行動半径一五〇カイリで対潜哨戒に主用されたが、三座水偵の行動半径は三五〇カイリ、巡航機速は一二〇ノット、最大限では片道一六〇〇カイリの航続力を誇る優秀機だった。

第八戦隊は直前偵察で二機を出動させたが、残る二機も投入できた。

同じ任務は空母搭載の九七式艦上攻撃機（雷撃と水平爆撃）、次いで九九式艦上爆撃機（急降下爆撃）でも可能だったし、零戦を強行偵察に使おうとする着想さえあった。だが日本海軍には艦攻や艦爆はなるべく攻撃兵力に充《あ》て、索敵任務には使いたくないという気分があった。真珠湾攻撃でも艦攻の定数である常用一六二機、補用二一機に対し、一四三機が投入されている。故障機を約一割として、可動機のほぼ全機を投入したと言えよう。

それでも搭乗員たちは、出港中の米空母が最優先の目標だという思いを忘れてはいなかった。淵田中佐が示達した「命令作業第一号」と題する文書は「進撃途上敵艦隊に会敵時の処置」として、艦攻隊の場合は「撃滅するものとし使用兵力は敵情に応じ特令す」、艦爆隊の場合は「戦艦、空母を主体とする敵有力部隊の場合は攻撃隊全機又は一部を以て」と規定していた。

この意気ごみに応えるためにも、X日の第一波発進と同時に二機の水偵に艦攻五機を加え、一八〇度ないし〇度にわたり各機二三度間隔、進出距離三五〇カイリの扇形索敵を実施すればよかった。

そうすれば、南西二七〇カイリにいたハルゼー艦隊へ、進撃途上の第二波（艦爆七八機）の半数を分派して叩くことができたろう。

「泥棒だって帰りは怖いさ」

しかしとどめを刺す役割は、真珠湾攻撃から戻った艦攻隊の雷撃に委ねられたかもしれない。そこでタイミングと投入兵力を試算してみる。

真珠湾攻撃隊が出撃した後、各母艦の飛行甲板には第三波（実行せず）の出動に備え、残りの艦攻、艦爆が並んでいた。各二〇機前後の規模だったかと思われる。そこへ第一波と同時に発進した索敵機から、二時間半後の八時三十分頃に「エンタープライズ」発見の無電が入ったとする。

第一波は十時から十一時頃にかけて帰艦し、魚雷や爆弾を積み、機銃弾の補充にかかっていた。しかも未帰還機はわずか二九機（うち艦攻五機）に過ぎなかったので、「収容直後の使用可能機」（戦史叢書）は艦攻一〇八機、艦爆六七機、艦戦九〇機もいた。

米艦隊攻撃の第一次攻撃隊にはその半数を組みこめば、十分過ぎるほどの大兵力である。発艦は十二時前後、戦場到着は十四時前後となり、日没の十七時十八分までに全機帰投が可能だ。雷撃は八〇%、急降下爆撃は六〇〜七〇%の命中率が見込めたから、撃ち洩らしの駆逐艦数隻は別として、ハルゼー艦隊は全滅したに違いない。

その勢いに乗じて南雲機動部隊が帰還コースを変え、P点を経てマーシャル諸島へ向かった場合には、途中でもう一隻の「レキシントン」を発見して、海底へ送りこむ機会もあった。

淵田中佐は約三時間、真珠湾上空に残って、戦果を確認した後、帰ってくると、南雲長官へ「もと来た道を帰らないで中央航路（P点経由）を真直ぐに帰ったらどうだろう」と進言したらしい。

「出動中の二空母にも出遭って、これを撃滅できるであろう」（『真珠湾攻撃総隊長の回想――淵田美津雄自叙伝』講談社、二〇〇七年）と期待してのことである。

源田参謀も内心では同意見で、数日ハワイ沖に留まって真珠湾を徹底的に破壊する策を進言したこともあった。だが南雲長官も草鹿参謀長も一撃だけで引き上げる決意で終始していたため、当日も「意見具申は全然やっていない」と断言する（源田実『真珠湾作戦回顧録』読売新聞社、一九七二年）。興味深いのは、南雲が進言を却下した理由が、「私たちの偵察能力を信用していなかった」からだという淵田の回想である。それまで任せきりにしてきた参謀に対する不信感の表明と受け取れる。実際に吉岡航空参謀は、私の質問に対し「側方から米空母に奇襲される事態は想像もしなかった。今になって偵察の失敗に気づいた」と語ったことがある。

源田も吉岡も、共に海軍大学で恩賜の長剣を貰った航空生え抜きのエリートにありがちの盲点を持っていた。緻密に練ったシナリオ通りに事が進むはずと信じ、相手が取るであろう対抗策へ鈍感になってしまうことである。索敵軽視という背景事情もさることながら、自隊防御のための索敵という発想がないらしいと気付き、恐怖に襲われた南雲は「泥棒だって帰りは怖いさ」とばかり、一日おくれの索敵を重ねながら退散を急いだのではあるまいか。

エンタープライズは動かず

このあたりで、「被害者」の立場に置かれたアメリカの対応ぶりも眺めてみよう。

X日の米軍は、初太刀ばかりか二の太刀も受け損じ深手を負ったのに、押し込んできた相手の面体《めんてい》も確かめぬまま逃げられてしまった剣士さながらの姿であった。

寝込みを襲われたのでと釈明しても、風聞は流れていたのに警戒を怠ったのではないかと、責任を問われるのは免れない。実際に米議会は真珠湾攻撃の直後から数度にわたり、奇襲された責任を問う査問委員会を開いて関係者を喚問し細部まで追及した。

だがワシントンの上層部に波及するのを嫌ってか、太平洋艦隊長官のキンメル大将とハワイ陸軍司令官のショート中将を更迭し予備役に編入するだけで済ませ、戦術レベルの追及を怠ってしまう。

一例を挙げるとオアフ島北端のカフク岬（オバナ）に設置され、試験運用に入っていた陸軍のレーダーは、攻撃開始から五十分前の七時六分に北方一三〇カイリを南下してくる飛行機の大群を捉えていた。ところが二人の操作兵が二度も司令部へ電話したのに、当直の中尉はその頃米西海岸から飛来してくる一二機のB－17重爆撃機だろうと思いこみ、無視して上司にも連絡しなかった。

寝込みを襲われ混乱の極みにあったこの日の真珠湾で最高の働きぶりを見せたのは、このレーダーだったろう。攻撃を終わった日本機が北方へ去っていく姿をもキャッチしていたからである。

だがこの報告もどこかへ紛れこんでしまい、数日後にそれを知ったキンメル司令部のレートン情報参謀は、「このレーダー情報さえ届いていたら」と歯がみして悔しがった(エドウィン・レートン『太平洋戦争暗号作戦』〈一九八七〉)。

他にも北から来たと伝える情報があったのに、そのレートンは開戦前から「われわれは多分、敵の機動部隊は約二〇〇カイリ南西のクェゼリンから攻撃してくるものとばかり考え、北から近付いていることは気づかなかった」と告白している。しかしハワイの米軍が日本軍の奇襲への対処策をまったく失念していたわけではない。むしろ正確な予想と反撃策さえ想定していた。

一九四一年三月、陸海軍航空指揮官の協定(八月に改定)では、空母六隻を基幹とする日本の機動部隊が北西方から接近し、二二三カイリの距離から艦載機を発進させるだろうと推定した。

それを阻止するには海軍のPBYカタリナ双発飛行艇が半径六〇〇カイリを全周哨戒し、日本側の槍が届かぬ前日に発見したら、飛行艇と陸上爆撃機で一方的に叩けばよい。まさに日本海軍が事前の図上演習で、空母の半分以上がX－1日に返り討ちにあって沈んだ事態に符合した。

「桶狭間と鵯越《ひよどりご》え」並みの奇襲強行に執着した山本五十六連合艦隊司令長官の固い決意がなか

ったら、真珠湾攻撃はこの時点で中止されたかもしれない。

しかしその投機的性格が、逆に米側の油断を誘発したと言えなくもない。カタリナによる日施《にっし》哨戒は紙上プランに止まり、実行されなかったからである。

オアフ島には六九機（別にミッドウェー島に一二機）のカタリナが駐屯していたが、X日にはわずか七機が南方海面を哨戒していたに過ぎず、北方海面はがら空きだった。そして基地で翼を休めていた残りは、すべて日本機の銃爆撃で破壊されてしまう。

それでもカタリナの一機は、日本の機動部隊を求めて北西へ三七五カイリ飛んだが、「機動部隊の後方に触接中の敵飛行艇を追ったが雲中に入り逸した」（瑞鶴飛行機隊戦闘行動調書）で終わる。しかもこのニアミスの報告もキンメル司令部には届いていなかった。

こうした索敵行動の不振に厳しい目を向けたのは米議会だった。キンメルとカタリナ部隊のベリンジャー司令官は、（1）日米開戦の際は直ちに艦隊全力をあげマーシャル諸島へ侵攻するWPL四六号計画の準備に追われ、機材の整備と対潜訓練を優先した、（2）機数と人員が不足していた。全周八〇〇カイリの日施哨戒を実行するには二百機が必要だったとか、苦しい言い訳で済ませてしまう。

ところで偶然に真珠湾の西二〇〇カイリという微妙な位置で、「汚辱の日」（ルーズベルト大統領）を過ごした空母「エンタープライズ」と猛将ハルゼー司令官の果たした役割をどう評価するかは、意外に難問である。

米海軍が保有していた大型空母五隻のうち「ヨークタウン」と「ホーネット」は大西洋にあり、「サラトガ」は西岸のサンディエゴ軍港で点検中、「レキシントン」は最前線のミッドウェー島へ増強する海兵隊戦闘機一八機を積んで、十二月五日に真珠湾を出港、この日朝はオアフ島の西北西六五〇カイリの洋上にあった。

「エンタープライズ」を含む第八任務部隊《タスクフォース》もやはり、ウェーク島へF4F戦闘機一二機を搬送するため十一月二十八日に真珠湾を出動、任務を果たして帰港する途中だった。当初はX日（十二月七日）朝に帰港する予定だったから、途中の荒天で遅れなかったら、日本艦載機の第一目標にされ、沈められていたろう。

その災厄は逃れた代わりに、日の出と共に発艦、先行させたSBD索敵爆撃機の一八機は、真珠湾内のフォード島飛行場へ着陸しようとして、零戦の群れに襲われ、たちまち五機を撃墜される悲運に見舞われる。不運はなおも続く。

キンメル司令部から、日本空母二隻がオアフ島南西で発見されたとの誤報が届き、ハルゼーはSBD一五機を出動させたが空振りに終わる。夕方にはTBF雷撃機一八機、SBD四機に戦闘機六機、別に直衛重巡の水偵六機も同行して攻撃に向かい、やはり空振り、夜間着艦を避けて真珠湾に向かった六機のうち四機が味方の対空砲火に撃ち落とされる始末となる。

「エンタープライズ」の搭載機はSBD三七機、TBF一八機、戦闘機二七機だから、猛将ハルゼーらしく「見敵必戦」の構えで手持ちのほぼ全機を前線に繰り出したのに、成果ゼロに終わったわけである。しかしレートンが「逆にハルゼーの部隊をはるかに優勢な日本機動部隊の攻撃から免れさせることにもなった」と評すのも一理ある。

もし早い時点でハルゼーがSBDを北方に飛ばして南雲部隊を発見、攻撃していたら、近くに米空母ありと気付いた日本艦載機群の総反撃を招くリスクはあった。しかも一隻対六隻の勝負では相撃ちにもならず、米側の一方的敗北となった公算が大きい。

かれこれ思案してみると、ハルゼーが当日はほとんど移動せず同一海面に止まったのは、賢明な判断だったであろう。同様に「レキシントン」も、ミッドウェー行きの任務を中止し索敵機を出して警戒はしたが動いていない。キンメルは「レキシントン」にハルゼーと合流せよと命じていたが、指揮官のニュートン少将は従わなかった。

傍受電では、「日本軍がオアフ島に上陸した」「落下傘部隊が降下したらしい」「ウェーク島が爆撃された」と真偽取り混ぜた流言が乱れ飛ぶ。その混乱ぶりを耳にしていた二人の空母指揮官が、下手に動かず事態を見守る冷静さを保ったのは、正解と評すべきだろう。

後から振り返ってみると、X日の数時間、南雲とハルゼーの両機動部隊は約二七〇カイリ、すなわち艦載機の攻撃可能圏内で、どちらも気付かないまま睨み合っていたことになる。図1が示すように、日米索敵機の行動能力は進出距離が三五〇（日）、三〇〇（米）カイリと格差はあるが、いずれも行動半径を示す円環内にある。戦機が完全に去ったのは、翌日の日の出前後だったかと思われる。日米両空母の対決という次の戦機は半年後の珊瑚海海戦（一九四二年五月）であった。

勝敗は五分五分の引き分けであったが、次のミッドウェー海戦（同六月）では日本が大敗、南太平洋海戦（同十月）でリベンジしたが、「ホーネット」に突撃した「雷撃の神様」村田少佐は戦死している。以後は米海軍の連戦連勝が続き、日本は、「刀折れ矢尽きた」形で太平洋戦争敗北の日を迎えた。

その過程を眺め直すと、やや極言になるが、日本海軍は猛将ハルゼーと知将スプルーアンスのコンビに敗れたのではないかという気がしてくる。二人を開戦初日に討ち洩らした代償は、高くついたと言えよう。

Column 2

「不沈空母」エンタープライズ

フォレスタル米海軍長官が、「米海軍史を象徴する殊勲艦」と賞《ほ》めちぎった「エンタープライズ」(Enterprise, CV-6)は、太平洋戦争期の日本海軍と国民の間でも、恐らく随一の知名度を誇った米空母であった。

なにしろ戦歴が長い。日本海軍の「翔鶴」クラスとほぼ同じ最新鋭の中型空母として、一九三八(昭和十三)年に就役している。そして日米開戦の一九四一(昭和十六)年十二月から、四五年五月、特攻機の体当りで損傷、修理のため米本土へ向かうまで、目ぼしい海空戦のほぼすべてに参加し、戦果を挙げている。「大小の合戦は数知れず」の形容がふさわしい。

非公式だが、「BIG-E」と愛称された「エンタープライズ」の艦載機は、七一隻の敵艦船、九一一機の敵飛行機を撃破し、二〇回のバトル・スター勲章を貰ったとされる。

なかでもミッドウェー海戦(四二年六月)で、それまで常勝を重ねてきた四隻の日本空母群は全滅する敗北を蒙ったが、四隻のうち三隻(「赤城」、「加賀」、「飛龍」)は、「BIG-E」の急降下爆撃機隊によって仕留められた。

「エンタープライズ」は「ラッキーE」の別称も貰ったように、稀に見る幸運にも恵まれた。日本の大本営発表は、九回も撃沈の誤報を伝えたが、大小一五回の損傷を受けながらも、「ラッキーE」は不死鳥のように生き延びる。致命傷になりかねない命中弾が不発だった例が三回もあった。

特攻機に二回体当りされても立ち直ったが、沖縄戦末期の一九四五年五月十四日に爆装零戦で体当りしたパイロットは、遺体から富安《とみやす》俊助《しゅんすけ》中尉（早稲田大学出身の学徒兵）と判明する。「三年かけても日本海軍航空隊が果せなかった大収穫を一人で達成した」ことに感銘して、中尉の遺体は水葬の礼で見送られた。二〇〇三（平成十五）年には、富安機の破片が、保管していた乗員から遺族へ返還されたことが新聞で報じられる。

富安俊助海軍中尉

米海軍工廠で修理中に終戦となり、除籍された「エンタープライズ」を記念艦として永久保存しようとする動きも出たが実現せず、スクラップにされてしまった。

似たような戦歴と幸運で生き延びた日本海軍の駆逐艦「雪風」も、台湾海軍に移籍された後、スクラップとなる運命を免れていない。

第六章

美談の行く末（上）

――山本（権）・広瀬・財部の八十年

▼着眼点　ロンドン海軍軍縮条約で「妥協」した財部彪は日本海軍の末路を見届けた

美談の誕生

「閣下、財部《たからべ》とお嬢さんの縁談はすっぱり破談にしてください」
時は明治三十（一八九七）年一月、閣下と呼ばれたのは海軍省軍務局長で海軍きっての実力者とされ、海軍大臣への昇任も間近と見られていた山本権兵衛少将である。若いころは「ゴンベエ」だったが、いつのころからか「ゴンノヒョウエ」と名のり部下たちに畏怖される存在になっていた。

日本の戸籍には読み方（ふりがな）は登記しないので、本人でも確然としないことが多い。五・一五事件（昭和七年）で襲撃した青年将校から「問答無用」と射殺された犬養《いぬかい》毅首相も、「ツヨシ」「タケシ」「タケキ」「キ」と数通りの呼び名があり、ひ孫にあたる緒方貞子さんに聞いてみたが、「私にも正確なところはわからない」と言われたことがある。山本権兵衛の読み方も同様だろう。

さて友人の財部彪《たけし》（常備艦隊参謀）に代わって山本へ縁談破棄を申し入れた広瀬《ひろせ》武夫《たけお》大尉（軍艦「磐城《いわき》」航海長）との問答ぶりを財部の伝記からひきつづき引用したい。

「なぜだ」

「財部は同期を首席で卒業した優秀な男ですから、自力で大成できるのに、義父の力でと言われるのを不安がっています」

「うーん」

「親友としてこの結婚は彼のプラスにならないと信じた私が、よし俺が話をつけてきてやると引き受けたのであります」

「この縁談はもう決まっているも同然なのだ。同郷（薩摩）の後輩にもなるが、だからといって財部を特別扱いするつもりはない。約束する」

山本権兵衛と登喜夫人。中央は長男・清と長女・いね（明治22年頃撮影）

最初は怒りの表情を浮かべた山本は、途中から諄々とさとす言い方に変えたが、広瀬は動じない。しばし二人の間に気まずい沈黙の時がすぎたとき、襖《ふすま》のかげで聞いていたのか、思いつめた表情で山本夫人の登喜《とき》が入ってきた。

「お話はわかります。でも私の娘は山本の娘であるばかりに、有望な若い人と結婚できないということになりませんか。可哀そうだとは思われませんか」

涙ながらにかきくどかれて、広瀬は翻然《ほんぜん》と覚るところがあったのだろう。居住まいを正し「わかりました。先刻の申し入れは撤回いたします」とあっさり詫び、山本邸を辞した。

財部彪と山本の長女いねはその年の五月に結婚するが、翌六月には山本の発意で若手海軍士官の俊才を海外諸国に留学させる制度がスタートする。選ばれた五人は、次のような顔触れであった。

●イギリス
財部彪（海兵15期の首席）

●アメリカ
秋山真之《あきやまさねゆき》（同17期の首席）

●フランス
村上格一《むらかみかくいち》（同11期の次席）

●ドイツ
林三子雄《はやしみねお》（同12期の第三席）

●ロシア
広瀬武夫（同15期の第四十九席）

日本海軍では海軍兵学校の卒業席次が終生ついてまわるが、五人のなかで例外は八〇人中の四十九位と芳しくない広瀬だった。日露開戦は遠くないと予測していた山本は、留学先としては人気の低いロシア行きの人選に悩む。

広瀬の名は数少ないロシア語学習経験者のひとりとして人事課が候補に上げたものの、「卒業成績が悪いので外そうと思いましたが、卒業直前の病気が影響したらしく、水雷術練習所は大秀才の秋山を押さえて首席でしたし、人柄は文武両道に通じ申し分ないのですが――」と決めかね、お伺いを立てたようだ。

山本は娘婿の親友である広瀬との関わりを、財部からも聞いたにちがいない。そして二人が海兵在校中から創立間もない講道館《こうどうかん》の柔道仲間で、横須賀に道場の支部を作りたいと連名で願い出て、山本が許可を与えていたことを思いだす。

なによりも山本夫人の説得にあっさり引き退った広瀬の、物おじしないさっぱりした気性が気に入ったと思われる。こうして広瀬のロシア留学は決まり、五人は夏から秋にかけて三年の予定で各国へ散っていった。

広瀬の留学は四年半という異例の長きにわたったが、柔道がきっかけでロシア海軍の幹部や貴族との交流を深め、帰路には鉄道と騎馬でシベリアを横断し、貴重な情報をもたらす。海軍少将の令嬢アリアズナとの秘められたロマンスを含め広瀬の活動ぶりは、島田謹二《しまだきんじ》の名著『ロシヤにおける広瀬武夫』（朝日選書、一九七六年）に詳しい。

明治三十七年二月、日本はロシアと開戦する。山本海軍大臣の下で、財部中佐は大本営海軍部の作戦主任、秋山少佐は連合艦隊作戦参謀、村上大佐は「千代田《ちよだ》」艦長として縦横に活躍するが、戦艦「朝日《あさひ》」の水雷長だった広瀬少佐は、決死の旅順港閉塞作戦《りよじゆんこうへいそくさくせん》への参加を志願した。そして二度目の出撃で乗りこんだ「福井丸《ふくいまる》」から脱出用ボートに乗り移ったあと、杉野孫七《すぎのまごしち》兵曹長が見当たらないことに気づく。

広瀬は沈み行く船上に引き返し「杉野はいずこ」と探しまわり、あきらめてボートへ戻った直後にロシア軍の砲火に直撃され、一片の肉塊を残し散華した。

その壮烈な最期は内外に伝えられ、軍神第一号として広瀬中佐は讃美の的となる。財部ら同期生は全国に募金をつのり、広瀬の立像と座り姿の杉野を組み合わせた銅像が、東京の万世橋駅前に建てられた（昭和二十二年、米占領軍の意向で撤去）。

ちなみに広瀬は講道館から柔道六段を遺贈されたが、財部も昭和五年に五段をもらい、嘉納治五郎《かのうじごろう》館長の死後、短期間だが館長代理を務めている。ついでに、私の世代まで愛唱された文部省唱歌「広瀬中佐」の一節を紹介したい。

轟《とどろ》く砲音《つつおと》　飛び来る弾丸
荒波洗うデッキの上に
闇を貫く中佐の叫び
杉野は何処《いずこ》　杉野は居ずや
……………
軍神広瀬とその名残れど

旧国鉄万世橋駅前にあった広瀬武夫海軍中佐と杉野兵曹長の銅像（昭和10年）

スピード出世した「財部親王」

いつの時代でも「美談」を求める民衆の心情に応えようと、新聞や雑誌の取材記者は特ダネを追ってかけ廻る。需要と供給の関係は鶏が先か卵が先かに似ているが、多くは一過性に終わり、後世まで生き残る「大美談」は少ない。

戦争は英雄と美談を生みだす恰好の舞台だが、百年を経て人びとの記憶に残っているのは、日清戦争では「死んでもラッパを放さなかった」木口小平《きぐちこへい》、「まだ定遠《ていえん》は沈まずや」と問いかけ絶命した勇敢な水兵（三浦虎次郎《みうらとらじろう》）、日露戦争では海軍が広瀬、陸軍では橘《たちばな》周太大隊長ぐらいだろう。いずれも壮烈な戦死を遂げた軍人である。

とかく大型美談は、ついでにささやかな佳話までクローズアップさせる。財部の縁談をめぐる広瀬のエピソードもこの部類だろうが、山本、財部、広瀬の伝記に紹介されたこともあり、いつしか美談の仲間入りをしてしまう。だが、この美談の行く末を追ってみると、興醒めするような事実が浮かんできた。

山本は広瀬へ「財部を特別扱いにするつもりはない」と約束したはずなのに、それが守られなかった疑いが濃いのである。

山本権兵衛は明治三十一年から三十九年まで海軍大臣の座にあり、その後は軍事参議官の閑職に転じたが、ひきつづき部内で権勢をふるいつづけた。そして日露戦争の功績で伯爵を授けられ、大正二（一九一三）年二月には現役海軍大将のまま内閣総理大臣に就任する。

造艦汚職（シーメンス事件）の責任を取って翌年四月に総辞職したが、加藤友三郎《かとうともさぶろう》の急死によってふたたび首相に返り咲く。第二次山本内閣の組閣は関東大震災の翌日（大正十二年〈一九二三〉九月二日）という慌ただしさだったが、年末の難波大助による摂政宮（のちの昭和天皇）狙撃事件（第三章参照）の責任を負って総辞職する。一次、二次のいずれも思わぬ事故に見舞われ内閣を投げ出しているから、政治家としては不運の宰相と評せよう。

　この間に財部のほうは明治三十八年大佐、四十二年少将、大正二年中将、そして八年に大将と異例のスピード昇進を遂げ、海軍次官、鎮守府長官などを経て大正十二年五月、加藤（友）内閣に海軍大臣として入閣、昭和四年の浜口雄幸《はまぐちおさち》内閣まで断続して五度の入閣を果たしている。順風満帆の出世と評してよい。

　昇進スピードを海兵同期生でいずれも大将まで昇った竹下勇《たけしたいさむ》、小栗孝三郎《おぐりこうざぶろう》、岡田啓介《おかだけいすけ》と少将の時点で比較すると三年半から四年早く、一期前の鈴木貫太郎《すずきかんたろう》（終戦時の首相）よりも三年半早い。鈴木に至っては財部次官の下で人事局長、軍務局長として働いたこともある。

　宮様並みの出世だったので、財部は口さがない連中から「財部親王」の異名をもらうほどだった。「義父の七光り」と目されてもむりはないが、異論もないわけではない。

　財部海相の下で人事局長や海軍次官を務めた山梨勝之進《やまなしかつのしん》大将（海兵25期）は「財部は海軍にはまれな行政能力の持ち主だった」と記す。実力相応と認めての評価だろう。

　次に山本の次女スエは山路一善《やまじかずよし》中将（海兵17期）に、四女は上村従義大佐（同30期）に嫁したが、義父の恩恵を受けた形跡はない。

　とくに山路は財部と入れ替わりでイギリスに留学、入手した重要情報を山本へ献言したと自著で自慢しているが、「山本の人事行政は至公至平」と強調しながら、義兄の財部には「巧言令色」とか「我欲の権化」と酷評をつらねている。義父の寵愛を競って敗れた感もあるが、進級ではクラスヘッドの秋山に抜かれ、財部が海軍大臣に就任する直前、鎮海要港部司令官を最後に海軍を退く。

ついでに嗣子でひとりだけの男児だった山本清《きよし》は海軍に進んだが、海兵34期の成績が下位だったせいもあってか中佐で辞め、父の爵位（伯爵）を継ぎ、貴族院議員に転身している。

こうして見てくると、財部が山本に引き立てられたとしても日露戦争頃までで、その後は山本の後継者となった斎藤実《さいとうまこと》、加藤友三郎による配慮に負うかどうかの域にとどまるとも言えよう。

実際に財部が山本を直接の上司として仕えた経歴は第二次山本内閣で首相と海相の関係になった時のみ、それも加藤（友）内閣の海相から留任しただけのこと。

どうやら財部が五代の内閣に海相の座を得たのは、実力を買われてのことと見なしてよさそうだが、昭和四年、浜口内閣の海相時代にロンドン海軍軍縮条約をめぐって海軍部内が割れたさい、収拾できなかった責任の過半を負わされ、夫妻もろとも悪評の渦中に呑みこまれてしまう。

このあたりはあとで観察することにして、その前に時期を明治初年まで引き戻し、美談の系譜の起点となった山本権兵衛の「純愛物語」を探ってみたい。

山本権兵衛の純愛

『大将伝―海軍篇』（一九四一年）は、山本権兵衛を「弁舌に優れ、いわゆる才気煥発、しかも決断力に富み……長（州）の陸軍を代表する山県（有朋）元帥に拮抗して、薩（摩）の海軍を背負って立った名実共に海軍の大御所」と評している。徳富蘇峰《とくとみそほう》は「日本海軍のローマ法王」になぞらえたが、その前半生は波乱に満ちていた。

薩摩藩下士《かし》の出身だが、十一歳の少年ながら薩英戦争では弾運びを手伝い、五年後には西郷隆盛の指揮下で騎兵として鳥羽・伏見と箱館《はこだて》の戦に参加している。明治二年、藩命で新設の海軍兵学寮《がくりょう》（海軍兵学校の前身）に入り、七年に第二期生として卒業し少尉補に任官する。

明治六年の政変で失脚した西郷が帰国するや、山本もあとを追うが、西郷から「君は海軍の建設に励んでもらいたい」とさとされ、帰校した。そのまま郷里にとどまっていれば、十年の西南戦争で戦死する兄吉蔵《きちぞう》と同じ運命をたどったかもしれない。

草創期の海兵生徒には山本のような歴戦者は珍しくなく、気風も「飲酒、女郎買い、喧嘩《けんか》、鉄拳制裁が日常茶飯事」と荒々しかった。八年末から山本は練習艦「筑波《つくば》」で米西岸への遠洋航海へ出るが、半年後に帰ってくると南品川の海軍士官合宿所の筋向いにあった箸屋という女郎屋へ登楼する。そこで出会ったのが、十六歳の登喜である。

新潟の貧しい農家の三女で、つい先日売られてきたばかりだという初々しい登喜に一目惚れした山本は、なんとか彼女を苦海から救い出そうと一計を案じる。

数日後の夜、箸屋を訪れた山本は隙を見て登喜を二階の窓から綱で吊り下げ、下で待っていた同僚数人が用意しておいたカッターに乗せ、弟盛実《もりざね》の下宿にかくまった。

海軍士官にあるまじき暴挙で、ことはすぐに露見するが、女郎屋の主人は得意先の海軍と争うのを嫌い、示談に持ちこむ。身請金は山本の月給とほぼ同じ四十円で、それを分割払いとした。しかし翌年一月から山本はドイツ艦に乗りくみ世界一周の航海に出る。そして一年半後の十一年五月に帰国するがその間、登喜は婚約者として預けられ花嫁修業に励んでいたらしい。

図1は山本少尉が「扶桑《ふそう》」艦長、東海鎮守府司令長官を経由して、海軍卿《かいぐんきょう》代理へ提出した結婚届書である。縁組は八月二十八日だが、入籍は十二月十六日とおくれている。時に新郎は二十七歳、新婦は十九歳だった。奇しくも同じ年の十月には五歳年長の東郷平八郎中尉が縁組届を提出している。

ところで「略奪婚」に始まった山本の夫婦関係だが男尊女卑・士族優位の気風が強かった明治期、それも薩摩に育った海の男としては珍しく進歩的なものだったようだ。

結婚の四カ月前に山本は巻紙に毛筆で認めた誓約書を登喜に渡している。夫人の死後に手文庫から発見され公然となったが、「一夫一婦制の国法を守る」「生涯を通じ夫婦仲むつまじく」「離縁はしない」など七カ条から成り、漢字がよく読めない妻のためふりがなを振る思いやりを見せた。

子息の回想手記によれば、権兵衛は生涯を通じ寝具の上げ下げ、自室の掃除は人手を借りずみずから手がけ、衣服や靴下のほころびまで専用の針箱を使ってつくろった。

朝は早起き、夕食はかならず自宅でとったというから、紅灯の巷に出入りするのが常識とされ

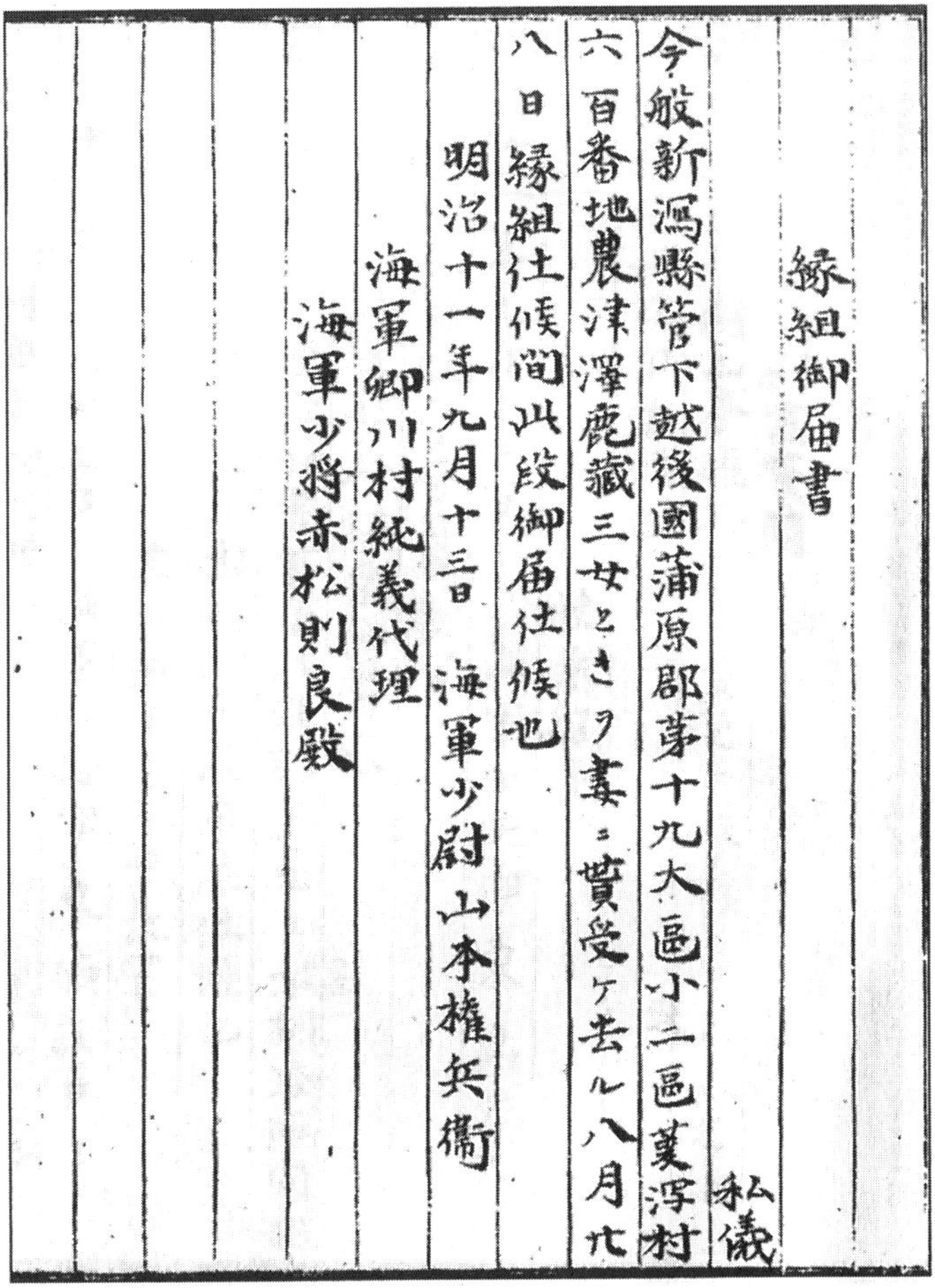

緣組御届書

私儀

今般新潟縣管下越後國蒲原郡第十九大區小二區茰浮村
六百番地農津澤鹿藏三女ときヲ妻ニ貰受ケ去ル八月廿
八日緣組仕候間此段御届仕候也

明治十一年九月十三日　海軍少尉山本權兵衛

海軍卿川村純義代理

海軍少將赤松則良殿

図１　山本権兵衛が提出した「縁組御届書」

ていた政府の大官や実業家たちの生活態度とは対極的と言ってよい。

こうした山本の姿勢は若い時に見聞した欧米での知的体験や艦上生活で身につけた習慣かと思えるが、当今の女性たちからも理想の夫として賞揚されるにちがいない。

登喜夫人も内助の功に徹し、社交界などの派手な場には顔を出さず、六人の子女の養育に専念する。のちに財部夫人となる長女のいねは、明治十二年に生まれている。

だが理想像に近い夫婦の子女教育が、次世代にそのまま継承されるとは限らない。財部いねの悪妻伝説はその一例である。

悪評に見舞われた財部夫妻

財部といねの間には六人の男児と三人の女児が生まれたが、意外にも海兵に進んだり、海軍士官に嫁した子女は見当たらない。祖父の山本にとっては失望の種だったかもしれないが、干渉がましい口を出した形跡はない。

長男の武雄は三菱本社、次男の実は三井物産に入っているから、財部夫婦は平時の海軍よりも経済界で身を立てさせる道を好んだのだろう。しかし部内では大臣の「海軍離れ」は好感を持たれなかったし、夫人のせいにする声も出たらしい。そうでなくても、いねは夫を尻に敷きわがままを通しているという悪評がつきまとった。

霊南坂の海軍次官官舎で撮影された財部彪一家の家族写真。財部彪とその妻・いね。子女は左から次女・喜代子、三男・真幸、次男・実、長男・武雄、四男・四郎、三女・豊子（大正２～３年頃）

大臣ともなれば、出張先では最上級の宿屋に泊まり、心付けもはずむ慣例なのに夫人が出張手当を召しあげ、随行の副官を困らせているとか、三越の買物に海軍省の公用車を呼んで出かけるといった公私混同ぶりが噂された。そのさい事故を起こし負傷入院したのが新聞記事になったこともある。

しかし公私混同という点では夫の財部も同様であったことが、次のようなエピソードで知れる。大正十五年春ごろの話だが、いねの第三女が順天堂病院長の子息と結婚することになり、嫁入り道具の寝室セットを買い求めるよう財部大臣から在ワシントン大使館付海軍武官の山本五十六大佐へ指令が届く。山本はサンフランシスコで調達し、親交のあった東洋汽船支店長の好意により運賃無料で東京へ送り届けた。

すると移送中に鏡が壊れたので、相当額を東洋汽船に賠償させよとの公電が寺島健海軍省副官から舞いこむ。

駐在員としてワシントンに滞在していた小林仁《こばやしまさし》少佐（のち中将）の「海軍勤務回想」によると、小林は公電を受けたとき側にいて、山本が「大臣の命とはいえ、こんなばかなことを」と激怒し、賠償金を山本のポケットマネーで送金したのを目撃している。

小林はついでに傾倒していた山本五十六の秘話を紹介している。山本がギャンブルの達人という伝説は定着した感もあるが、小林はまちがいないと断言する。ポーカー・ブリッジ・麻雀・ルーレット・競馬・将棋・ボーリングと、賭けごとならなんでもござれで、天才的とも思えた。「バクチは酒や女より安価な遊びだ。カネは仲間の懐をまわっているだけ」「小さく負け大きく勝て」「チャンスは公算上、平均にくる。チャンスを逃すな」といった教訓を小林は聞かされている。

山本は情報収集のルート開拓にも独特の社交術を発揮した。交際費が足りなくなるとキューバへ出かけ、ルーレットで稼いできた。当時は禁酒法の時代なので、山本自身は酒が飲めなかったのに、輸入品のアルコール類を並べてパーティーを開き、帰りの客にはジョニー・ウォーカーを一、二本おみやげに持ち帰らせていたという。

時移り昭和四年、同期の岡田啓介に代わって五度目の海軍大臣に就任した財部は、試練の季節を迎える。ワシントン海軍軍縮条約（大正十一年）で主力艦の保有比で対英米六割を受諾した日本海軍には、七割の要求を六割に譲歩したことで、強硬派の不満がくすぶっていた。

そこへ巡洋艦などの補助艦比率も決めようとするロンドン軍縮会議（昭和五年）が召集される。

四年十一月、浜口内閣は若槻礼次郎《わかつきれいじろう》元首相を首席全権、財部海相を次席全権とする全権団をロンドンへ送りこむ。留守中は浜口首相が海軍大臣事務管理を兼ねた。会議に先だち海軍は補助艦の総括七割などの三原則を要求することに決めたが、英米は六割を主張し、交渉は難航する。全権団の海軍次席随員には山本五十六少将が加わり、妥協に傾く財部や大蔵省随員（賀屋興宣《かやおきのり》）らを突きあげた。

外務省随員の斎藤博《さいとうひろし》は強硬論をひっさげて財部に迫った山本を「全権団の息の根を止めるような猛烈果敢さがあった」と回想する。議論の最中に「賀屋黙れ、なお言うと鉄拳が飛ぶぞ」と、どなりあげた山本を目撃した人

アメリカ駐在武官時代の山本五十六大佐

もいる。後年は軍縮派と目された山本の意外な一面だが、海軍随員の多くが山本に同調したのは、財部に対する日ごろからの不満が爆発寸前まで高じていたという見方がある。

財部に対する悪評は内地でも流れていた。出発時に海軍省で中堅幹部一同を集めて訓示したさい、財部が軍服ではなく、モーニングを着用していたとか、夫人や義弟（山本清）をロンドンへ随伴したのを知った東郷元帥が「軍縮会議は戦場も同然だ。そこへカカアを連れて行くとはなにごとだ」と非難した話が輪をかけたようだ。

軍縮交渉はなんとか双方が歩みよって、補助艦と大型巡洋艦は形式は六割だが実質は六・九割、潜水艦は同量で折り合いがつく。全権からの回訓に対し浜口首相が反対する軍令部を押さえ天皇の裁可を得て条約を結んだが、随員たちをまとめきれなかった財部は、なすところなくロンドンを引き揚げる。

昭和五年五月、シベリア鉄道経由で帰ってきた財部の暗殺を企て失敗した軍令部の草刈《くさかり》英治少佐が、東海道線の寝台車で割腹自殺する事件が追い討ちをかけた。右翼や政友会と結んだ軍令部が「統帥権干犯《とうすいけんかんぱん》」をふりかざして騒ぎたて、長く一枚岩を誇ってきた海軍の部内は軍縮派と艦隊派に割れる。その余波は山本五十六が連合艦隊司令長官として対米戦を指揮する昭和十六年頃までつづいた。

失意の境地に沈んだ財部はまもなく海軍大臣を辞し、わびしい引退生活に移る。「順境に育つとわがままになっていけない」（山下源太郎《やましたげんたろう》大将）かと思えば、「攻めには強く守勢は苦手だが、

ロンドン軍縮会議に参加中の財部彪海軍大臣（左）、財部夫人（中央）、若槻礼次郎全権（右）（昭和５年６月）

ロンドン条約の件では一言も弁解せず耐えた」（山梨勝之進大将）という同情評もあるのは、せめてもの救いかもしれない。

　山本権兵衛は昭和八年十二月、八十一歳で死去するが、愛妻の登喜はその九カ月前に世を去っていた。

　海兵生徒の間で「死して広瀬になるとも生きて財部になるなかれ」とまでそしられた財部彪は、山本五十六の機上戦死（昭和十八年）を見送った六年後まで生きた。九十七歳の天寿を完《まつと》うしたいね夫人は、昭和五十一年に亡くなっている。

　広瀬の来訪に始まった美談の行く末は八十年の歳月を経て、ようやく完結したと言えそうだ。

主要参考文献

『伯爵山本権兵衛伝』上・下（昭和十三年、復刻は昭和四十三年）
樋口兼三編『いま甦る提督財部彪』（財部彪顕彰会、平成三年）
山路一善『日本海軍の興亡と責任者たち』（筑土書房、昭和三十四年）
小林仁「海軍勤務回想」1～3（防衛研究所蔵）

第七章

美談の行く末（下）

――異聞　君死にたまふことなかれ

▼着眼点　「死にたまふことなかれ」から「たけく戦へ」と、晶子は転向？

朝ドラ『おしん』が世界に広めた晶子の詩

令和五（二〇二三）年の八月から十月、テレビ朝日の人気番組『科捜研の女』の「シーズン二三」が放映された。相変わらず主役を演じるのは、京都府警の「榊マリコ」こと沢口靖子である。第一回は一九九九（平成十一）年だというから、断続的ながら既に二十年を超えている。彼女がNHKの連続テレビ小説『澪《みお》つくし』（一九八五〈昭和六十〉年）のヒロインを演じて以来、ファンの一人になった私はある時、彼女が旧大阪府立堺高等女学校の後身である大阪府立泉陽《せんよう》高校の出身と知った。

テレビ局の与謝野晶子《よさのあきこ》関連の取材で、この高校を訪れた記者（どこのメディアだったか失念）が、門前で三、四人の女生徒に「卒業生の有名人は」と問いかけると、異口同音に「沢口靖子です」と答えたシーンを見たのがきっかけだった。

肩すかしを食った思いの記者が「与謝野晶子は？」と確かめたら、「そういえば……」という頼りない反応だった。戦後はほとんどすべての小学校や中学校の国語と歴史の教科書に登場する「超有名人」の晶子を知らなかったはずはないが、出身校との結び付きが彼女たちにはピンとこなかったのだろう。それなりの理由はなくもなかった。

『朝日新聞』大阪本社が新聞連載を一冊にまとめた『女たちの太平洋戦争〈1〉』（朝日新聞社、

鉄幹と晶子

一九九一年）で柳博雄記者は、「冷ややかだった母校」の見出しで、「晶子は、母校や、堺市では戦後も長い間、受け入れられなかった」事情を、泉陽高校の「九十周年記念誌」を編集した数人から聞きとっている。

それによると、開校六十周年の一九六〇（昭和三十五）年に、ＯＢの間から母校の校庭に晶子の詩碑を建てたいと校長に打診した所、「堺という封建的な土地で、しかも府立高校の校庭に建てるということはとてもだめです」とはねつけられる。

十年後の七十周年（一九七〇年）に職員の間から同様の声が上がると、「『君死にたまふことなかれ』の碑文は反戦的過ぎるし、軍国主義に副った時代が長かったのに」と異論が出て、職員会議で揉めた末、何とか七一年十月二日の除幕式へこぎつけた。

全国で一二六カ所目の晶子碑とされるが、その後、堺市でも晶子碑が次々に作られ、市は二〇〇七

（平成十九）年に『与謝野晶子歌碑めぐり』と題する案内書まで発行している。一九一一（明治四十四）年に「古さとの小さき街の碑に彫られ 百とせの後あらむとすらむ」（『春泥集』）という晶子の願いが、遂に実現したのであった。

生涯を通じ約五万首を詠んだとされる晶子の作品の中で、「君死にたまふことなかれ」ほど突出した知名度を誇る作品は他にあるまい。

その浸透度は母国だけではなく、国際的な広がりにも及んだ。一九八三年に、NHKの連続テレビ小説で、空前の視聴率をあげた『おしん』を通じてである。それは翌年から世界六八の国と地域で放映され、熱狂的な人気を博した。

その中に、強烈な印象を与えるシーンがある。山形県酒田近傍の奉公先でいじめに耐え兼ねて逃げ出し、雪中に行き倒れた少女おしん（小林綾子）を旅順戦生き残りの逃亡兵（中村雅俊）が助け、山小屋に匿《かくま》う。そして一緒に過ごしている間に、「君死にたまふことなかれ」を読み聞かせられ、覚えこむ。春が来ておしんを町へ送って行った逃亡兵は憲兵に見つかり、ヒロインの眼前で射殺されてしまう。

筆者は英語版の『おしん』を見たことがあるが、「You must not die.」を繰り返し暗誦するヒロインの姿が忘れられない。

だがドラマの台詞が所詮は一過性なのに対し、日本の義務教育段階で教科書を通じ反戦教育の一環として注入される浸透力は、比べものになるまい。

小中学校の教科書に洩れなく登場

私の手元に二〇一二（平成二十四）年と一三年に発行された、小学校六年生と中学校の社会科（歴史）教科書が各四冊ある。試みに「日露戦争」を記述したページを覗いてみると、いずれも一ページないし一ページ半と極めて少ない分量しかないのに、八冊の全部にくだんの「君死にたまふことなかれ」（五連のうち冒頭の第一連八行）が登場する。

簡単な解説と写真を含め、晶子は全体の半分から三分の一を占める異様な厚遇ぶりだ。いわば彼女は、日露戦争を一人で背負う象徴的な超大物の座を占めたことになる。

その代わり、明治天皇をはじめ桂太郎首相、小村寿太郎外相、大山巌・乃木希典将軍などの名前や写真は省かれてしまった。例外として日本海海戦の立役者である東郷平八郎大将に触れたものが五冊あるが、これは東郷の不在を批判した新聞の投書を巡る論争に反応したせいらしい。

例外は他にもある。晶子と並んで非戦論を唱えた、キリスト教徒の内村鑑三と無政府主義者の幸徳秋水で、揃って四冊の教科書に並ぶ。芸術性ではなく、戦後日本の思想界を風靡《ふうび》し、今も健在な反戦イデオロギーの所産であるのは明白と言えよう。

それにしても国定《こくてい》でもないのに、義務教育レベルの教科書が、晶子の「反戦詩」を揃って掲載しているのは薄気味が悪くなってくる。週刊誌が一斉にアイドルのスキャンダル事件を報じる事態に似ているが、この方はせいぜい数週間の寿命なのに、戦後の「晶子ブーム」は数十年も続き、衰える気配はない。

現行の教科書（二〇二一年度採択）も検分してみたが、十年前と比較して基調は変わらないながら多少の手直しが見つかる。例えば晶子を含む内村や幸徳の非戦論は紹介されているのに、主戦論者の存在が無視されてきたのは不自然だった。東大七博士の主戦論が前回は一冊だったのが、現行では三冊に増えたし、乃木将軍の名が三冊に登場している。

それとは別に一石を投じたのは、「反戦」一色でマンネリ化していた晶子像の見直しを促す教科書の登場である。二〇二一年度に採択された育鵬社版の「なでしこ日本史」のコラムで、クーデンホーフ光子《みつこ》、平塚らいてうと並んで、「奔放に恋をよんだ情熱の歌人」として与謝野晶子を取り上げている。

鉄幹《てっかん》との恋の顚末を記し、一連の歌作を通じ「しとやかでつつましいとされた、明治の女性像を大きく揺さぶるもの」と評し、さらに次のように記述した。

日露戦争の際には、出征した弟の無事を願う詩「君死にたまふことなかれ」を発表し、話題となりました。
しかし、太平洋戦争（大東亜戦争）の際には、
水軍の　大尉となりて　わが四郎

み軍《いくさ》にゆく　たけく戦へ

と、海軍大尉として出征する四男を励ます歌も残しました。

教科書だから論評は避けているが、コラムの末尾では「一人を選び、どんなことをしたのか、調べてまとめてみましょう」と呼びかけている。どうまとめたかは知る由もないが、「水軍の……」が晶子の最終的到達点と受け止める生徒がいるかもしれない。尚、この「水軍の……」を巡る諸事情については後述することにしたい。

我が国の教科書は中国や韓国のような国定ではなく、題材は出版社や執筆者の自由な選択に任せられている。文科省の検定も事実関係の正誤訂正に限られ、「晶子の比重がアンバランスだ」と苦情を述べることもない。そう思っても、うっかり口を出すとマスコミから袋叩きの大騒ぎに発展しかねないからだろう。

ここで「君死にたまふことなかれ」が誕生した由来とその後の反響をたどりたいと思うが、まずは八種の教科書が引用している第一連(節)の八行を次に掲げたい。夫の与謝野寛《ひろし》(鉄幹)が主宰する雑誌『明星』の一九〇四(明治三十七)年九月号の原文に旧仮名を改め、ふりがなを加えた清水書院版の中学教科書から引用する。

君死にたまふことなかれ
——旅順口包囲軍の中にある弟を歎きて

あゝをとうとよ君を泣く
君死にたまふことなかれ
末に生まれし君なれば
親のなさけはまさりしも
親は刃をにぎらせて
人を殺せとをしへしや
人を殺して死ねよとて
二十四までを育てしや

原文は八行ずつの五連から成るが、どの連にも「君死にたまふことなかれ」がリフレーンのように入り、第五連の最終行もこのキャッチコピーで締めくくっている。他にも「旧家をほこるあるじにて 親の名を継ぐ君なれば」とか、「旅順の城はほろぶとも ほろびずとても何事ぞ」とか、「暖簾のかげに伏して泣く あえかに若き新妻を」のように情感を刺激する「殺し文句」がちりばめられている。しかし「花鳥風月」の域を脱し、不敬罪になりかねぬきわどい第三連を注目して付け加えた教科書が一冊だけあった。その清水書院版から第三連を引用したい。

　君死にたまふことなかれ
　すめらみことは戦ひに
　おほみずからは出でまさね
　かたみに人の血を流し
　獣《けもの》の道に死ねよとは
　死ぬるを人のほまれとは
　大みこゝろの深ければ
　もとよりいかで思《おぼ》されむ

　ややこみいった文脈だが、山本藤枝は「わかり易い口語にいいかえてみる」として「天皇さまは、ご自身ではいくさにお出かけにならないけれども、お互いに人の血を流し、獣の道に死ねよなどとは、もとよりどうして考えていられよう、お考え深くていらっしゃるのだから」と読み解く。
　夫の鉄幹も「陛下すらこの戦争を制し給ふことの難く、已むを得ず陛下の赤子を戦場に立たしめ給ふとは、何と云うあさましき今の世」と苦心をしのばせる読み方を示した。それなりの根拠はあった。開戦の詔書で明治天皇は「豈朕《あにちん》が志《こころざし》ならむや」と宣明していたからである。いずれも反語的技巧でいなしているのだが、好意的に解する人ばかりではない。

この節に憤激した文芸評論家の大町桂月《おおまちけいげつ》は「日本国民として、許すべからざる悪口也、毒舌也、不敬也、危険也」と攻撃したのに対し、晶子夫婦や同情者が応戦する事態となったが、政府や軍は介入を避けたため文芸論争の域に止まった。このあたりの経過は再述したいが、百年近く後になって清水書院版の教科書が、忘れられていた第三節をわざわざ掘り起こした動機が気になってくる。

内村鑑三と並んで非戦論を唱えた「平民新聞」の幸徳秋水は、数年後の大逆事件に連座したかどで処刑された。晶子をその同類と見なし、天皇制批判のヒロインに祭り上げたい意図が働いたのかもしれない。

歌集『みだれ髪』でデビュー

与謝野晶子（本名は志よう）は一八七八（明治十一）年十二月七日、大阪府の堺市に生まれた。生家は、目抜きの大通りで和菓子の製造と販売を営む駿河《するが》屋で、晶子は「二階だけが西洋づくりで、土でこしらへた時計が屋根の上にあつて、下には紺のれんの一杯吊つてある家で……練羊羹を重に売る菓子屋で、饅頭もこしらえて居りました」（「をさなき日」一九〇九年）と回想している。

堺は千利休を始祖とする茶道の伝統を伝え、関連して銘菓で知られた和菓子屋も何軒かあった

図　与謝野(鳳)晶子の一族

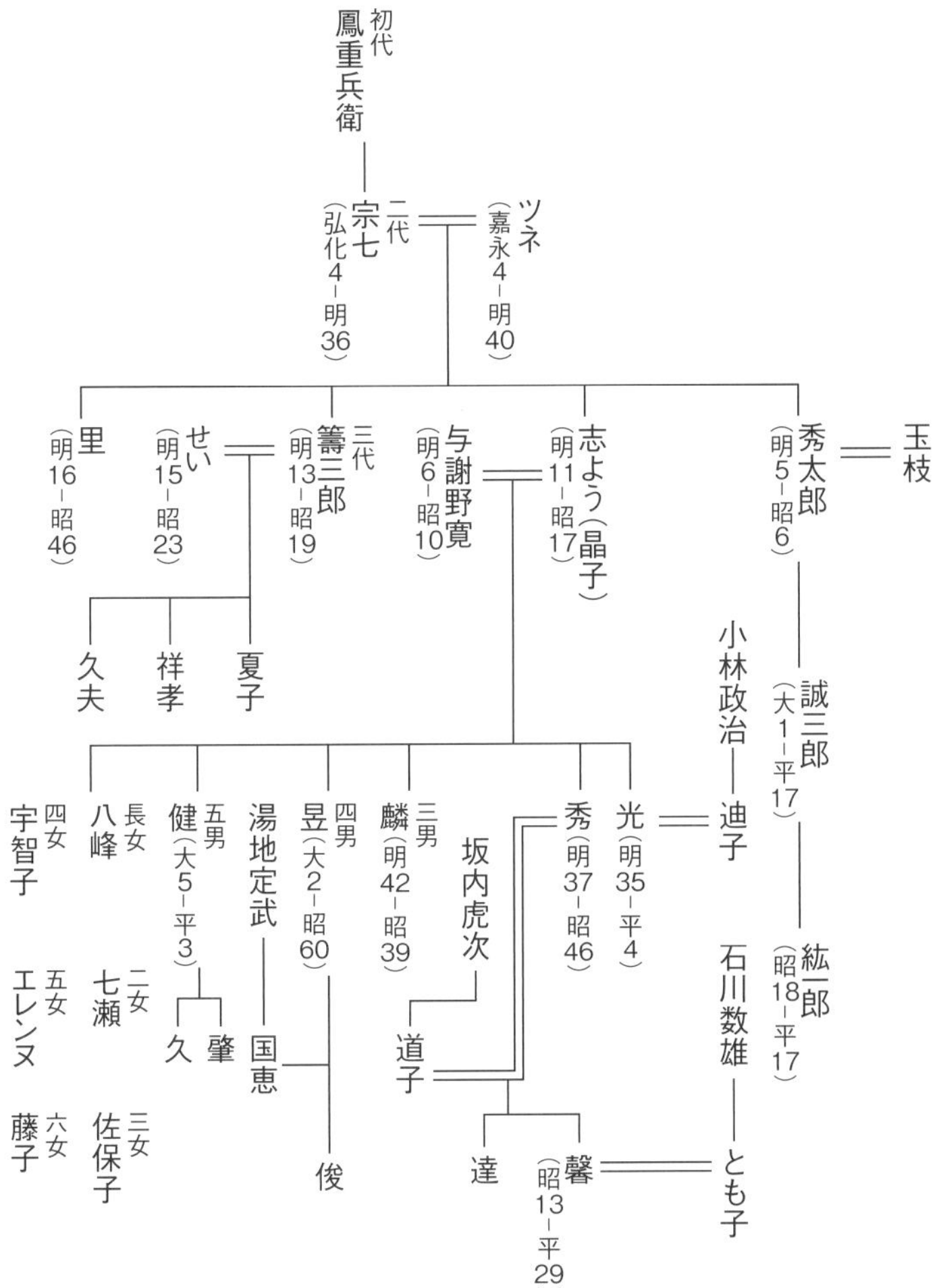
初代 鳳重兵衛
二代 宗七(弘化4-明36)
ツネ(嘉永4-明40)
里(明16-昭46)
せい(明15-昭23)
三代 籌三郎(明13-昭19)
与謝野寛(明6-昭10)
志よう(晶子)(明11-昭17)
秀太郎(明5-昭6)
玉枝
久夫
祥孝
夏子
小林政治
誠三郎(大1-平17)
四女 宇智子
長女 八峰
五男 健(大5-平3)
湯地定武
四男 昱(大2-昭60)
三男 麟(明42-昭39)
坂内虎次
秀(明37-昭46)
光(明35-平4)
迪子
五女 エレンヌ
二女 七瀬
久
肇
国恵
道子
石川数雄
紘一郎(昭18-平17)
六女 藤子
三女 佐保子
俊
達
馨(昭13-平29)
とも子

が、父の鳳宗七《ほうそうしち》は市会議員に選出された街の有力者で、海外事情に関心があり、一八八八（明治二十一）年のバルセロナ、翌年のパリ万博へ駿河屋の菓子を出展してメダルを貰っていた。

晶子は二十三歳で堺を離れた後、戻り住むことはなかったが、終生、故郷の街を愛し懐かしんだ。

その想いを彼女は、

海こひし潮の遠鳴り数へては
少女《おとめ》となりし父母の家

と詠んでいる。

だが明治も半ばの日本では、若い女性が活動できる舞台は限られていた。ほとんどが小学校だけの学歴で、晶子のように新設されたばかりの女学校へ進学するのは少数だったが、卒業後の進路は結婚して良妻賢母の道を目指すしかなかった。

彼女の場合は商家なので、病弱の母に代わって「店の帳場に座って帳付けをする」など、商売を差配していたが、一八九九（明治三十二）年に、若い男女の文学愛好者が集まる関西青年文学会に加入する。時期的には二歳下の籌三郎《ちゆうざぶろう》の方が少し早く参加し、その手引きがあったのかもしれない。

翌年には与謝野鉄幹が主宰する『明星』に投稿、鉄幹が西下した折の歌会で知り合い、交情を深めた。しかし鉄幹には妻と一児があり、苦しい恋となったが一九〇一年六月、家出同然に上京して妻と別居中の鉄幹の元に走る。

不倫どころか旧民法では女性だけに適用される姦通《かんつう》罪に問われるリスクがあったのに、それを突破して、十月には鉄幹との結婚（入籍は翌年一月）にこぎつける。

三九九首を収めた最初の歌集『みだれ髪』（東京新詩社、伊藤文友館の共版）が、鉄幹の尽力で刊行されたのは、二カ月前の八月である。そのタイミングは絶妙だった。

不倫がらみの話題性もあって異論も無くはなかったが、大勢は「歌語の意識を根本からひっくり返す」（今野寿美）新しい言葉の姿に感動と称賛の声を惜しまず、大町桂月は晶子を「鬼才」と持ち上げた。

百年後の現在でも、高い評価は変わらない。例えば比較文学者の芳賀《はが》徹は、「日本詩歌史上おそらくはじめての、若い女の自己陶酔、青春自讃の歌にちがいはないが、それをこえてこれは日本女性の独立自尊を宣言する歌集であった」（『詩歌の森へ』中公新書、二〇〇二年）と評している。私の好みになるが、『みだれ髪』から数首を抜き出してみよう。

a　くろ髪の千すぢの髪のみだれ髪
　　かつおもひみだれおもひみだるる

b　その子二十櫛《はたち》にながるる黒髪の
　　おごりの春のうつくしきかな
c　清水《きよみず》へ祇園をよぎる桜月夜
　　こよひ逢ふ人みなうつくしき
d　狂ひの子われに焔の翅《はね》かろき
　　百三十里あわただしの旅

注釈の必要はないと思うが、aは歌集の標題に因んだ歌、bは乱れる前の黒髪に込めた想い、cは古今集の流れに沿った花鳥風月、そしてdは大阪から東京まで鉄幹を慕って「百三十里」の空を飛ぶ不倫宣言と、主題も手法も多彩を極めるが、晶子のジャーナリストらしい感性もかいま見える。
中でも突出した反響を呼んだのは、次の二首であろう。

やは肌の熱き血汐に触れもみで
　寂しからずや道を説く君

春みじかし何に不滅の命ぞと

ちからある乳《ち》を手にさぐらせぬ

かねてから慎ましやかな良妻賢母の道を奉じていた「道学者先生たち」（晶子の自解）への痛烈な一矢だったろうが、晶子のスキャンダルを巡り不仲になっていった長兄の鳳秀太郎は、「私へのあてつけだ」と受け止め激怒した。

六歳年長の兄は抜群の秀才で京都の第三高等学校を経て、東京帝国大学工科大学の電気工学科を首席で卒業して、一八九七（明治三十）年、二十五歳の若さで助教授に登用され、欧米留学を経て一九〇六年には早くも教授に昇任している。理工系の学究らしい堅実で謹直な人柄だったが、俳句を作り画筆を握る一面もあった。それでも鉄幹の件で逆らった晶子を許さず、生涯の義絶を申し渡す。

実際に一九〇三年、父の宗七が他界した時、晶子は実家に駆け付けたが、家長の秀太郎は葬儀の席に列するのを拒んだ。ちなみに秀太郎の息子（誠三郎）と孫（紘一郎）は、いずれも東大工学部の電気工学科を卒業して教授に就任している。祖父の講座を三代続いて継承する稀な例になった。

輜重輸卒で生還した弟

宗七の死で「旧家をほこるあるじ」には、早稲田大学文学部に学んでいた末っ子の籌三郎が中退して三代目を継ぎ、宗七の名を襲名することになった。温和な資質で晶子とは文学への志向を共有する理解者であり続け、終生にわたり交流を切らさなかった。

その弟が一九〇四（明治三十七）年二月に開戦した日露戦争に召集されたのは、その年の六月である。所属は大阪第四師団の歩兵第八連隊で、四月に出発した第一陣は南満州の遼東半島に上陸し五月末、南山の激戦に勝利して第二軍（他に第三、第六師団）に編入され、遼陽へ向け北上した。

六月には旅順要塞を攻囲する乃木希典将軍の率いる第三軍（第一、第九、第一一師団が基幹）が編成され、八月の第一回総攻撃に失敗、四カ月攻めあぐねての末、六万人の死傷者を出して陥落させた。

軍の動静は秘されていたが、晶子の日記の六月二十四日に、「一週間ばかり前、広島から手紙が来た」ので、「宇品《うじな》たちし弟、今日も浪の上にや」とある所から、弟はこの頃に第八連隊の第二陣として満州へ向かったものと推察される。

その頃だろうか、晶子の耳に、籌三郎は旅順へ向かったらしいという噂が入った。少し遅れて、弟が決死隊に志願したらしいという無根の噂も伝わったようだ。八月の総攻撃で東京第一師団に多数の死傷者が出たという情報は、いち早く東京の庶民の耳にも届いていたから、心落ち着かぬ心情の晶子が、「旅順包囲軍の中」にいるらしい弟の身を案じたのは、無理からぬものがあった。

それに前年夏に結婚したばかりの「あえかに若き新妻」は、身重（八月に長女の夏子が出生）でもあった。二歳足らずの長男（光《ひかる》）と半歳にもならぬ次男（秀《しげる》）を抱えていた晶子が、身につまされたとしてもふしぎはない。

「君死にたまふことなかれ」で詠まれた弟籌三郎

「君死にたまふことなかれ」を晶子が一気に詠み上げたのは、旅順総攻撃が始まった一九〇四年の八月半ば頃かと思われる。そして夫の鉄幹は「傑作だよ」と認め、九月一日発行の『明星』に掲載した。

反響は小さくなかった。中でも国家主義者、戦争賛美者を自認する大町桂月は大手の雑誌『太陽』誌上で数回にわたり、「家が大事也、妻が大事也、国は亡びてもよし、商人は戦うべき義務なしと言うは……世を害する思想也」「乱臣なり、賊子なり、国家の刑罰を加ふべき罪なり」と激しく論難した。

それに対し晶子は「この御評、一も二もなく服しかね候」と、一歩も退かず「歌は歌に候」「誠の心を歌にしただけ」「少女と申す者、誰しも戦嫌いにて候」と反撃した。その一方では、日の丸の小旗で出征兵士を見送っているとか、幸徳らの社会主義者とは無縁だとさりげなく洩らすなど、「卑怯な利口者」と自嘲する知恵も働かせている。

このように理と情の擦れ違いになってしまったので、晶子の詩は「情の声で……危険思想とは見るべからず」と擁護する論者も現れた。鉄幹と桂月の対論の場も設定されたが、物別れに終わる。

ではなぜ当局や軍部はこの論争に介入しなかったのか。桂月の「先年、内務省は『明星』の裸体画をとがめ発禁したのに、晶子の世を害する思想をなぜ……」のような文人の挑発に乗るのはためらいがあったろう。

高名な女流歌人の大塚楠緒子《おおつかくすおこ》が論議の最中に、「お百度詣《ひやくどもうで》あゝ咎《とが》ありや」を発表し、共感を呼んでいたが、戦場へ息子を送り出した後、お百度詣を重ねる母親たちと晶子は、悪意のない同質の心情と見なしたのかもしれない。

国民戦争の性格を帯びた日露戦争では、前線の兵士も銃後の民衆も戦意は旺盛だったが、旅順攻めで失敗を重ねた乃木将軍や、ロシア艦隊を追跡して取り逃がした上村彦之丞《かみむらひこのじよう》提督の留守宅が投石されるなど、時に世論の批判が軍に厳しかった例もあり、当局もそれなりに気を使っていた。お百度詣の母親たちの反感を買うのは、避けたかったに違いない。

話題を籌三郎の足跡に戻したいが、戦歴については、まちまちの断片的情報しか得られない。公的記録に当たる堺市兵事会編『明治三十七八年戦役 堺市奉公録』（一九〇七年）によると、応召者一〇五〇人の中に「鳳宗七君」の名があり、戦後の一九〇六（明治三十九）年六月に戦死者八五人の英霊を祀ったあと、十一月に生存者二一五人への勲章伝達式が挙行されている。その第三回（十一月二十九日）に輜重輸卒《しちょうゆそつ》六一人の一人として、鳳宗七は勲八等白色桐葉章を貰った。

輜重輸卒は輜重兵の指揮下で、糧食等の補給物資を牛馬が曳く荷車や担送で前線に届ける任務で、「蝶々、とんぼ」と軽侮された最下級の兵士だが、戦闘には参加しないので戦死率は歩兵の一〇・八％に対し〇・二％（大江志乃夫）と低かった。

主として体格不良者が集められたが、意外にも「大家の若旦那、僧侶、教員」など「箸より重いものを持ったことのない」人たちが交じっていたようだ。

籌三郎こと鳳宗七はまさにこのカテゴリーに属すが、幸運にも文筆の能力を認められ、司令部の書記役に抜擢されたらしい。病気で除隊したという風聞もあり、ひょっとして「死にたまふ」のは困るという軍の配慮が働いていた可能性も否定できない。

ともあれ無事に帰還した籌三郎は、老舗菓子店の主人として控え目だが平穏な日々を送り、晶子の死より二年後の一九四四（昭和十九）年に没した。堺中学の後輩である詩人の安西冬衛《あんざいふゆえ》は晩年の印象を「血色よく肥った町家の旦那」と語っているが、与謝野鉄幹は、次のような短歌を遺している。

塵上がる大道を見て店に在り
　三十五年妻のおとうと

時流を生き抜いて

明治後半から昭和初年にかけて、与謝野晶子は押しも押されもせぬ歌壇の大スターとして不動の地位を築いた。

ロマン主義の『明星』は自然主義の新潮流に押されて廃刊となったが、彼女は次々に単著の歌集を発表、溢れる才気と華麗な情熱に円熟味も加わり、人々は瞠目した。

その一つに斎藤茂吉《さいとうもきち》が「歌壇を震動させた」と評した、

鎌倉や御仏なれど釈迦牟尼《しやかむに》は
　美男におはす夏木立かな

がある。自在な発想の極致と言えようか。

詩歌の分野だけではない。大正デモクラシーの風潮を背景に、女子教育や婦人参政権に至る社会的発言を求められる機会も増え、彼女も新聞、雑誌やファンの要請へ小まめに応じる。論争も厭わなかった。国による母性保護を唱えた平塚らいてうに対し、晶子は自立する女性の姿を説き、譲らなかったが、らいてうがフェミニズム運動の元祖と見なされる「青鞜」を発刊した時は、「山の動く日来る」と応援歌を寄せた。

昂然《こうぜん》として社会問題に立ち向かう彼女の自負は「劫初《ごうしよ》より作りいとなむ殿堂に　われも黄金《こがね》の釘一つ打つ」（一九二二〈大正十一〉年）に示されているが、日本はほぼ局外に立ったとはいえ、第一次世界大戦（一九一四～一八）の惨状を黙過することはできなかった。次に二首（いずれも一九二〇〈大正九〉年）を引用したい。

更にまた我等の血をば求むなり
　平和の仮面をつけた戦ひ

女より智慧ありといふ男達
　この戦ひを歇《や》めぬ賢こさ

ここに示された晶子は、最早「君死にたまふことなかれ」のナイーブな情の人ではなく、辛辣で剛直な反戦思想家と評してよいのではあるまいか。しかし、同調にせよ批判にせよ注目した論者はいなかった。年に一〇〇〇首ペースとされた歌の洪水に取り紛れてしまったのかもしれない。それほど彼女の私生活は多事多端を極めていた。

詩歌集、評論、随想、童話、小説まで手掛け、講演、短冊、歌扇《かせん》、校歌の作詞、屏風から個別の添削に至るまで引き受け、一一人の子女を生み育て、男子五人の全員を大学まで進ませたのは想像を絶する忙しさだったに違いない。いつとはなしに与謝野家の経済は晶子が支えるようになっていた。「偉人の年収」というＮＨＫの番組（二〇二四年一月八日）によると、一九三四年の晶子の年収は印税が三二〇〇円、文化学院の給料が八一〇〇円、合計は二〇一三年の物価に換算すると一八八四万円だったとされる。

一九一一（明治四十四）年に鉄幹がフランスに外遊した時の旅費も、彼女が捻出したとされる。そして半年後に晶子も夫を追って渡仏した。二人でパリ郊外へ遊んだ時、

ああ皐月《さつき》佛蘭西《フランス》の野は火の色す
　君も雛罌粟《コクリコ》われも雛罌粟

と詠んだ（コクリコはひなげし）。円熟期の絶唱と評せよう。

数年後に二人は中国大陸にも旅しているが、売れっ子になっても晶子は夫を立て師弟の礼を忘れなかったようだ。一九二一（大正十）年に、我が国では最初の男女共学とされる文化学院が創

立され晶子は学監に就任、慶應義塾大学教授になっていた鉄幹も大学部本科長を兼任する。

しかし一九三一（昭和六）年の満州事変を発端に、日本は軍国主義とファシズムへの道へ踏み出し、一九三七（昭和十二）年には日中の全面戦争へ突入する。かつての日露開戦期を思わせる風潮の中で、夫妻の姿勢も徐々に変わっていく。

一九三二（昭和七）年の第一次上海事変で、爆弾三勇士の軍国美談に世論が沸きたつと、鉄幹は新聞社の公募に応じ、「仁義の軍に捧げたる……壮烈無比の三勇士」と歌い、一等に入選した。

晶子も「今度の満州事変が決して一時の突発でなくて、彼国の軍閥政府がその積み上げた排日侮日の思想及び言動に由って自ら招いた災禍」で、日本は「終に忍び切れずして出先の陸軍が非常手段の自衛策を断行した」として「この非常手段は決して好ましい事ではないが、かような措置を取るに至らしめた責任が彼国の軍閥政府にある」（『横浜貿易新報』一九三一年九月二十七日付）と記した。

関東軍の自作自演による満鉄線爆破、という出先の独断的陰謀に端を発した真相を知るや知らずやの微妙な筆致と察することも可能だ。

二〇一九（平成三十一）年三月に、晶子が一九三二（昭和七）年に知友へ出した私信が発見され、『産経新聞』が報道した。「日支事件のため、国運の未来が刻々に案ぜられ申し候。軍閥が始めしことながら、かくなれば国民全体の責任を辞し難く候」とあり、彼女の透徹した観察力が推知されるが、その後は晶子の時局への発言は控えがちとなる。そして同人や弟子たちに囲まれての歌会や旅行を楽しみ、『新新訳源氏物語』（六巻、金尾文淵堂、一九三八～三九年）の執筆に没頭した。

一九三五年に夫と死別したが、晶子も病気がちの日々を送る。一九四〇年には駕籠で鞍馬山の急坂を登ったり、四男、五男、長女、六女の四人が結婚するなどのせわしさだったが、五月に脳溢血で倒れ、半身不随となる。それでも作歌は細々と続けた。

翌年の十二月七日は晶子の六三回目の誕生日だった。荻窪の私宅で同居していた外務省課長の秀夫妻が催した内輪の祝賀宴に晶子は車椅子で食堂に運ばれ、客に挨拶した。

日米開戦の大本営発表が流れたのは、その翌日だったが、直後に『短歌研究』誌の一九四二（昭和十七）年一月号は「宣戦の詔勅を拝して……実に全国民の感激に燃えたった歴史的な日」（編集後記）に因む特集を組む。「現代歌壇を代表される方々」二〇人の作品を数首ずつ並べたが、その中から、まず男性歌人のいくつかを引用してみたい（斎藤茂吉は『文藝』の昭和十七年新年号から）。

ルーズヴェルト大統領を新しき
世界の面前に撃ちのめすべし　（土岐善麿《ときぜんまろ》）

大詔を宣明する東条首相の全身は
　声になりてひびく　（金子薫園《かねこくんえん》）

大詔《おおみこと》かしこみまつり一億の
　御民《みたみ》の心炎とし燃ゆ　（佐佐木信綱）

勝たむ勝たむかならず勝たむ
　かくおもひ微臣のわれも拳握るも　（吉井勇）

何なれや心おごれる老大の
　耄碌《もうろく》国を撃ちてしやまむ　（斎藤茂吉）

今よりは日本洋と名をかへむ
　御国のものぞ太平洋は　（尾上柴舟《おのえさいしゅう》）

おしなべて品格の欠けた楽天的な大言壮語ばかりで、世界一の大国を相手取った大戦争への不安や焦燥は微塵も感じられない。一九四五（昭和二十）年の敗戦後は気恥ずかしさが先に立って、読み返す人はいなかったのではないか。

「水軍の大尉」となったアウギュスト

そこへ行くと、ただ一人の女流歌人だった晶子の六首（A〜F）は一味違う。内輪の歌誌「冬柏《とうはく》」の一九四二（昭和十七）年一月号に投稿した一首（G）を加え、次に列記したい。

A　み軍《いくさ》の詔書の前に涙落つ
　　代《よ》は酷寒に入る師走《しはす》にて

B　水軍の大尉となりてわが四郎
　　み軍《いくさ》にゆくたけく戦へ

C　子が船の黒潮越えて戦はん
　　日もかひなしや病する母

D　子がのれるみ軍船《いくさぶね》のおとなひを

待つにもあらず武運あれかし

E　強きかな天を恐れず地に恥じぬ
戦をすなるますらたけをは

F　日の本の大宰相も病む我も
同じ涙す大き詔書に

G　戦《いくさ》ある太平洋の西南を
思ひてわれは寒き夜を泣く

この七首は、戦地に息子を送っていた母親なら誰でも詠みそうなありふれた歌揃いで、敗戦と同時に忘れ去られても不思議はない。だが戦後すぐに復活した晶子ブームの中で、「君死にたまふことなかれ」をB「水軍の大尉となりて……」やE「強きかな……」と対比して、かつての「反戦詩人」から「好戦」ないし「戦争協力者」へ転向した「証拠」と見なす隠微な動きが起きた。

それに対し晶子の弟子筋や信奉者の中から、反論めいた擁護論も出た。数例を表1に掲げた

表1 「水軍の大尉となりて……」に対する評言

評者	出典	評言
深尾須磨子	『与謝野晶子』（1968年）	「何が晶子ほどの人に、このような心苦しい歌を書かせたか？」「不可抗な超人的圧力（に屈した）」
山本藤枝	『黄金の釘を打ったひと』（1985年）	「なんという『身辺雑記』風なのだろう」
香内信子	『朝日新聞』1991年5月28日付	（本文参照）
与謝野光	『晶子と寛の思い出』（1991年）	「『涙をじつとこらえて、雄々しく征きなさい』という心情か」
育鵬社版中学教科書	2012年度採択	「君死にたまふことなかれ」と併記

が、当惑気味で歯切れが悪いせいか公開論争には発展しなかった。

マスコミや教科書会社も、「あら探し」と誤認されるのを恐れてか、概《おおむ》ね知らぬ顔で通してきた。唯一かと思われる例外は、一九九一年の『朝日新聞』に「晩年の与謝野晶子――わが四郎……たけく戦へ」の見出しで香内《かない》信子《のぶこ》が発表した論稿である。

香内は男子の大物歌人たちに比べれば「晶子の歌は暗く、一まつの不安をたたえた沈んだ歌」と評す。しかしそれ以上に踏み込むのは避け、「家族愛だけに縮小してしまっているのはなぜ」と自問し、「歴史の流れとは無縁ではありえなかった」と自答した。病中の晶子は滔々たる軍国主義の時流に抗う勇気を持てなかったのだ、と暗示したのかもしれない。

そこで筆者なりの考察を示すに当たり、突出したかに見えるBに拘らず、七首全体をセットとして眺める必要性を強調したい。

まず七首のキーワードを拾うと、「戦」（「軍」）の五カ所は別として、「詔書」や「病」、「寒さ」、「涙」が各二カ所、「泣く」が一カ所で、確かに暗さと不安の印象は拭えない。

七首のうちBCDの三首は、対象が息子の四男を指すのは確かだが、ストレートに戦意高揚を説いたEや、主戦場の西南太平洋への出動を想定したかのようなGを加えてもよいのかもしれない。

晶子の主たる関心が広義の「家族愛」に向けられていることを立証するかのようだが、「たけく戦へ」と激励しているBと、「寒き夜を泣く」のGが同居しているのは何とも不自然で、分かりにくい。

それ以上に分かりにくいのは、AとFで開戦詔書に本人ばかりか首相までが流す涙の含意だ。Aの涙は寒々としていて喜びの涙ではあり得ず、むしろ悲しみの涙と解すれば、それを時の東条英機首相・陸軍大将へ押しつける名分は開戦詔書しかあり得ない。

その詔書には、「豈《あに》朕が志ならむや」という文言が入っていた。「本当は戦いたくないのだが――」と読み取れる内情を、一九四一年十二月一日の御前会議が対米英戦を決した直後に、東条首相が広橋真光《ひろはしただみつ》秘書官へ述懐した要旨を広橋の記録（『東條内閣総理大臣機密記録』）から引用したい。

お上より……仲々お許しがなく、漸く已むを得ないと仰せられた時、ほんとにお上は真から平和を愛し大事にしておられることを知った……宣戦の大詔に豈朕が志ならんやとはお上が特に仰せられて挿入した文句である。

晶子がどこまで昭和天皇の憂慮を察知し得たかは不明だが、かつて日本を「亜米利加《アメリカ》の富なくて亜米利加化する国」と洞察した晶子は、勝算のない対米戦への不安を隠さず、詔書を隠れ蓑《みの》にして首相の反省を促したとも考えられよう。それは深尾須磨子の言う「不可抗な超人的圧力」をかわす知恵を兼ねたのかもしれない。ともあれ、四カ月後の一九四二（昭和十七）年五月、晶子は病没し、戦争の行く末を見届けることはなかった。

晶子は厭戦論者？

ところで日露戦争では心配するのは弟だけであったが、日米戦争に突入した時、病身の老女になっていた六十三歳の晶子には、身の上を案じる〝適齢期〟の息子が五人（別に六男は夭逝）もいた。

長男の光は四十一歳の医師で衛生行政の専門家、戦後に東京都衛生局長に就任するが、当時は公衆衛生院教授の任にあった。

二男の秀は外交官で、戦後にイタリア大使や東京オリンピックの事務総長となるが、当時は外

前列右より八峰、麟、七瀬、藤子、晶子、アウギュスト（昱）、鉄幹、健、後列右より光、武田米太郎（甥）、秀（1919年）

務省欧亜局の課長だった。

三男の麟《りん》は三十六歳で満鉄に勤務した。

五男の健《たかし》は一九四〇（昭和十五）年に東京帝大法学部を卒業して、住友金属に就職（のち副社長）。

そして「水軍の大尉」に該当するのが四男の昱《いく》だが、晶子夫妻がパリでアトリエを訪問した彫刻家アウギュスト・ロダンとの縁で、一九一三年の生誕時に、「アウギュスト」と命名された。「アウギュスト　アウギュスト　母の粗末な芸術なんかが　ああ何になろう」という詩で、ロダンへの傾倒ぶりが知れるが、本人は旧制静岡高校時代に「昱」と改名してしまう。晶子にとって、思い入れの深い息子ではあった。

ここで四男の軌跡を追ってみると、一九三八（昭和十三）年に東京帝大工学部機械工学科を卒業して日本電気に就職したが、同時に海軍の造兵中尉に任ぜられ、呉海軍工廠、次いで舞鶴工廠に配属された。内藤初穂『海軍技術戦記』(図書出版社、一九七六年)によると、この年に創設された技術系(造船、造兵、造機の分科は一九四二年に技術科に統合)の短期現役士官の第一期生である。二年間を現役勤務した後、予備役に編入され、出身企業に戻れることになっていたが、海軍は陸軍に横取りされるのを嫌い、残留することを望んだ。

昱も一九四〇年六月に造兵大尉へ昇進し予備役に編入されたが、引き続き海軍に留まる。そして一九四一年十二月五日付で舞鶴から呉工廠付へ転勤となり、三日後に日米開戦の日を迎えた。

その後は山口県の光工廠に転勤したことが判明しているが、外地や軍艦に勤務した形跡はなく、技術大尉として終戦を迎えた。戦後は日本電気に復帰し、生産技術研究所長や宇宙開発本部長代理を歴任している。

このように見てくると、「水軍の大尉」とはいえ、第一線に向かう配置にはいなかったので「たけく戦へ」のイメージからはやや遠い。籌三郎の例と似た誤情報に振り回されたのか、母親の一般的心情に寄り添うつもりだったのか、判定は難しい。

「岸壁の母」に代表されるように、母親たちの多くは戦場で我が子を失う悲哀を味わった。晶子のように、五人の息子の全員が一人も欠けず戦争を無事に乗り切ったのは、例外的な幸運と評してよいだろう。

詩人の日夏耿之介《ひなつこうのすけ》は「晶子の才華は天の成せるもの」と評し、伝説上の詩聖サッフォーの再来と讃嘆した。「あれも真実、これも真実」と割り切れば、晶子が残した数万の作品群を仕分けて個別に詮索するのは「木を見て森を見ない」弊になりかねない。必要な視点は、彼女の全体像を捉えた上で生涯を通じての通奏低音を引き出すことではないかと私は考える。

ヒントを与えてくれるのは、音楽家の兼常清佐《かねつねきよすけ》が抽出した次のような三つの低音である。

1．女性解放と自立
2．宗教的情緒の排除
3．戦争に対する激しい憎悪

多少の解説を加えると、1は『みだれ髪』に始まる晶子の生き方が体現している。2は仏教、キリスト教等の既成宗教だけでなく、国家主義、社会主義などのイデオロギーにほぼ無縁な生涯を貫いたことを指す。

3は「人間のする悪事で戦争ほどの悪事はない」（一九一七年）という思い切った認識から来ていた。良い戦争か、悪い戦争かを区別する余地のない認識から択ぶ道は反戦しかなかったと言えよう。

反戦といっても、反戦、不戦、非戦、避戦、厭戦と語感、語義が微妙に違う類似語がある。晶子の短い詩歌から位置付けるのは難しいが、晩年の七首は敗戦を予見してか、厭戦の気分が通底しているように思われる。戦後日本における反戦思想の主流が厭戦だとすれば、晶子はそれを先取りしていたのかもしれない。

与謝野秀の長男で晶子の孫に当たる馨《かおる》(一九三八〜二〇一七、元財務大臣)は、二〇一四年の『産経新聞』紙上での今野寿美(宮中歌会始の選者)との対談で「一番好きな晶子の歌は」と聞かれ、墓前の歌碑に刻まれている次の歌を挙げている。転記してこの章を終わりたい。

皐月よし野山のわか葉光満ち
　末も終りもなき世の如く

主要参考文献
入江春行『晶子の周辺』(洋々社、一九八一)
兼常清佐『与謝野晶子』(三笠書房、一九四八)
今野寿美『24のキーワードで読む与謝野晶子』(本阿弥書店、二〇〇五)
香内信子『与謝野晶子と周辺の人びと』(創樹社、一九九八)

香内信子『与謝野晶子――さまざまな道程』（一穂社、二〇〇五）
『東條内閣総理大臣機密記録』（東京大学出版会、一九九〇）
平子恭子『与謝野晶子』（河出書房新社、一九九五）
深尾須磨子『与謝野晶子』（人物往来社、一九六八）
深尾須磨子『君死にたまふことなかれ』（改造社、一九四九）
山本藤枝『黄金の釘を打ったひと』（講談社、一九八五）
与謝野晶子『私の生ひ立ち』（刊行社、一九八五）
与謝野光『晶子と寛の思い出』（思文閣出版、一九九一）

第八章

ガダルカナル戦の起点と終点

▼着眼点　敗北への起点となった
ガダルカナル島の攻防

「ジャップの罠ではないか?」と疑った米従軍記者

一九四二(昭和十七)年八月六日、ソロモン群島のガダルカナル島とツラギ島地区への侵攻を目指す二三隻の兵員輸送船と護衛艦を合わせ八二隻の大艦隊は、三隻の米空母を先頭に、東経一五九度の子午線に沿い、一二ノットの速度で北上しつつあった。

水陸両用部隊司令官のターナー少将や第一海兵師団長ヴァンデグリフト少将が乗りこんでいたマコーレー号に同乗したINS通信記者のリチャード・トレガスキス(Richard Tregaskis)は、デッキチェアに寝そべりながら、次のような取材メモにペンを走らせていた(1)。

八月六日(木曜日)

今日は大事件の前日である。船員たちは兵士が乗り込む上陸用舟艇の手入れで忙しくしている……ジャップの行動範囲内を航行しているのに、一度も潜水艦や飛行機の襲撃を受けないのを我々は不思議に思った。警報さえ一度も発せられないのである。天候は我々に味方していた。本日は終日曇って視界は狭い……それにしても不思議である。ジャップは我々を誘い込もうと企んでいるのかも知れないと私は思った……私は甲板を歩いた。湿っぽい暗黒の夜である。幸運にも月は出ない。

翌七日朝、完全な「奇襲」に成功した米軍は、砲爆撃の支援下でツラギの日本軍飛行基地を破壊して占領、ガダルカナル島（以後はガ島と略称）北岸のルンガ岬に上陸した第一海兵師団の主力は、ほぼ無抵抗で完成直前の飛行場を占拠する。それから約半年、ガ島を固守する米軍と奪還をはかる日本軍との間で、陸海空にわたる激しい争奪戦が続くが、敗れた日本軍は一九四三（昭和十八）年二月、ガ島から撤退した。

それ以後、日本は二度と勝機に恵まれなかったので、ガ島戦は太平洋戦争における最大の「転換点」だったと評せよう。

ガ島戦が始まった一九四二年八月七日の時点で、日本軍、特に海軍は、ミッドウェー海戦（同年六月）の大敗にもかかわらず、太平洋の米海軍とほぼ拮抗しうる戦力を保持していた。しかし、

（1）二兎を追う作戦目標
（2）兵力の逐次投入
（3）根拠の乏しい楽観主義

のような過誤を重ねたため、勝機を逸しジリ貧に陥った。ただし米側も少なからぬ過誤を犯し、苦闘を強いられた。比較すれば、より過誤の少なかった方が勝者になったとも言える。

ガ島戦の先行研究は少なくないが、（1）～（3）のような視角から起点と終点に焦点をしぼ

り、日米双方の資料を照合し、再検討するのが本章の目的である。

嵐の前の静けさ

まずはトレガスキス記者が「不思議だ」を繰り返した侵攻前日の天候と、関連する日本側の索敵事情を探りたい。

第一海兵師団の公式報告書は「最後の二日（八月五日と六日）は雲が厚く低く、時おりスコールが襲った。ラバウルの日本哨戒機が悪天候で飛べなかったとしたら、我々にとってまたとない幸運だった[2]」と記している。一連の米側記録から見ると、天候不良とはいえ暴風雨の域には達していなかったことがわかる。

米空軍と海軍は、ニューヘブリデス諸島のエファテとニューカレドニア島のヌーメアに展開したB－17（大型爆撃機・二六機）やカタリナ飛行艇（二二機）が、艦隊進路の前程（七〇〇～八〇〇カイリ）を哨戒していた。またモレスビーからは、南西太平洋連合軍（マッカーサー総司令官）のB－17が、米海軍との作戦境界となっていた東経一五八度線の西側海面を索敵し、日本側に発見され不意打ちされるリスクを最小限にするよう注意を払っていた。

米側と交叉するように、日本側はラバウルの飛行艇と陸上攻撃機（陸攻）がガ島北方海面とサンゴ海を見張り、ツラギからは横浜航空隊（浜空）の九七式大型飛行艇（大艇）がガ島南方洋上

図1　1942年8月の日本軍日施哨戒と米侵攻艦隊の航跡

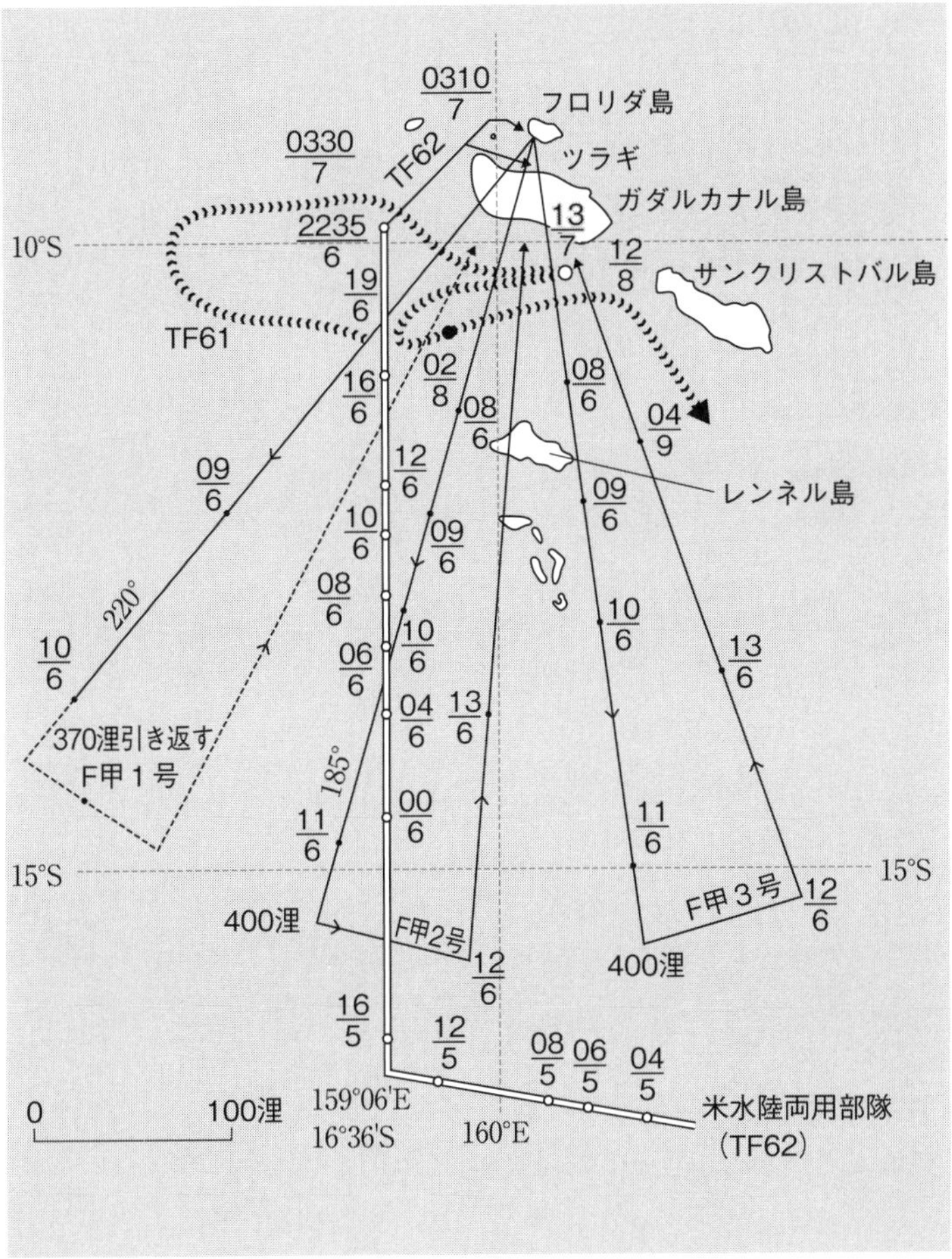

出所：８月６日の横浜空哨戒状況は『戦史叢書49　南東方面海軍作戦〈1〉』429ページより引用。TF61とTF62の８月５～９日の航跡は *The Guadalcanal Campaign*, p.25より引用。いずれも秦が補正した。

註：哨戒状況は８月６日0630ツラギ発の扇形索敵線を示す。$\frac{09}{6}$、$\frac{10}{6}$ は６日の0900頃、1000頃を示す。TF61とTF62の表記は $\frac{16}{6}$ が６日の16時、$\frac{0330}{7}$ は７日の0330、$\frac{04}{9}$ は９日の0400を示す。

の日施《にっし》哨戒を実施していた。進出距離は六〇〇カイリを標準としたが、この時期は大艇の機数不足（七機）もあってか、毎朝六時か七時に三機が発進、片道四〇〇カイリ、側程六〇～八〇カイリで折り返す、扇状索敵が慣例化していた[3]。

図1は、八月六日の哨戒飛行と米侵攻艦隊（TF61とTF62）の経路を示した。浜空の本部が玉砕し、五日と六日の行動調書は失われたので詳細は不分明だが、上級司令部に当たる第二五航空戦隊（二五航戦）の戦闘詳報など[4]（防衛研究所戦史研究センター所蔵）は、「三機がF甲区を哨戒するが豪雨、視界不良（一〇～二〇浬《カイリ》）のため進出距離は各五〇、八〇、一〇〇浬で引き返す。敵を見ず」（八月五日）、「F甲1号機は三七〇浬、2、3号機は四〇〇浬まで進出、くもり、スコールにより視界狭小（二〇浬）、敵を見ず」（八月六日）と記録している。

97式大艇

偵察と爆撃を兼ねた米軍のB－17やカタリナは、連日のようにツラギとガ島に飛来（八月六日までに計三三機）、その都度ツラギ水上基地の二式水上戦闘機隊（九機）が迎撃、体当たりでB－17を撃墜したこともあった。また浜空の大艇とすれ違った例もあり、米側はツラギが哨戒の拠点と認識していたはずである。

改めて図1を眺めると、八月五日には米艦隊はすれすれで日本の哨戒圏外を航行している上、実際にも浜空の大艇はいずれも途中で引き返している。六日には日本の哨戒圏に突入せざるを得ないが、交叉するのは六時三十分にツラギを発進した往路の二号機だけで、その時間帯は六日の九時前後の短時間に限られた。米艦隊は大艇の哨戒コースを読み取った上で、発見される機会が最小となる航路を選定したかと思われる。

日本側の哨戒技法にも欠陥があった可能性を否定できない。元浜空搭乗員の手記(5)によると、通常の日施哨戒では高度三〇〇〇メートル前後を飛びながらパイロットは前方左右、機長は右側方、偵察員は左側方を七倍の双眼鏡で監視するが、視界は一〇カイリが限度で七〜八時間に及ぶ単調な飛行は睡気を誘いがちだったという。

それでも探してみると、米艦隊の来襲を思わせる予兆が皆無だったわけではない。七月二日付の『ニューヨーク・ヘラルド・トリビューン』紙に掲載され、四日付の『ウエリントン・ドミニオン』紙(ニュージーランド)に転載された記事は、「南太平洋の米海兵隊は侵攻作戦を発動か」の見出しで、ラバウル、ツラギを占領目的に挙げていた。(6)だがこの記事が日本の情報網に注目された形跡はない。

次に八月四日には、大本営海軍部(大海)第一部長(作戦担当)名で、敵通信の活発化から、ソロモン群島を含む南東太平洋方面で、米海軍の新たな動きがありそうだと警報を発していた。(7)

七月にソロモン、ニューギニア方面の海上作戦を担当するため新編成されたばかりの第八艦隊は、三十日にラバウルへ進出したが、ガ島飛行場に日本の航空隊が進出する前に先手を打って、米軍が侵攻してくるのではないかと危惧していた。[8]

特に大西新蔵参謀長は、第八通信隊の敵信班が「敵信の異常な活発化」を伝え、「敵の進攻を思わしめるものあり」と警告したことに注目した。[9]だが陸軍の第一七軍がポートモレスビー攻略作戦を開始していた事情もあり、ラバウルの大勢はニューギニアの米豪連合軍への応援らしいと予測した。

そのせいもあって、八月五日にガ島の海軍設営隊から、建設工事中の飛行場が概成したので、ラバウルから飛行隊を前進されたいと要望が来ても、二五航戦司令部は急ぐ気配を見せていない。

偶然だが六日の東京放送は、米兵の人気者だった「東京ローズ」が、「米海兵隊はどこに隠れているの。……誰も見たことがないわよ」[10]とからかっている。

意外にも警戒感が薄かったのは、六日の日施哨戒で米艦隊の近傍を飛んでいたのに「敵を見ず」と報告した、ツラギの浜空大艇隊だった。その夜には飲めや歌えやの宴会を開き、酔って寝入った所へ、二五航戦司令部から急報が届く。翌七日の日施哨戒を通常より二時間早い四時に発進、進出距離を四〇〇カイリから六〇〇カイリへ延伸せよと指示するものであった。

慌てて叩き起こされた整備員たちは、徹夜で大艇の整備と燃料搭載にかかり、当直の宮川整備兵は、四時に整列した搭乗員へ、副長の勝田三郎中佐が厳しい表情で「ガ島近海に位置不明の敵船団の電波を傍受す。敵発見に全力をつくせ」[11]と訓示したのを記憶している。会敵に備えて特に爆弾二発を積み込み、大艇の暖機運転が始まり、搭乗員は次々に乗り込んだ。

出動機数は四機か五機と思われるが、一番機が滑水を始めた所へ、三時三十分にガ島西方洋上から発艦した、空母ワスプのグラマンF４F戦闘機編隊が飛来した。そして機銃掃射で大艇（七機）と二式水戦（七機）の大部を炎上させた。

奇襲されたツラギ基地は上級司令部に宛て、

「敵猛爆中」（四時十二分）

「空襲により大艇全機火災」（四時三十分）

「敵はツラギに上陸開始」（四時三十五分）

「最後の一兵迄守る。武運長久を祈る」（六時十分）

のように打電した後、通信は途絶する。

ガ島西方海面の米空母三隻（ＴＦ61）から飛来した艦載機群の制空下で、ツラギとガ島北岸の二手に分かれて侵入した米輸送船団（ＴＦ62）は、第一海兵師団の約一万人をガ島に、六〇〇〇人をツラギに上陸させた。

ツラギを守備していた日本軍約六〇〇人の大部は航空隊員で、戦闘要員は海軍陸戦隊の一五〇人に過ぎなかったので、二日間の激闘の後、全滅した。ガ島も約三〇〇〇人のうち主体は設営隊の労務者で、戦闘要員は二〇〇人前後、陸軍兵は皆無だったので、戦闘を避けジャングルへ逃げこんでしまう。

米軍は事前の情報で、日本軍の兵力をガ島は五〇〇〇人、ツラギが一八五〇人と推計していたが、(12)結果的には必勝の条件とされている「攻者三倍原則」をはるかに上回る数的優位を確保し得た。嬉しい誤算だったと言えよう。

奇襲をめぐる虚と実

それでは奇襲された日本軍は、とりあえずどう反応したのか。

連合艦隊（GF）参謀長の宇垣纏《うがきまとめ》少将は、八月七日の日記（『戦藻録』）に、「被攻撃迄、発見探知せざりしは誠に迂闊《うかつ》千万と思う――前々日来相当の警告ありしに関らず、何としても後の祭なり」と悔しがった。

来攻した敵艦船の規模について次々に情報が入ったが、宇垣は、輸送船三〇隻が含まれているところから上陸兵力を約一個師団と推測し、「此敵は正に同方面に居据りの腹にて思切ったる兵力を使用」と見定めた。そして「之を片付くる事に全力を払うべく(13)」と決意する。

夜半には、準備中のインド洋作戦は取り止めて、「此の敵を撃滅するとともに、同方面を確保せんとす」る方針を伝えるGF命令が各艦隊へ伝えられ、瀬戸内海泊地の空母部隊と第二艦隊に出動準備を指示した。(14)

危機感を共有した現地の航空基地部隊と水上部隊の立ち上がりも悪くなかった。その対応ぶりは極めて機敏と評せるが、拙速に過ぎたという一面も否定できない。

ラバウルの二五航戦は、ニューギニア南部のラビ飛行場攻撃のため発進準備中だった陸攻（第四航空隊）二七機と護衛役の零戦一七機（台南空）を直ちにガ島沖の米艦隊攻撃に振り替えた。米軍侵攻の第一電をツラギから受信したのは八月七日の四時十二分だが、浜空の決別電が入った六時十分の間に、司令部の対処策は揺れた。(15)

陸攻に搭載済みの陸用爆弾を艦船用爆弾に換装している途中で、魚雷への換装が指示されるが、間に合わぬと見てか、爆装での出撃に戻し、予定より三十分遅れの八時には、編隊を組んだ陸攻と零戦隊が発進するというあわただしさであった。

ガ島とラバウルの距離は五六〇カイリある。航続力の長い零戦でも未経験の長距離飛行となり、空戦時間は十分か十五分の余裕しかないので、台南空司令はベテランだけを選んで送り出す。(16) それだけではない。五十分後には、前日に進出してきたばかりで土地勘もない第二航空隊の九九式艦爆九機を、戦闘機の護衛なしで出撃させた。ところが艦爆は、行動半径が二五〇カイリしかない上、ブカ島などの中間飛行場が未完成だったので、山田二五航戦司令官は片道攻撃という特攻的用法に踏み切る。

帰路はショートランド水上基地に不時着水させ、急派した特務艦と大艇で搭乗員を拾いあげる策は講じたが、「使い捨て」の感は拭えない。実際に九機のうち六機が未帰還、三機の搭乗員は救出されたが、戦果は駆逐艦一隻に命中弾を与えただけという結末に終わった。なお、零戦もガ島泊地上空で迎撃してきた米艦載機のグラマンと空戦を交え健闘したが、四機がラバウルまで帰れず、ブカに不時着している。

翌八日にも、雷装した陸攻二六機、零戦一五機が再出撃したが、米空母のF4Fと対空砲火に阻止され、陸攻一八機を失う大損害を受けた。目標の空母は見つからず、戦果は体当たりで輸送船一隻を葬っただけに終わる。

こうした強引な手法は永続きするものではないのに、その後も漫然と繰り返し、搭乗員と機材の「浪費」を重ねることになる。特に八月二十日に三一機の米海兵隊空軍機が、補修を終えたガ島のヘンダーソン飛行場へ進出した後も、次のような連鎖的局面がくり返された。

(a) ラバウルからガ島爆撃に向かう陸攻と零戦の編隊は、ソロモン列島線に配置されていたオーストラリア(豪州)軍の「沿岸監視哨」(Coast Watcher)から事前警報を受け、目標到達の直前に離陸して、有利な態勢で待ち構えるF4Fに迎撃された。

(b) F4Fのパイロットたちは零戦との格闘戦を避け、「一撃離脱」に徹する技法で優位に立てる自信を得た。

(c) 空戦で傷ついた米軍機の搭乗員は落下傘で脱出して生還し再出撃するが、被弾した零戦や陸攻には「自爆」の選択肢しかなかった。

(d) 一式陸攻は搭乗員が「ライター」と自嘲したほど燃えやすく、爆撃の精度も低かった。

(e)
たとえ爆撃や艦砲射撃で滑走路を破壊しても、米軍は徹夜で修復するので、飛行場が使用不能に至った例は無かった。一方、偵察や爆撃でラバウルなどへ飛来した米空軍のB－17は、「空の要塞」の異名にふさわしい頑丈な機体で、その撃墜は至難とされた。

こうした過酷な航空戦で生き残れたとしても、連日のように往復七時間の飛行と空戦で疲労が重なり、撃墜王《エース》を揃えた台南空も、グラマン（F4F）に討ちとられる例が続発する。

十月に入って第二師団や第三八師団等が投入されると、輸送船団の上空を守る零戦は、燃料を使い果たした後、不時着水して駆逐艦に救出されるのが恒例となる。

一方の米海兵隊空軍はSBD（偵察・爆撃機）が、泊地に侵入した日本の船団を全滅させるまで、一日数回もの往復攻撃を加えることができた。

船が沈んでも救助された日本の陸兵は、裸同然でガ島に上陸したが、重火器や食料の大部は船と共に沈んでしまい、兵士たちは直後から飢餓に苦しんだ。図らずも米軍は、典型的な「逸を以て労を撃つ」成功例を示したことになる。

ここで八月七日の起点に戻ると、立ち上がりの早業を見せたのは航空隊だけではなかった。第八艦隊の三川軍一司令長官は直ちに重巡「鳥海《ちょうかい》」に乗艦、七日の午後二時半には重巡四隻、軽巡二隻、駆逐艦一隻の計八隻を従え、ラバウルを発しガ島泊地へ向け急進した。[17] 旗艦を先頭とする得意な夜襲の魚雷戦で、米艦隊を一挙に葬ろうとする意気込みだった。

そして三川艦隊は、八日深夜に、米艦隊主力へ殴りこむ申し分のない奇襲に成功する。米艦隊は砲撃と雷撃で「クインシー」以下の重巡四隻が撃沈され、一隻が大破した。残った重巡は一隻だけだから全滅に近い。

日本側は「鳥海」が小破しただけだったが、重要目標の輸送船団には一指も触れなかった。「鳥海」の早川幹夫艦長は、「砲弾の六割以上が残っているので、反転して再突入し、船団を撃滅しましょう[18]」と進言したが、長官はそれを斥けラバウルへ直行、帰投する道を選んだ。

理由は八日夕方の電話傍受で、ガ島南東方一〇〇カイリと推定された米空母群の攻撃圏から、夜明け前に離脱したいとの判断からだったとされる[19]。もっとも大西新蔵参謀長は一航過だけで引き上げるのは「突入前からの腹案だった[20]」と回想する。

この選択については、当時から不満の声がくすぶり続ける。軍令部作戦課の高松宮中佐は、「今夜再び泊地を急襲して……船団をやっつけることが急務[21]」と残念がった。よほど心外だったのか、大西は戦後の回想で「この海戦を誉めるのは敵側のみ[22]」と不平をこぼした。

実情はどうだったのか。図1で見るかぎり、確かに米空母群は八日朝には第八艦隊の推定位置にいた。しかし空母群（ＴＦ61）のフレッチャー（Frank J. Fletcher）司令官は七日、八日と続いた日本の航空攻撃を警戒して、ターナーとヴァンデグリフトへ、九日朝六時には制空任務を打ち切り、戦場から離脱すると通告していた。

重巡部隊の惨事を知った「ワスプ」艦長のＦ・シャーマン（Forrest Sherman）大佐は、反転して三川艦隊を追撃し、ガ島泊地の制空権を確保すべきだと進言したが、フレッチャーは却下し、南東方への後退進路を変えなかった。[23] 結果的に米空母機に対する三川の懸念は、思い過ごしだったことになるが、一連の対応について米海軍部内には責任を問う声が出た。しかし審問を委ねられたヘプバーン委員会の関心は、重巡部隊が惨敗した原因の究明に向けられ、貴重な空母の喪失を避けたかったというフレッチャーの弁明を黙認してしまう。[24]

大敗した重巡艦隊のクラッチレー司令官にも、「敗れはしたが、船団は無事だったので護衛の目的は果たした」というそれなりの言い分があった。だがその船団は、フレッチャーの空母群に見放され、三川艦隊の再来襲を怖れて、心細くなったのだろうか。四日はかかると見込まれた軍需品や食料の陸揚げ作業を中止して、八月九日の昼前から退散を始め、夕方までに護衛艦を含む全艦船が姿を消してしまった。

日本側も半日遅れでこの異変に気付く。九日午前の飛行偵察では、ガ島泊地に巡洋艦三隻、輸送船一九隻が「出動の気配なし」だったのが、夜遅くツラギ沖に派遣していた潜水艦から、「敵の在泊艦船を認めず」と報告を受ける。半信半疑の十一航艦は、翌十日朝の索敵で再確認するや、「ヌーメア沖にある敵船団（ガ島南東方一八〇カイリ）を攻撃せよ」と命じたものの、手元の陸攻隊が出払っていたため追撃は見送らざるを得なかった。

大敗した一木支隊と川口支隊

八月九日は、米軍にとってはガ島戦における最悪の日だったと言えそうだ。なかでも、荷揚げも終わらぬうちに「蛮島に置き去り」（ヴァンデグリフトの言）にされた、二万人近い第一海兵師団の兵士たちを守り抜く名案は見当たりそうもなく、上級指揮官たちの間ではガ島放棄論が台頭する。

早くも八月十一日、ハーモン少将（南太平洋陸軍司令官）はマーシャル参謀総長に宛てて、「海兵隊がガ島を守り切れるか疑問だ」と連絡し、十二日には海軍の戦域司令官ゴームリー（Robert L. Ghormley）海軍中将がキング作戦部長へ、「もし空母群の援護と増援兵力の投入がないと、ガ島は日本軍に取り返されるだろう」[25]という悲観的見通しを伝えている。

ゴームリーは〝戦意不足〟のかどで十月に入ると解任され、ガ島確保を叫ぶ猛将ハルゼー（William Halsey Jr.）と交代するが、海兵師団への貧弱な補給はマッケイン少将の指揮下で辛うじて維持された。

日本海軍の駆逐艦補給は「東京急行」（Tokyo Express）と呼ばれたが、マッケインが名付けた「封鎖破り」（blockade run）の第一陣である駆逐艦改造の高速輸送船四隻は八月十五日夜、ガ島泊地へ潜入、航空ガソリン四〇〇缶、爆弾二八二発、整備用器材などに加え、滑走路の最終拡張工事に当る一二〇人の海軍建設隊員（Sea Bee）を揚陸し、翌朝早く帰路についた(26)。

基地航空隊の進出こそ、戦勢を挽回する決め手と見すえての強行補給だったのだが、付近で監視任務についていた日本の駆逐艦や潜水艦は、見逃してしまう。

しかし進出する飛行機隊の都合がつかなかったところへ、米海軍は思い切った奇策を用いた。訓練を急いだ海兵隊空軍のＦ４Ｆ戦闘機一九機とＳＢＤ艦爆一二機のパイロットたちは、多くが空母への離着艦経験がなかったので、輸送用空母の「ロングアイランド」に積み込み、カタパルトでガ島の南東二〇〇カイリから発進させたのである。彼らが二十日の夕方、ガ島飛行場に降り立つと、孤立感で落ちこんでいた海兵たちに歓呼の声で迎えられたという(27)。

彼らは上陸以来一日二食、それも日本の設営隊が残していったコメとビスケットでしのぐ日々を送り、士気は沈滞気味だった。だがヴァンデグリフト師団長は弱気を見せず、飛行場を囲む半円形の地域に急造した防御陣地を守り抜く態勢で日本軍の攻撃に備えた。

重火器が少なく弾薬も足りなかったので、砲撃してくる日本の艦艇や飛来する爆撃機に対しても控え気味の応射しかしなかったことが、かえって日本軍の油断を誘う一因となる。八月十八日夜、四隻の駆逐艦から無血上陸して、二日後に全滅してしまった一木《いちき》支隊先遣隊の例を観察しよう。

米軍兵力は逃げ腰の弱兵二〇〇〇人ばかりと聞かされていた一木清直支隊長と幹部将校たちは、「早く行かないと敵は逃げてしまうぞ」「終わったら、ついでにツラギも取り戻したいのだが」と逸り立ち、軽装備の歩兵九〇〇人の銃剣突撃で片付くと安易に考えていたらしい[28]。

そして事前偵察も艦隊の援護も怠ったまま「行軍即探索即戦闘」の構えで、タイボ岬の上陸点から三二㎞西方の飛行場へ向かい前進を開始した。しかし二十日夜、支隊の動静を把握し、待ち伏せしていた米海兵隊に痛撃され、数両のＭ３軽戦車も加わった翌朝の掃討戦で全滅してしまう[29]。

米軍の戦死者はわずか三四人、日本陸軍史上に前例のない一方的敗北であったが、参謀本部は夢想もしなかったのか、杉山元参謀総長が「ソロモン、モレスビー方面ともに相前後し攻略を終わると思われる」ので、その際は「天皇から御嘉賞の勅語下賜を」と願い出る早とちりさえ演じている[30]。

ついでに言及すると、陸海軍総司令官（大元帥）でもある昭和天皇は、米軍のガ島侵攻に最大級の危機感を抱いていた。第一報が届いた八月七日には、日光御用邸に滞在中だったが、「それは米英の反攻の開始ではないか。いま日光なぞで避暑の日を送っている時ではない。即刻帰京して憂いを分かち、策を聞かねばならぬ。帰還方用意せよ」と命じたが、永野修身《ながのおさみ》軍令部総長が駆けつけて、「それほどの大事ではございません」と言上して押し止め、帰京は予定通り十二日とする寸劇があった[31]。

その後も両総長から楽観的見通しだけが伝えられていただけに、一木支隊の奪還が失敗したらしいと知れても、天皇は杉山に、「ひどい作戦になったではないか[32]」とこぼすしかなかった。

九月に入って、一木支隊の第二陣を含む川口清健《かわぐちきよたけ》支隊（兵力約五千）が、またもガ島飛行場の奪回に失敗すると、天皇の憂慮は深まる。坪島文雄《つぼしまふみお》侍従武官は十九日の日記に、ソロモン作戦は「戦略上必要を認め難し」と記すが、それは天皇の思いでもあったろう。だが陸軍は強気の姿勢を変えず、参謀総長は第二師団と第三八師団を投入し「一挙解決を図り、それで戦局は好転しうる」と奏上し、「ガ島確保に自信ありや」と問われても「断じて確保できると信じます」⑶とくり返すだけであった。

この段階では海軍が弱気へ傾き始めていたが、当初は乗気でなかった陸軍は一木支隊の敗因を直視しないままに奪回への執念を強め、山本GF長官が「一フェーズおくれ」⑷と評した「兵力の逐次投入」策を繰り返すことになる。

一木支隊が敗れ、米海兵隊機がガ島飛行場へ進出した八月二十日は、米にとっては暗から明へ、日本にとっては明から暗へと転回した分岐点だったと言えよう。言い換えると、米が明（八月七日）から暗（同九日）を経て明へ転じたのに対し、日本は暗（八月七日）から明（同九日）を経て暗転（二十日）し、二度と明の日々は来なかった。

そこでガ島戦における明の季節が、九日から二十日までの「十日天下」という短時日で終わってしまった事実に注目したい。

短かすぎた「十日天下」

まずは「十日天下」の実態を見直すと、ガ島周辺の制海権と制空権が日本の手中にあったことが挙げられる。この間に日本海軍の駆逐艦や潜水艦は、連日のように昼夜を問わずガ島泊地を往来し、偵察のついでにツラギを含む米軍の陣地や施設に砲撃を加えた。

たとえば八月十二日に日本は、浮上したイ一二三潜が、ガ島北岸七〇〇mの沖合から一四センチ砲で二一発を撃ち込み、米軍も七五ミリ砲で応戦した。白昼に陸上の砲台と浮上潜水艦が撃ち合うのは稀有のシーンで、制海権がほぼ完全に日本の手に握られていたことがわかる。

制空権の所在についても、似たような状況が見られた。八月十一日には、零戦六機が偵察を兼ねてガ島へ向かい、低空で飛行場を銃撃したが、めぼしい反撃はなかった[35]。翌十二日にはラバウルから、第八根拠地隊の松永敬介参謀が陸攻に便乗して、超低空でガ島飛行場を偵察し、味方設営隊へ食糧を投下するが、何の反撃も受けなかった。ついでに「敵の主力はすでに撤退せるか、撤退しつつあり[36]」との所見を付け加えている。

だが日本軍の戦略家たちは「十日天下」の利を生かし切れず、なぜか次のような思考過程を経て「並行世界」(Parallel World)で安住したかに思える。

表1　日本軍が推定した在ガ島米軍兵力の見積り

（単位：人）

日付	典拠	兵力見積り
1942年 8月7日	二見17軍参謀長	約1個師
8日	佐薙中佐（軍令部）	1個師（輸送船30隻）
10日	軍令部第3部	海兵隊1個師（1.5万）
〃	「坪島侍従武官日記」	1個師（輸送船40隻）
12日	「二見少将日記」	7,000～8,000
13日	17軍→参謀次長	5,000～6,000
18日	「田中中将（参本）日誌」	残存兵力2,000、戦車×30両
19日	ガ島海軍守備隊→第11航艦	2,000以上
24日	「城侍従武官日誌」	2,000
30日	川口支隊命令	2,000、戦車×30両
9月3日	宇垣少将→田辺参謀次長	約5,000、戦車×30両
20日	川口支隊情報係	7,500
10月4日	第2師団命令	海兵10,000
23日	第17軍の捕虜情報	海兵1個師
11月27日	軍令部判断	海兵1個師、陸軍1個師

1．敵艦船は八月九日に全て撤退した。

2．敵上陸部隊の多くは船団に乗り込み退散した。

3．残留した敵兵力は微弱で、反撃能力も乏しい。

4．ガ島周辺の制海空権は日本海軍の手に落ちたが、陸軍による「制陸権」の獲得も間近い。

前記のうち2と3は事実無根に近かったのに、傍証らしき情報は次々に舞い込んだ。表1は在ガ島米兵力の見積りと関連情報を列挙したものだが、最初の数日は一個師団（一・五万人）とほぼ正確に算定していた。ところが、八月十一日前後から撤退情報と抱き合わせたように、見積りが八〇〇〇人（十二日）→五〇〇〇人（十三日）→二〇〇〇人（十八日以降）と漸減していく不思議な現象が起きている。

特に撤退に関しては、怪しげな「参考情報」の類いに振り回された例が少なくなかった。例えば八月十三日朝、第一七軍の二見《ふたみ》秋三郎《あきさぶろう》参謀長は、十一航艦の酒巻宗孝《さかまきむねたか》参謀長が撤退を思わせる根拠を並べた後、「土人を残置し白人の大部は引き揚げたらしい」と語り、二見は百武晴吉《ひやくたけはるよし》司令官と協議して、迷っていた一木支隊先遣隊の急派に踏み切った。(37)

もう一つの例は、八月十六日（入手は十二日か）に「大海一部長」の名で各艦隊へ通報されたいわゆるモスクワ武官電である。

その要旨は、「米軍のガ島方面作戦の目的は日本軍の飛行基地破壊にありて、此目的を達成せる米軍は、飛行艇や潜水艦によるガ島からの脱出に腐心している」というもので、原文は見つかっていないが、受電した第二水雷戦隊の戦時日誌（防衛研究所蔵）で全文を知ることができる。(38)

当惑を禁じ得ないのは、情報の入手ルートだろう。

米海軍省→米駐在のソ連海軍武官→ソ連海軍省→〇〇（中立国筋の情報マン？）→ソ連駐在の日本陸軍または海軍武官室→大本営のルートで流れたと推定されるが、〇〇については駐ソ大使館付陸軍武官補佐官の野原博起《のはらひろおき》少佐が、交流していたトルコ武官から入手した可能性も推測されている。(39)何よりも米海軍省が南東太平洋とは縁の薄いソ連へこの種の作戦情報を流し、さらにソ連海軍省がそれをリークした意図がつかめない。

　宇垣GF参謀長は、米軍が八月十五日に輸送艦四隻で揚陸増強した動きから、「一部長の撤退情報は裏の策動とも見られ彼は容易にこれを放棄せざるものの如し」(40)と反応した。油断してはならぬと自戒したつもりなのだろう。だがガ島奪還へ向かう途次の一木支隊長は、この一部長電を最新の重要情報として伝えられ、「早く行かなけりゃ、敵は逃げてしまう」という楽観気分を刺激されたという部下将校の証言がある。(41)

　最早、米軍主力の退散を前提としたガ島奪還作戦は、既定路線として定着していたのだろう。八月十三日に、陸海軍の両総長は「ガ島に上陸せる敵はその兵力未詳なるも……残存して居る敵は微弱」だと上奏して、第一七軍の一木支隊による奪還を命じる大陸命の裁可を得た。同時にポートモレスビー占領を目標とする、ニューギニア作戦を続行する「二兎を追う」路線も再確認された。(42)

　ガ島飛行場に米航空隊が進出してくる事態への言及はないが、その前に一木支隊が飛行場を奪取できると楽観していたのかもしれない。

　このように日本軍の「十日天下」は、連鎖的な誤認と誤算の所産であったことが明らかだが、それだけでは説明し切れない背景事情が存在する。第二次大戦における大戦略の次元になるが、アメリカの対日戦略の修正ないし転換を見逃し、相応する対米戦略の見直しを怠り、小手先の「対症療法」に堕してしまったのである。

米「勝利計画」の変転

参謀本部作戦課の井本熊男《いもとくまお》中佐は、[43] 米軍侵攻直後の対応策を、軍令部作戦課と毎日のように意見交換していたが、次のように記す。

「（敵の）上陸兵力は概ね一個師団基幹と見るのが戦術上の常識である。ところが敵の企図を考察すると、右の判断には変化を生ずる。

　第一は敵の反攻時期である。開戦時の判断では、米国の反攻は昭和十八年半ば頃以降（傍点は秦、以下同じ）と考えられていた。その判断には今も変化はない。そうであるのに、今頃反攻に出るということは解せない。どうも真面目な反攻ではないように思われる。そこで敵の上陸は一種の偵察作戦か、わが飛行場の破壊作戦である。そうだとすれば上陸兵力は大きいものではない。目的を達したならば撤退することもあり得るという見方もあった」

　一読して、各所に矛盾する文脈が混在しているのが気になる。戦略単位である一個師団を偵察上陸や飛行場破壊に用いるのは戦術上の常識とは言えそうもないし、反攻時期の予想が狂った事実を直視せず、「解せない」と受け止める姿勢の方こそ解せないと評したくもなる。

では作戦幕僚たちが一様に信奉していた反攻時期の予想はいつどこで誰が立てたのか。公文書の初出記録では、一九四二（昭和十七）年三月七日の大本営政府連絡会議で採択された「世界情勢判断」であることははっきりしている。それは緒戦期の連勝が一段落した後を受け、第二段作戦の大戦略を展望した「今後採るべき戦争指導の大綱」の付属文書と位置付けられていた。

大綱が「長期不敗の政戦体制を整えつつ機を見て積極的の方策を講ず」と分かりにくい表現になったのは、守勢的戦略へ転じようとする陸軍と、引き続き攻勢的戦略を継続したい海軍の主張を併記した妥協の産物となったからである。

対戦相手であるアメリカの大戦略について「世界情勢判断」は、米英が「其大規模攻勢を企図し得べき時期は概ね昭和十八年以降なるべし」[44]と想定していた。想定の根拠は示されておらず、論議の過程を示す記録も見当たらない。

だが筆者は、傍点部分の言い回しから、前年（一九四一年）九月に米大統領の指示でウェデマイヤー（Albert C. Wedemeyer）陸軍少佐が起案し、スチムソン陸軍長官からルーズベルト大統領へ提出された「勝利計画」（Victory Plan）かと類推している。

その要点とは、

1．ドイツ打倒を優先。
2．米軍を主体とする米英連合軍の欧州大陸への本格的進攻を一九四三年七月一日と想定。その間に太平洋では守勢に回る。

3. 必要な兵力動員の規模（八八〇〇万人）を満たすだけの軍需生産力を確保する。
4. 海外派遣兵力を五〇〇万人と予想し、輸送に必要な船舶七〇〇万トンを整備する。

のようなものであった[45]。

ところが、この秘密文書の要点が日米開戦の三日前に当たる一九四一年十二月四日付の『シカゴ・トリビューン』紙にスクープされた。日本の三大新聞（東日、朝日、讀賣）は、翌日付の特電で「夢の厖大計画米紙暴く」、「明後年七月を期し、枢軸打倒戦を開始」、「五百万の遠征軍派遣――対日攻撃作戦も」のような大見出しで速報した。開戦の日（八日）の『東京日日新聞』社説は「勝利計画」に言及して「米国の野望を撃退せよ」と呼びかけている。

アメリカの欧州（対独戦）第一主義は既に周知されていたが、数字で裏付けた意義は大きい。日米開戦前後の陸海軍の指導層、中でも米海軍の大建艦計画に警戒感を強めていた海軍は、時限爆弾を抱えこんだような思いだったろう。

一九四〇（昭和十五）年に議会を通過した米海軍の両洋艦隊計画（Two Ocean Navy Act）は、二〇隻の正規空母を核とする巨大艦隊を建設しようとする構想であった。開戦期の戦力比が一〇・七（米）対七・五（日）、空母だけは六隻ずつで同等だったのが、四三年には対米五割、四四年には三割と開く一方で、どうせ戦うのなら今だと、海軍が開戦論へ傾く一因となった。しかし両洋艦隊計画の新造艦は四二年中期まで一隻も就役せず、強力な空母機動艦隊が揃うのは四三年後半になるだろうと見通しもつけていた[46]。

第二段作戦の大戦略を詰める過程で、海軍がミッドウェー、ハワイ、FS（フィジー、サモア）、ニューカレドニアと東太平洋正面への積極的攻勢を唱え、早期決戦に固執した理由でもある。ミッドウェー作戦の失敗で攻勢主義が挫折した後、再建の方途を模索していた日本海軍は、少なくとも一九四二（昭和十七）年中の本格的反攻はなさそうだという先入観を変えなかった。

一九四二年七月三十一日、陸海軍の合同研究をまとめた「世界情勢観察」(47)と題する文書でも、「（米英は）昭和十八年末以降に於て真面目なる枢軸反撃の機を窺うならん」とやや歯切れは悪いが、かえって時期を一九四三年末に先延ばししている。他にも十八年あるいは十八年中期の表現を用いた例が散見されるが(48)、ガ島戦最中の九月二十二日、さすがに陸軍部内で見直し論が出ても、田辺盛武《たなべもりたけ》参謀次長が「三月七日の線で行こう(49)」と裁断するほど拘束感が強かったと知れる。

どうやらガ島戦を通じ、「まだ本格的反攻ではない」と思いこんだ日本は「本格的対応」を怠ったと言えそうだが、それは米の大戦略が変化した事情を察知できなかったからでもある。

すでに触れたように、米の「勝利計画」は欧州（対独戦）第一主義を標榜していた。一九四二年一月の米英参謀長会議は、英の念押しを受け入れ、「対独戦以外に振り向ける兵力はミニマムとする(50)」方針を確認していた。

しかし真珠湾で米艦隊は主力が壊滅し、日本が東南アジアの全域ばかりでなく、その外側にも進出する気配が濃くなると、英は対日正面でも攻勢に転じるよう要望した。ドイツ打倒まで待つ間に豪州やインドを失えば、その後の反攻が困難になるという理由からである(51)。

また大西洋で活動の舞台が乏しい米海軍は、空母群が生き残った事情もあり、「太平洋しか眼中になかった」キング作戦部長を先頭に、早期反撃を熱心に主張し、西南太平洋連合軍を指揮していたマッカーサー将軍も「太平洋優先主義」を唱えた。

特に六月のミッドウェー海戦で勝利して自信を深めたキングは、主導権を日本から取り戻すべき好機と捉え、米豪間の連絡線を確保するのは「至上」(must)の任務だと説き回った。

その結果、七月二日の統合参謀会議(JCS)は、

タスクI……ニミッツ-ゴームリーの指揮下で、サンタクルーズ諸島とツラギに侵攻し占領する。八月一日に発動(ウォッチタワー作戦)。

タスクII……マッカーサーの指揮下でニューギニア北東部の確保。

タスクIII……マッカーサーの指揮下でラバウルおよび周辺を占領。

という三段階の侵攻構想を採択した。(52)

注:七月五日に偶然の飛行偵察で日本軍がガ島に飛行場を建設中であることが判明し、タスクIの占領目標はサンタクルーズからガ島へ変更され、発動日は八月七日に延期された。

ニミッツ太平洋艦隊長官はそれを「攻勢防御(戦術的には攻勢、戦略的には守勢)」と表現したが、ここで「勝利計画」の欧州優先にこだわり、四二年末までに地上部隊のフランス侵攻を望ん

でいたルーズベルト大統領が介入してくる。そして七月中旬、キングとマーシャル参謀総長はロンドンへ出張して英軍との打ち合わせを命じられたが、今度はチャーチル英首相が、フランス侵攻は時期尚早として反対する。

そして大統領とJCSの協議により、十一月に規模を縮小して北アフリカへ上陸する代わりに、節減される航空隊など兵力の一部を太平洋へ回す妥協が成立した。(53) 実質的には欧州第一から日独打倒並行、海軍にとっては太平洋に重点を指向する「両洋戦略」(Two Ocean Strategy)の路線が成立したことになる。その結果、陸軍の地上部隊と陸軍航空隊の主力(三分の二以上)は欧州戦線へ投入されたが、海軍と海兵隊の主力(八割以上)は太平洋戦線へ向けられることになった。(54)

いかに物量大国のアメリカでも、二正面戦争の負担はかなりの重圧であったが、それが可能だったのは、「上陸用舟艇などの一部を除くと、主要兵器がほとんど競合しなかったからだ(55)」とS・E・モリソンは指摘している。

ガ島戦が終結した直後の四三年三月、山本五十六GF長官は知友に宛てた私信で、「小生の見を以てすれば、米国は未だ本格戦には入り居らざる次第にて、日本も夢未だ醒めざる情態と見受候(56)」と書いた。山本が憂慮していたのは、間もなく到来する米の大攻勢を見据えた、総力戦体制の立ち遅れではなかったかと思われる。

米軍を出し抜いた日本軍のガ島撤退

歴史の流れに「始まり」（起点）があれば、必ず「終り」（終点）の日は到来する。

在ガ島の日本軍約一万が、三回、延べ約六〇隻の駆逐艦輸送で一週間かけた撤退作戦を成就したのは一九四三（昭和十八）年二月七日夜であった。

最後まで気付かず、出し抜かれた形の米陸軍第一四軍団長パッチ（Alexander M. Patch）将軍が、海軍司令官のハルゼー提督に宛て、「日本軍の全面的で完全な敗北を本日十六時二十五分に確認した」(57)と通報したのは、一日半後の二月九日だった。

正確に言えば、エスペランス岬を目指して西進した歩一六一連隊と、後背から北上した歩一三二の先鋒がテナロで握手して、包囲されたはずの日本軍が存在しない事実を確認した瞬間を指している。勝ち誇っていた米軍にとって、いささか苦みの残る「勝利宣言」だったろう。「獲物はすでに網から洩れてしまっていた」とニミッツ提督は評した。

ガ島戦に対する評価は、米海軍と米陸軍との間で微妙に食いちがう。半年にわたった海上戦闘で米が失った艦艇は、空母二隻（「ホーネット」と「ワスプ」）など二四隻（一二・六万トン）に対し、日本は戦艦二隻（「比叡」、「霧島」）など二四隻（一三・四万トン）とほぼ互格であった(58)。しかも四二年十月二十六日の空母機動部隊同士の決戦で、米海軍は「ホーネット」を撃沈され、「エンタープライズ」が損傷したため、一時は太平洋の健全な正規空母は皆無となった。太平洋艦隊司令部の日誌は「状況は絶望的ではないが間違いなく危機的である」[59]と書き入れた。いわゆる「十月危機」である。かろうじてガ島を支えているのは、一万人余の第一海兵師団と三〇機ばかりの海兵隊航空隊に過ぎなかった。

米海軍の窮地を救った一因は、戦局の比重が日米陸軍同士の地上戦へ移行したからでもあった。米陸軍は十月から十一月にかけてアメリカル師団、次いで第二五師団をガ島へ投入、十二月九日には、第一海兵師団（第二海兵師団と交代）と共に去るヴァンデグリフトに代わり、パッチ将軍が全指揮権を継承した（一月二日に第一四軍団長へ昇任）。そして米海軍は敵補給ルートの遮断に専念する形になるが、勝利の果実を収穫したのは陸軍だという思いは残った。

次に地上戦の推移を概観しよう。表2は日米両軍の在ガ島地上兵力を比較したものだが、ほぼ一貫して日本軍は米軍より劣勢であり続けた。強固な守備陣地に拠る敵を攻める時は「攻者三倍の原則」が兵術の常識とされているが、ガ島戦を通じ、日本軍がこの原則に留意した形

表2　在ガ島日米地上兵力の比較

（単位：人）

日付	アメリカ	日本
1942年8月7日	10,000	2,200
8月20日	10,000	3,600
9月12日	11,000	6,000
10月23日	23,000	22,000
11月12日	29,000	30,000
12月9日	40,000	25,000
1943年2月1日	50,000	12,000

出所：Elmer B. Potter, Chester W. Nimitz: *The Story of Naval Action in World War II* (Hoboken: Prentice Hall, 1960), p.263.

註1：別に在ツラギの米軍兵力は6,000人（1942年8月）、2,032人（43年1月6日）。

註2：12月上旬の日本軍兵力で戦闘員は約4,200人とされた。

跡は見られない。既述のようにガ島戦の第一陣である兵力九〇〇の一木支隊先遣隊は、米軍の実兵力（約二万）に対し一割以下の兵力で攻めかけ、敗れている。

兵力の不足に代わるのは「皇軍伝統の精神力」[60]（大本営派遣の辻政信参謀）だったり、「天佑神助、神明の加護」（第二師団の作戦命令）とされたが、それが通用するはずもない。逐次投入された川口支隊（九月）、第二師団（十月）、第三八師団（十一月）の攻勢は、いずれも惨敗に終わった。

注目すべきは、兵力数とは関わりなく人的損耗の極端な格差である。通計すると日本軍が約二万人を失ったのに対し、米軍は約一六〇〇人（うち海兵隊は一一五二人）、比率は一三（日）対一（米）となる。海軍の三川中将から、「日本の陸軍があんなに弱いとは思わなかった」[61]と酷評されてもしかたがあるまい。だが二万人の戦没者のうち、純戦死は五〇〇〇〜六〇〇〇人に過ぎず、残る一万五〇〇〇人は栄養失調症、マラリア、熱帯潰瘍などの「戦病死」とされる。

すなわち戦没者の七割以上は広義の「餓死者」と見なしても過言とは言えまい。近代戦史では類を見ないこの惨状は、海上補給ルートが機能しなかったことが主因だとすると、海軍の責任が浮上する。

宮崎周一《みやざきしゆういち》第一七軍参謀長の算定によると、三万の兵を養うには一日三〇トンのコメを必要とするが、その補給は十二月に入る頃からは夜陰に乗じ駆逐艦がドラム缶、潜水艦がゴム袋を海岸近くで投入して、岸で待つ陸兵が回収する「ネズミ輸送」の手法に頼るしかなくなった。

しかもそれを第一線まで届けるのにも難があり、宮崎は「一〇を計画して六を送り、六を送りて三を揚陸、二を使用しうる」(62)と観察した。使用可といっても前線では歩行可能な兵が担送者として二五kgずつを担ぎ四日かけ往復するとして、毎日三〇トン分を届けるには一二〇〇人×四＝四八〇〇人という途方もない数が必要となり、実行不能の空論となってしまう。

設営隊長の門前鼎《もんぜんかなえ》大佐が「禁酒、禁煙、断食、茶断ち、塩断ち、皆体得」の狂歌を届けているが、司令部の味わった苦境はそれどころではなかった。宮崎は十二月二十四日、東京の参謀次長に宛て、「僅少の木の芽、椰子の実、川草等のみによる生存……歩行さえ困難な者多く」(63)と訴えている。

では米軍の補給状況はどうか。補給拠点のニューカレドニアからガ島までの距離はラバウルからガ島までとほぼ同じなのに、米軍の補給輸送船（多くは八月九日にガ島泊地から無傷で退去した同じ顔触れ）の到達率は九割を超える。第八方面軍の収集情報によると、十一月末までにガ島泊地に入泊した米輸送船は一一九隻を数えた。(64)

第二師団主力をラバウルから送りこんだ十月十五日、六隻の高速輸送船団は、日本海軍の砲爆撃をかいくぐって出撃した米海兵隊航空隊の攻撃で三隻が撃沈され、荷役を完了した一隻を除き、三隻は引き返した。

第三八師団を投入した十一月十四日はもっとひどかった。米軍機は護衛の艦には目もくれず船団攻撃に集中し、一一隻のうち途中で六隻を沈め、入泊した四隻は海岸に乗り上げた。やっと荷揚げしたコメは全軍の十日分に過ぎない。通計すると一七隻のうち実に一四隻が補給任務を果たせずに失われ、以後は輸送船による補給は断念せざるを得なくなる。

米側の代表例は、九月十八日のガ島への輸送だろう。動員されたのは「マコーレー」号など六隻で、第一海兵師団の予備隊である海兵第七連隊の四二六二人、ガソリン三八二三缶、戦車など一四七両、糧食一〇一二トンなどを揚陸した。

その日は日本海軍の艦艇は不在、ラバウルの航空隊も悪天候で出撃を中止したため、何の妨害も受けず、その日のうちに荷役を終えた船団は、一六二人の傷病兵と八人の日本兵捕虜を乗せてガ島を離れた(65)。以後も似たペースで増兵と追加補給をくり返すが、制海空権を確保した米軍と、それを失った日本軍との格差は開く一方であった。

それでも引くに引けぬ心境にあった参謀本部は、さらに二個師団を一月から二月にかけ投入する準備を進めていたが、必要な民需輸送船の増徴を拒否した東条英機首相兼摂陸相の裁断を機に、ガ島からの撤退方針が決まった。

十二月三十一日、天皇も臨席した大本営会議で「ガ島奪回作戦を中止し、概ね一月下旬乃至《ないし》二月上旬に在ガ島部隊を撤収」と正式に決定、一月四日に連合艦隊長官と第八方面軍司令官に対し実施命令が下達された。

撤退作戦に送りこまれた矢野大隊の「精鋭」

一九四三年一月十四日夜、撤退命令を持参して駆逐艦でガ島西北端のエスペランス岬へ上陸した、第八方面軍作戦主任参謀の井本熊男中佐は、コカンボナ海岸に近い密林中に移っていた第一七軍司令部を捜しあてた。宮崎周一参謀長以下の幕僚たちは、寝耳に水の撤退命令に「撤退は不可能、もはや斬りこみ玉砕しかない」と反発した。

しかし十六日朝、井本から説明を受けた百武晴吉軍司令官は、しばし逡巡した後、「大命に従う」と決断したが、いざ実行となると「難事中の難事」と予想された。現地軍の実情に即し、大本営、方面軍、連合艦隊と擦りあわせ、概成した実施計画の要所を次に抜きだしてみる。

（1）約一万人と想定される陸軍兵を二月一日から三回に分け、駆逐艦で輸送する。

（2）撤収部隊は米軍の追撃をかわすため計画的な遅滞戦闘を実施しつつ、乗艦予定地のエスペランス岬へ後退する。

（3）米側に大規模な増援行動と誤認させるための欺瞞策を考案する。

このうち（3）の成否は米側の判断次第という限界はあったが、次のような手法が着想された。

(a)「敵を欺く前に味方を」の理に沿い最小限の幹部を除き、直前まで撤退企図の秘匿に努める。
(b)「航空撃滅戦」を発動し、ガ島の米軍基地を制圧する。
(c) 連合艦隊の主力を出動させる牽制行動。
(d) 最前線の遅滞戦闘を任務とする精鋭部隊の投入。
(e) 偽電工作など。

矢野桂二陸軍少佐

ここでは、(d)の矢野大隊の動きを中心に、遅滞戦闘の過程を追っていくことにしたい。この大隊はラバウルに残っていた歩二三〇連隊（三八師団）の補充兵と未教育兵の寄せ集めで、歴戦の戦闘巧者と定評のあった矢野桂二《やのけいじ》少佐が隊長に指名された。その矢野が出発時に初対面の兵たちへ「オレの顔をよく覚えておけ」[66]と訓示したほど、装備も「不要な物は一切持つな。携行弾は二四〇発、携帯口糧十日分、手榴弾二発」と申し渡される。どう見ても新鋭とか精鋭とは言い兼ねた。

しかし本当の任務は隊長にも明かされず、近く上陸する軍主力の露払いと聞かされた。駆逐艦に乗り込む時は、今村均《いまむらひとし》方面軍司令官以下の高級将校たちが見送ったので、「こんな華やかな見送りを受けたのは、この時だけ」[67]と感激した兵士たちの士気は高揚したという。七五〇人の矢野大隊は、同行した井本参謀と別れ、十七日朝、最前線の勇川東岸に到達、三八師団に代わって守備についた。

図２　ガ島撤収の日本軍の日程図

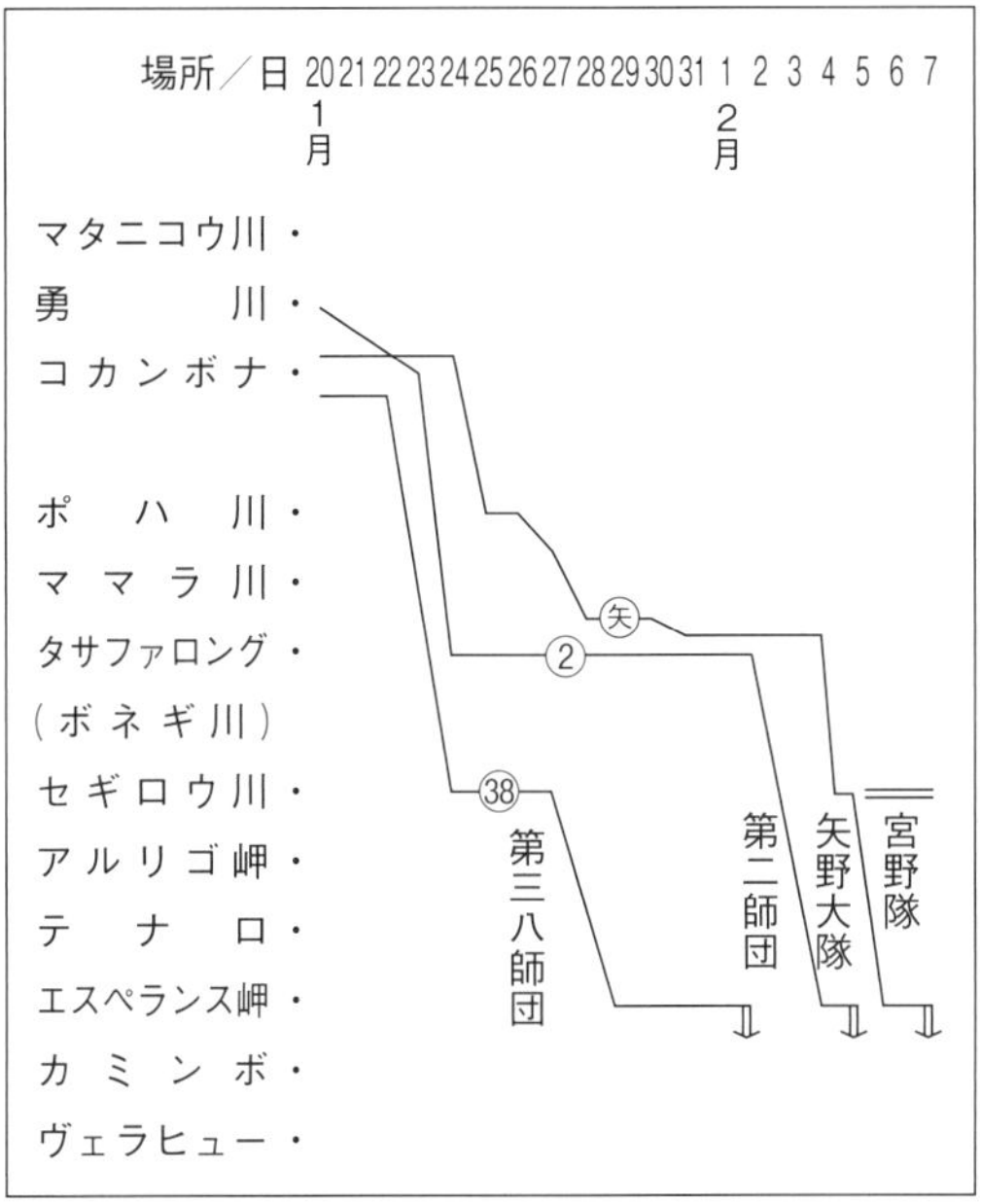

出所：近藤新治「ガダルカナル撤収殿軍の最期」（『歴史と人物』1980年８月号）

米軍の方も、新しい軍服を着て敏捷に動く日本兵の姿を見て、新来の増援部隊かと警戒したらしい。第二・第三八両師団の残兵は二十二日から後退行動に移り、それをかばうように矢野大隊が米軍の正面に立った。

この頃の米軍の戦法は、四、五〇人の歩兵が横隊となり、腰だめの自動小銃を乱射しながら前進する。日本軍が少しでも射ち返すと、いったん退って猛砲撃を加えたのち、前進を再開するパターンを繰り返していた。

矢野は米軍の戦法を巧みに逆用して時間を稼いだ。すなわち、

（1）夜間のうちに後退してタコ壺陣地を構築する。

（2）米軍を至近まで引きつけて射撃。

（3）米軍の集中砲爆撃の間は第二線に後退し、止めば復帰するか次の陣地へ後退する。

この手法で一陣地が平均三日ずつ、五線の陣地で十四日かけ、撤収部隊の掩護任務を果たした。[68]時に手榴弾戦を挑んだり、軽機関銃で米戦車の展覗窓を狙い撃ちしたりの奇策を重ねつつ整然と後退する矢野大隊の遅滞戦闘に、米軍は何かのワナがありそうだと警戒心を持つ。

日本軍を北岸沿いに平押しして西へ追い詰めていく作戦を進めていたパッチ将軍は、ハワイとヌーメア（ニューカレドニア）の司令部から日本の艦隊と航空隊がラバウル、ブインに集結し、新たな攻勢が切迫しているとの警報を受けた。飛行場正面のルンガ岬に対する日本軍の逆上陸作戦を恐れたパッチは、一月二十五日、進撃速度を落とし、前線の第二五師団を飛行場警備に回すよう手配する。[69]

一方「敵はまだ後退を察知していないことは確か」だから「撤退は可能」「見込人数は約一万人」[70]と井本参謀が日誌に記したのは一月二十六日だが、その時点で軍司令部と指揮下部隊の多くは、エスペランス岬と近くのカミンボの乗艦予定地に集結しつつあった。

一月末、軍司令部は部隊ごとの乗艦日程を伝え、最後まで残留する諸隊を統率する総後衛部隊を編成し、指揮官に松田教寛大佐を任命した。松田には最後衛者を選び、歩行不能の傷病兵をどう処置するかの難題が押し付けられた。

松田はボネギ川の西岸で米軍と対峙していた矢野少佐をセギロウの指令所に呼び出し、「あと五日抵抗してもらいたいが自信はあるか」「何とか食い止めましょう」(71)と問答を交わす。ボネギを奪われると、乗艦地が米軍砲兵の射程に入るので、最後の抵抗線だった。四日に撤退第二陣(軍司令部と第二師団)が乗艦する見極めがつくと、矢野大隊はセギロウに退り、翌日、カミンボへ向かう。

この間に松田は、野戦病院跡の露天に集まっていた歩行不能の患者(一二八人)と指揮者をどう処置するか迷った。すると「私が残ります」と、負傷した足を引き摺る宮野政治中尉が名乗り出た。「単独歩行不能者は各隊共最後まで現陣地に残留し、射撃可能者は射撃を以て敵を拒止し、敵至近距離に進撃せば自決する如く、各人昇汞錠《しょうこう》二錠宛を分配す」(72)との作戦命令が残っている。

その後の宮野隊の確実な消息は、判明していない。前日にセギロウ川を越えて西進した米軍の『歩兵一六一連隊史』に、「L中隊が敵小部隊の野営地に入って小ぜりあいが起きた。日本兵少なくとも七人(一四人説も)を殺し、味方は損害なし」とあるのが、「時間的、場所的に宮野隊との接触か」というのが『戦史叢書』の推測である。(73)

土井全二郎は、米国生まれの宮野中尉が、攻撃してきた米兵に降伏を申し出た可能性に言及しているが、確証はない(74)。また撤退に取り残された兵の多くは自決するか、半死半生で捕虜として収容されたが、気の荒い海兵に殺害されてしまった例もあったようだ(75)。

二月七日、最後の撤退艦には、「今は見る影もなく乞食の集団(76)」かと見まがう三〇〇人の矢野大隊の姿もあった。

「餓島」を去る

ガ島撤収作戦は「難事中の難事」という厳しい予想に反し、概して順調に達成された。二月八日の大本営陸軍部「機密戦争日誌(77)」は、「大部は帰還し得ざるものと判断されたる作戦が予想に反し成功」したのは「天佑神助」と評している。成功した具体的要因には言及していないが、高松宮は「陸海軍があらゆる手段をつくして取り組んだ(78)」姿勢を重視している。

陸軍兵力が大量に投入された十月頃から、海軍はガ島争奪戦の継続に自信を失い、放棄論がくすぶり始めていた。しかし宇垣GF参謀長が、「海軍側の不用心」が発端なのに、「(陸軍に)責任を負わした(79)」事情から、公言しかねていたのを察した山本長官が、「ここは山本が悪者になって(80)」と撤退を大本営へ進言したのが、きっかけになったと言われている。

大統領が大戦略を統合していた米国と違い、日本では陸海軍の対立や競合は一方が自発的に譲って収拾するしかなかった。ガ島撤退作戦で成否のカギを握るのは海軍だったが、悪者になってもと割り切った山本の指揮下で、海軍は全力を投入し、陸軍も追随した。はからずも陸海軍の統合作戦が実現したのである。その概要を次に紹介する。

（1）航空撃滅戦――一月下旬にラバウル等に展開した航空兵力は、海軍の陸上機が約二〇〇機、陸軍機が約一〇〇機だったが、一月二十九日には空母「瑞鶴」から一時転用した艦載機六四機が追加され、陸軍機も加わって連日のようにガ島爆撃と救出艦隊の上空直衛に当たった。

（2）日米艦隊の牽制行動――一月二十九日、空母二、戦艦二、重巡四隻等の第二艦隊はトラック島から南下し、ソロモン群島線からつかず離れずの海域を行動して、撤退援護とハルゼー艦隊の牽制を試みた。この牽制行動は的中する。

六群に分かれていた米艦隊（正規空母二、護送空母二、戦艦三、巡洋艦一二隻等）を指揮したハルゼーは、列島線を往復している日本の駆逐艦隊を徹底的に攻撃するつもりだったが、牽制行動に終始するのが得策と判断し、艦載機の一部をガ島飛行場へ送りこむだけで自制した。[81] こうした経過を比較すると、目的は米の増援阻止対日本の撤退強行と正反対なのに、相似した手法が駆使されたことが分かる。

（3）三次の駆逐艦輸送――第一次の概要は次の通り。第二次、第三次は同じパターンなので詳細は略す。

第一次撤収――二〇隻の駆逐艦は二月一日九時三十分にショートランド島泊地発、二十二時、エスペランス泊地とカミンボ泊地の沖合五〇〇mに停泊、大発で運んだ四九〇五人を収容、二十四時帰航へ。翌日十時に帰着し揚陸。往帰路共にガ島の米軍機延べ数十機に襲撃され、被弾した二隻が落伍した。

偶然の一致だがこの日、米はエスペランスを後背から挟撃しようと歩一三二の一個大隊をヴェラヒューに上陸させ、翌日から進撃を開始した。それを許せば第二次以降の撤退作戦が不可能になるので、気づいた総後衛部隊の一部が必死の防戦で阻止に成功し、カミンボの乗艦地点に数発の砲弾が飛来した程度で済んだ。第二次（駆逐艦二〇隻）では三九二一人、第三次（同八隻）では一七九六人を輸送、高松宮が「成算極めて尠し」と悲観したほどだったが、日本の幸運は最後まで持続する。

山本GF長官は撤退作戦を指揮した橋本信太郎《はしもとしんたろう》第三水雷戦隊司令官へ、「よくやってくれた。実は駆逐艦は半分ぐらいはやられると覚悟していたのだ」(82)と述懐した。実際の損害は半分ぐらいどころか中小破五隻に過ぎず、収容した撤退兵の死傷者は皆無だった。

S・E・モリソンは、「海戦史上で比類のない卓越した撤退作戦」と賞賛しながらも、「だからと言って、日本が勝利したわけではない。救出された傷病兵はもはや天皇の役には立たなかったからである[83]」と辛口の論評を忘れていない。

ガ島戦は「奇襲」に始まり、「奇襲もどき」で終わったとも言えそうだ。

註

1　Richard Tregaskis, *Guadalcanal Diary* (New York: Random House, 1943), pp.31-32.

2　John L. Zimmerman, *The Guadalcanal Campaign* (Washington, D.C.: US Marine Corps, 1949), pp.23-24.

3　横浜航空隊「飛行機隊戦闘行動調書」（防衛省防衛研究所〈以下、「防研」〉所蔵）。

4　第五空襲部隊（＝二五航戦）の「戦闘詳報」「戦時日誌」「戦闘概報」（いずれも防研所蔵）に関連の記事がある。

5　浜空会『海軍飛行艇の戦記と記録』（非売品、一九七六年）に収録された高野直（機上電信員）、宮川政一郎（整備兵）などの手記。

6　Robert Leckie, *Challenge for the Pacific* (New York: Doubleday, 1965), pp.56-57.

7　防衛庁防衛研修所戦史室『戦史叢書49　南東方面海軍作戦〈1〉』（朝雲新聞社、一九七一年）四二八ページ。

8　大前敏一・三川軍一監修「ツラギ強襲の第八艦隊」（『丸』一九五六年十一月号）。

9 大西新蔵『海軍生活放談―日記と共に六十五年―』（原書房、一九七九年）四九七ページ。

10 Samuel E. Morison, *History of U.S. Naval Operations in World War II*, Vol. IV (Boston: Little, Brown, 1962), p.288.

11 八月六日二一〇〇発、浜空あて二五航戦電（概報一一九号）。副長の訓辞を聞いた宮川整備兵の証言等に依拠した。

12 Morison, op.cit., p.284.

13 宇垣纏『戦藻録』（原書房、一九六八年）一六〇ページ。

14 連合艦隊電令作一九八号（八月八日〇二〇〇）。

15 「第五空襲部隊電令作」第一九六号。なお兵装転換の実況については関根精次一飛曹（四空搭乗員）「炎の翼」（『今日の話題　戦記版』第二十一集、土曜通信社、一九五五年）に依る。

16 坂井三郎『坂井三郎空戦記録』（日本出版協同社、一九五三年）二二七ページ。

17 前掲大前「ツラギ強襲の第八艦隊」。

18 同右。早川の進言内容は「鳥海」の「戦闘詳報」に早川が書きこんだ戦訓所見から。

19 同右。

20 前掲大西『海軍生活放談』五一〇ページ。

21 高松宮宣仁親王『高松宮日記』第四巻（中央公論社、一九九六年）。一九四二年八月九日の項。

22 前掲大西『海軍生活放談』五一〇ページ。

23 Frank O. Hough, *Pearl Harbor to Guadalcanal* (Washington D.C.: U.S. Marine Corps 1959), pp.259-60.

24 Morison, op.cit., p.62.
25 Hough, op.cit., pp.275-76.
26 Ibid.
27 Robert Sherrod, *History of Marine Corps Aviation in World War II* (Washington, D.C.: Combat Forces Press, 1952), p.79.
28 関口高史『誰が一木支隊を全滅させたのか―ガダルカナル戦と大本営の迷走―』（芙蓉書房出版、二〇一八年）一三〇ページ。
29 谷晃夫「イル川を血に染めて―一木支隊の戦闘―」（『歴史と人物　増刊　秘史・太平洋戦争』一九八四年十二月）。
30 「坪島文雄少将（侍従武官）日記」八月十一日、十九日、二十日の項（靖国偕行文庫所蔵）。
31 土門周平『戦う天皇』（講談社、一九八九年）六三ページ。
32 中尾裕次『昭和天皇発言記録集成』下巻（芙蓉書房出版、二〇〇三年）八月二十四日の項。
33 防衛庁防衛研修所戦史室『戦史叢書63　大本営陸軍部〈5〉―昭和十七年十二月まで―』（朝雲新聞社、一九七三年）四五ページ。
34 同右。山本から永野総長へ宛てた十一月十二日付の伝言。
35 梅本弘『ガ島航空戦（上）―ガダルカナル島上空の日米航空決戦、昭和17年8月－10月―』（大日本絵画、二〇一六年）四八ページ。
36 亀井宏『ガダルカナル戦記』第三巻（光人社、一九八〇年）一三九ページ。
37 二見秋三郎「ラバウルの半歳」（『偕行』一九九〇年一月号）。

38 前掲防衛庁防衛研修所戦史室『南東方面海軍作戦〈1〉』五二〇ページ。同『戦史叢書14　南太平洋陸軍作戦〈1〉―ポートモレスビー・ガ島初期作戦―』（朝雲新聞社、一九六八年）二八九ページ。
39 前掲亀井『ガダルカナル戦記』第三巻、二〇五－〇六ページ。
40 前掲宇垣『戦藻録』八月十八日の項。
41 前掲亀井『ガダルカナル戦記』第三巻、二〇六ページ。宮崎周一少将の日誌には、一木がこの情報を得たのは八月十七日一〇三〇赤道通過の時と記す。
42 前掲防衛庁防衛研修所戦史室『南太平洋陸軍作戦〈1〉』二八七ページ。
43 井本熊男『作戦日誌で綴る大東亜戦争』（芙蓉書房、一九七九年）一五五－五六ページ。
44 参謀本部編『杉山メモ　下』（原書房、一九八七年）六七ページ。
45 「勝利計画」をめぐる米側内情の詳細は、秦郁彦『旧日本陸海軍の生態学―組織・戦闘・事件―』（中央公論新社、中公選書、二〇一四年）の第八章「第二次大戦における日米の戦争指導」参照。
46 福留繁『史観・眞珠湾攻撃』（自由アジア社、一九五五年）一三三ページ。
47 防衛庁防衛研修所戦史室『戦史叢書77　大本営海軍部・連合艦隊〈3〉―昭和十八年二月まで―』（朝雲新聞社、一九七四年）七五ページ。
48 たとえば中原茂敏『大東亜補給戦―わが戦力と国力の実態―』（原書房、一九八一年）一八四ページ、瀬島龍三『幾山河』（産経新聞社、一九九五年）一三三ページ、富岡定俊少将の秦への談話（一九六三年七月二十五日）参照。
49 屋代宜昭「太平洋戦争中期における日本の戦略」（三宅正樹、庄司潤一郎、石津朋之、山本文史編著『検証　太平洋戦争とその戦略3　日本と連合国の戦略比較』中央公論新社、二〇一三年）一九六ページ。
50 Grace P. Hayes, *The History of the Joint Chiefs Staff in WW II* (Annapolis: Naval Institute Press, 1982), p.104.
51 Christopher Thorne, *Allies of a Kind* (Oxford: Oxford University Press, 1978), p.136.
52 谷光太郎『アーネスト・キング―太平洋戦争を指揮した米海軍戦略家―』（白桃書房、一九九三年）二四二ページ。
53 Hayes, op.cit., pp.152-53.
54 秦郁彦「太平洋戦争敗因の計量的分析」（秦郁彦『昭和史を縦走する――柳条溝事件から教科書問題まで』グラフ社、一九八四年）七六ページ。
55 S. E. Morison, *Strategy and Compromise* (Boston: Little, Brown, 1958), p.78.
56 大木毅『「太平洋の巨鷲」山本五十六』（ＫＡＤＯＫＡＷＡ、角川新書、二〇二一年）二八八ページ。
57 私信の日付は一九四三年三月初。
チェスター・Ｗ・ニミッツ、エルマー・Ｂ・ポッター『ニミッツの太平洋海戦史』実松譲、冨永謙吾訳（恒文社、一九六六年）一四六ページ。
58 Morison, *History of U.S. Naval Operations in World War II*, Vol. V , p.372.
59 Ｅ・Ｔ・レートン、Ｊ・コステロ、Ｒ・ピノー『太平洋戦争暗号作戦―アメリカ太平洋艦隊情報参謀の証言―　下』毎日新聞外信グループ訳（ＴＢＳブリタニカ、一九八七年）三〇〇ページ。
60 辻政信『ガダルカナル』（亜東書房、一九五一年）七六ページ。
61 「三川軍一の回想」（『丸』一九五八年三月号）。

62 軍事史学会編『宮崎周一中将日誌』（錦正社、二〇〇三年）二四三ページ。
63 同右、三一三ページ。
64 杉田一次『情報なき戦争指導―大本営情報参謀の回想―』（原書房、一九八七年）二八四ページ。
65 Morison, op.cit., p.138.
66 矢野桂二「ガ島後衛戦闘回想録」（一九六五年、防研所蔵）。
67 瀧利郎編著『静岡連隊のガ島戦―ナマのガダルカナル島戦記―』（ラバウルの戦友の会、一九七七年）一八四ページ。
68 近藤新治「ガダルカナル撤収殿軍の最期」（『歴史と人物』一九八〇年八月号）。
69 John Miller, *U.S. Army in World War II–Guadalcanal, the First Offensive* (Washington, D.C.: Dept of the Army, 1949), p.342.
70 前掲井本『作戦日誌で綴る大東亜戦争』三二六ページ。
71 前掲矢野「ガ島後衛戦闘回想録」。
72 「総後衛部隊戦闘詳報」（防研所蔵）。
73 防衛庁防衛研修所戦史室『戦史叢書28　南太平洋陸軍作戦〈2〉―ガダルカナル・ブナ作戦―』（朝雲新聞社、一九六九年）五四八ページ。Miller, *U.S. Army in World War II*, p.346.
74 土井全二郎『歴史から消された兵士の記録』（光人社、一九九七年）六〇－六五ページ。
75 秦郁彦『日本人捕虜―白村江からシベリア抑留まで―』下（中央公論新社、中公文庫、二〇一四年）二一八－二二二ページ。
76 前掲瀧『静岡連隊のガ島戦』二五二－五三ページ。

77　軍事史学会編『機密戦争日誌　上』（錦正社、一九九八年）。
78　高松宮宣仁親王『高松宮日記』第五巻（中央公論社、一九九六年）四四二ページ。「高松宮かく語りき」（『文藝春秋』一九七五年二月号）。
79　前掲宇垣『戦藻録』十二月七日。
80　前掲辻『ガダルカナル』二四五ページ。
81　E. P. Stafford, *The BIG E: the Story of the USS Enterprise* (New York: Dell Book, 1962), pp.234-36.
82　鮫島素直『元軍令部通信課長の回想―日本海軍通信、電波関係活躍の跡―』（「元軍令部通信課長の回想」刊行会、一九八一年）三二八ページ。
83　Morison, *Strategy and Compromise*, p.371.

第九章

知られざるインド謀略工作の内幕

▼着眼点　西向け戦略を見失った日本

チャンドラ・ボースの弁舌に乗せられた東条首相

一九四三（昭和十八）年四月二十八日朝、インド洋南西部のモザンビーク海峡沖で、第二次大戦史に刻まれる歴史的な邂逅《かいこう》があった。

前日に、日本海軍とドイツ海軍の潜水艦は打ち合わせ通りの地点で落ち合ったが、波浪が高く近寄れない。一時は任務中止かと思われたが、ゴムボートを浮かべて両艦の間にロープを張り、それをたぐってドイツ艦（Uボート）から、二人の乗客がずぶ濡れになりながらイ－29潜水艦に乗り移った。インド独立運動の闘士チャンドラ・ボースと従者のハッサンである。制海権と制空権を握るイギリスの哨戒網をくぐっての離れ技であった。

ボースは、スマトラのサバン島で、日本の大本営が差し向けた専用機に乗り換え、ベルリン出発から百日後の五月十六日、東京に着く。会見した東条英機首相、杉山元参謀総長ら軍民の指導者は、一様に、ボースのインド独立に賭ける情熱と弁舌に魅了された。

ボースは日本軍占領地の二〇〇万人、母国に住む三億人余の同胞へ向け、集会や放送で「チャロー・デリー（首都デリーへ進め）」と訴え、熱狂的な支持を集める。

こうしたカリスマ的人気を背景に、彼はインド独立連盟総裁に推され、十月には自由インド仮政府を樹立する。インド国民軍（ＩＮＡ）の総司令官も兼ね、英米へ宣戦を布告した。

ボースの登場は、低迷気味になっていたインド独立運動と謀略工作（後述）に、活を入れたかに見えた。

彼は東部ベンガル州のカルカッタ出身。三十代の若さで最大政党の国民会議派議長に就任したが、独立運動の路線をめぐり漸進派のガンジー、ネールと対立する。英政庁に追われ一九四一（昭和十六）年一月、ドイツに亡命すると、在欧インド人の軍団を組織して、アフガニスタンから北部インドへ進出する構想を温めていた。

だが対ソ戦に突入。北アフリカにロンメル軍団を送り込んでいたドイツには、直ちにボースを支援する余裕がなく、大島《おおしま》浩《ひろし》大使を通じた要請に応じ、日本への移譲に合意して、Uボートで送り出したのである。日独が挟撃する形で、英国のイ

チャンドラ・ボース

イ-29潜水艦

ンド統治を揺さぶれると期待したのかもしれない。

たしかにボース来日の頃、インドでは一年前と同じような騒乱が再発していた。深刻な飢饉の最中、国民会議派は八月に、英国のインド退散を要求して全面的な不服従運動を展開、英政庁もガンジー、ネールら四万人を逮捕し、弾圧による死傷者は一万人を超えた。

今こそ好機だと判断したボースは、東条首相へ、日本軍とＩＮＡ（インド国民軍）が共同で東部インドのベンガル州かインパール盆地へ攻め入れば、「雪だるま」効果が起きるはずだと説き付けた。前例はあった。

初期のビルマ進攻に際し、日本軍は、アウン・サン青年（スーチー女史の父）が率いる独立運動の志士グループを同行させたが、ビルマ領内に入ると反英独立を望む民衆が次々に決起した。不利と見た英軍は早々に首都ラングーンを捨て、インパール盆地へ退却している。似た現象は、マレーやインドネシア（蘭印）でも起きた。

結成して間もないＩＮＡの戦力に危惧はあった。しかし、太平洋正面で米軍の攻撃に押され、後退を重ねる戦局に苦慮していた東条首相兼陸相（参謀総長も兼任）は、ボースの弁舌に乗せられた。インド謀略工作への「過大評価」や、大東亜会議（一九四三年十一月）を迎えての政治的配慮も作用したろう。

一九四四（昭和十九）年一月、懸案となっていたインパール作戦に、東条から「ゴー」のサインが出た。よく知られているように、この作戦は惨敗に終わり、「白骨街道」と称された退却路に屍を晒した日本兵は三万、肩を並べて戦ったインド国民兵は五〇〇〇を数え、やがてビルマ戦線の全面的崩壊をもたらす。

だがこの犠牲は無駄にはならなかった。終戦後に英政庁が、降伏したＩＮＡの幹部を軍法会議にかけたのをきっかけに反英運動が燃え上がり、騒乱はインド全土に広がった。統治に自信を失った英国は一九四七（昭和二十二）年八月に独立を許容し、ＩＮＡの兵士は一転して愛国者と讃えられる。

大戦の勝者である英国は、史上例を見ない大逆転劇の敗者に転落したわけだが、では日本の果たした役割をどう評価すればよいのか、意見は分かれそうだ。

ここではインパール作戦の軍事的敗北に目を奪われ、忘れ去られた感もある日本軍の謀略戦、秘密戦分野に絞り、その活動ぶりを眺めてみたい。

大本営が着目した「Ｆ機関」の活躍

「帝国主義国によってアジア諸民族は黙々と毛を刈り取られていった。唯一の例外は極東に位置する日本だけであった」と歴史家のトインビーは観察したが、十九世紀末までにインド以東のアジア地域はイギリス、フランス、オランダ、アメリカなど白人勢力の植民地として分割され、独立の回復を求める現地住民の動きは、厳しい弾圧で封殺された。

危うく植民地化を免れた日本は、遅ればせながら欧米の帝国主義国に追随して、台湾、朝鮮、満州を支配した後、中国侵略に乗り出し、一九三七（昭和十二）年には日中戦争に突入する。

その一方で日本国内には、「アジアはひとつ」（Asia is one）を唱えた岡倉天心に代表される、大アジア主義の信奉者が少なくなかった。彼らは、白人支配からアジアの民族を解放しようと主張し、亡命した独立運動の志士たちを応援する政治家や浪人もいた。

競合していた二つの路線が合流したのは、第二次世界大戦の勃発でドイツがオランダ、フランスを征服し、英本土に迫る勢いとなった一九四〇（昭和十五）年前後である。タナボタで東南アジアの欧米植民地を奪取する好機と判断した日本は、ドイツと軍事同盟を結び、武力南進に踏み切る。

しかし本国から孤立したとはいえ、米英蘭の植民地軍と戦って勝利するのは容易ではない。そこで日本軍は、植民地軍の大多数が、非白人の現地人徴集兵で構成されている弱点に着目した。

彼らに、白人支配からの解放と独立、日本指導下の大東亜共栄圏建設という理念を吹き込めば、戦意を挫《くじ》き、民心を摑めるだろうし、日本軍兵士の「聖戦」意識も鼓舞できると期待したのである。

だが伝統的に武力戦本意で通してきた日本軍は、情報、謀略、宣伝の分野には経験が浅く、自信もなかったのに、やってみると予期以上の成果を上げることができた。嬉しい誤算と言えよう。

一九四一（昭和十六）年十二月の大東亜戦争開始から、半年足らずで完了した南方進攻作戦

図　インドとインド洋の周辺

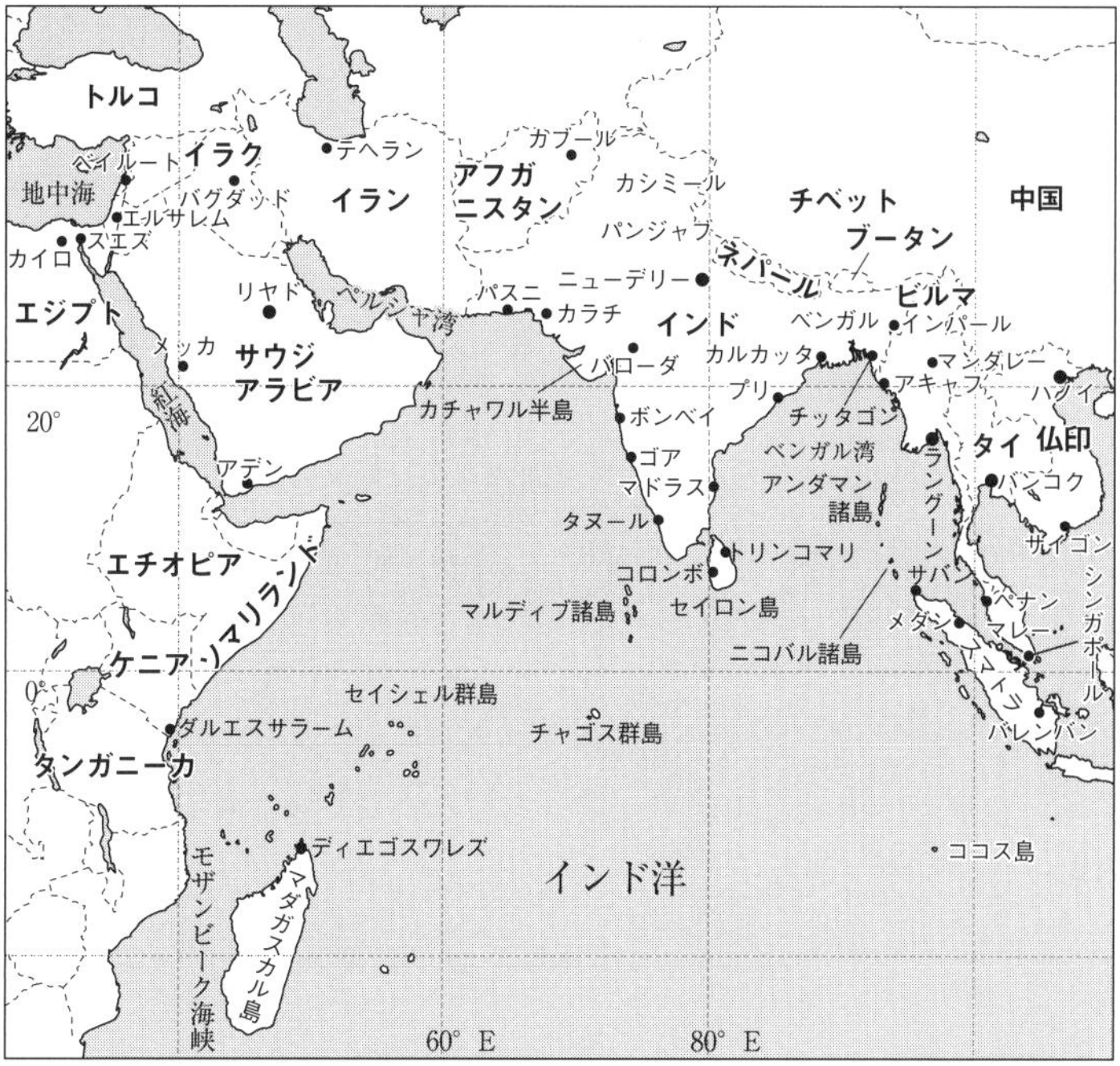

で、二五万人という大量の捕虜が生まれた事実だけでも、植民地軍の士気がいかに低落していたか見当がつこう。

　中でもマレー作戦では、日本軍の宣伝と謀略工作が功を奏し、英軍の主力を占めたインド兵は、敗走するか集団で投降した。大英帝国の威信を象徴するシンガポール要塞は、わずか七十日で陥落する。陰の立役者として注目されたのは、三十三歳の藤原岩市《ふじわらいわいち》少佐参謀が、わずか十数人の工作員を駆使した、F機関の働きぶりだった。

　成功のカギは、藤原が投降してきた英軍のインド人将校で、独立

インド国民軍の兵士たち

運動に関わりのあったモハンシン大尉を見出し、インド兵の切り崩しを任せたことにある。

藤原はさらに、六万の捕虜から二万五〇〇〇人を選抜して、独立の先兵となるインド人部隊を創設したり、強力な謀略機関を組織したいと上層部へ働きかける。

実のところ、日本の国家戦略におけるインドの位置付けは定まっていなかった。極言すれば、関心の対象外だったと言ってよい。南方作戦の進出範囲もビルマまでと線を引いていたので、インド進攻はおろか、情報収集や謀略工作にも手を付けていなかった。

F機関の活動に刺激され、インド独立運動の利用価値を認識した政府と大本営は、泥縄の気味はあったが、政略戦略の両面にわたる施策に着手する。政略面では新宿の中村屋に婿入りしていた、亡命志士ビハリ・ボース（いわゆる中村屋のボース）が主宰する、インド独立連盟への支援、藤原が手掛けていたインド国民軍の結成（一九四二年二月）、チャンドラ・ボースの招聘などである。

軍事面ではセイロン島侵攻（第一一号作戦）、東部インド侵攻（第二一号作戦）の実施が計画されたが、東向きの対米作戦に熱心な海軍が同調しない。その海軍も一九四二（昭和十七）年六月のミッドウェー海戦で敗北してから、ようやく西向きに転じ、十月を目途に連合艦隊の主力を投入してセイロン島、チャゴス、セイシェル群島を占領。インド洋の制海権を確保する作戦に着手した。

ところが予想より一年早い一九四二年八月、ソロモン群島（ガダルカナル）と東部ニューギニアで米軍の本格的反攻が始まった。戦局の急転に直面した陸海軍は、西向け攻勢の発動を無期延期してしまう。

その頃インド内部では、予想される日本軍の侵攻へどう対処するかで議論が割れていた。ネールは「英が独立を約束したら連合国に立つ」と唱え、ガンジーは「英米軍を追い出す」と主張し、英政庁も動揺甚だしく、事態は爆発点に近付いていた。もし日本軍が一九四二年春のタイミングで攻め込んでいたら、ビルマに似た「雪だるま」現象が起きていた公算は大きい。

岩畔機関の大型謀略

Ｆ機関を引き継ぎ、政戦両略にまたがる大型の謀略工作の責任者として大本営が起用したのは、岩畔豪雄《いわくろひでお》大佐である。岩畔は、知略と実行力を兼ね備えた陸軍きっての軍政家として、要職を歴任したが、謀略戦の要員を養成する陸軍中野学校の「生みの親」（一九三八年開校）でもあった。

岩畔は広い人脈をたぐって、各界から適材を掻き集めた。政界人、官吏、ジャーナリスト、商社マン、通訳、日蓮宗の坊さんなどだが、頼りにしたのは気心の知れた中野学校の出身者だったようだ。

岩畔機関（一九四三年五月に光機関と改称）はシンガポールに本部を置き、ビルマ支部を含め総勢二五〇人、後には五〇〇人を突破する大所帯に膨れ上がる。予算も年間約五〇〇万円（現在の物価で三〇〇億円）と潤沢ではあったが、難点もあった。

第一は、インド国内における既存の人的・物的ネットワークが皆無に近かったこと、第二は、「闘士を養成してインド国内に潜入させる」（岩畔回想）のが最重要任務なのに、外見、言語、宗教が違い過ぎる日本人を送り込めないこと、第三は、日本軍とＩＮＡのインド侵攻のタイミングが確定しなかったことである。

そこで機関としては、インド人工作員を潜入させて、情報収集と拠点作りを進め、好機を待つしかないと判断して、マレーのペナン島に訓練センターを開設した。長は小山亮《こやままこと》代議士だが、実務を仕切ったのは、金子昇中尉ら四人の「中野卒業生」だった。

訓練科目は、射撃、無電の受発信、敵方無線の傍受と解読、ビラの作成や印刷、爆発物の製造、秘密インクの用法から変装、尾行、敵中潜入術など、忍者まがいの技法まで多岐に及んだ。いわば「中野」のコピー版と呼んでよい。しかしインド人は人種や宗教の壁が厚く、チームとしての融和は簡単ではない。結局は宗教を基準に、次のようにグループ分けする便法を取るしかなかった。

①ラガバン班——N・ラガバンはマドラス出身、長くペナン島で弁護士を開業し、地元インド人社会の実力者。機関が開設したヒンズー・スワラジスクール校長として、約一〇〇人の若い工作員に対する基礎教育を統括した。

②オスマン班——一五人の小グループだが、全員がパンジャブ州出身のシーク教徒。首領のオスマンは、メキシコ亡命を経て、上海で独立運動を指揮したことがある。メンバーも武技に長じた闘士が揃っていた。

③ギラニー班——ギラニー中佐はイスラムの王族出身。戦前に英陸軍大学を卒業し、情報将校として活動した前歴があり、危惧する声もあったが、岩畔は能力を買って登用した。

しかし潜水艦で潜入した一二人の部下チームが、裏切って英政庁へ帰順したため、ボースは班の解散を命じる。ギラニーは逮捕され、責任を感じた山内嘱託は割腹自殺を遂げた。戦後になってギラニーと副隊長のギル中佐は、英軍の潜入スパイだったことが判明する。

④セイロン班——セイロン島出身の若者（仏教徒）を訓練するために編成され、一九四三（昭和十八）年末、潜水艦によって六名が上陸、英海軍根拠地のトリンコマリ周辺に反英拠点を作り、有益な情報を送ってきた。

⑤別班（パラシュート降下班）――境勇《さかいいさむ》大尉（中野一期生）の提唱で、宮崎の空挺部隊から教官を呼び、二カ月間の猛特訓で降下技術を習得した。そしてラングーンから第五飛行師団の輸送機に乗せ、一九四三年五月から東部インドの各所へ、延べ約四〇人を夜間降下させた。

彼らは携行した特殊無線機を使って、良質の情報を次々に届けてきた。カルカッタ飛行場に多数のグライダーが集結しているとか、一〇〇〇頭の騾馬《らば》（ドンキー）を輸送機に積み込んだという報告も届き、目的は判じかねたが、やがて英軍のウィンゲート空挺団のビルマ侵入作戦と思い当たることになる。

他にビルマから国境を越え、陸路でチッタゴンやインパール盆地に潜入するルートも試みられたが、本命は、潜水艦に便乗して、英側の監視が緩やかな僻地の海岸に上陸する、大胆極まる作戦であった。

イ－26潜、インド西岸へ

付表が示すように、日本海軍の潜水艦による工作員の送り込みは、一九四二（昭和十七）年九月から一九四四年十二月までの二年余に、判明しているだけで七回以上に達する。出撃地は、第八潜水戦隊の根拠地であるペナン港で、夜闇に紛れ、目的の海岸沖で工作員たちはゴム製ボート

付表　潜水艦による工作員のインド潜入例

時期	上陸点	潜水艦名	人数	リーダー
1942年9月27、29日	西岸（タヌール、バローダ）	イ－166	10～12	カディル
43年4月	西岸（ボンベイ）			
43年12月21日	西岸（カラチ南東のカチャワル）	イ－26	12	チョプラ
43年12月24日	セイロン島南西海岸	イ－166	6	
44年3月24日	西岸（カラチ西方パスニ）	イ－26	10	ユスフ・カン
44年3～4月（数回）	東岸（プリ）	イ－166		ロイ
44年12月			5	ギル

出所：中野校友会編『陸軍中野学校』（1978年、非売品）、
Bhargava & Gill, *Indian National Army Secret Service*(1988)

に乗り移る。そして、上陸から数日後に首都のモスクやカルカッタ駅などで落ち合った後、縁故を頼って潜伏拠点を定め、インド国民軍の来攻に備え待機するというのが、共通の任務とされていた。

ここでは代表例として、イ－26（艦長は日下敏夫中佐）の先任将校だった今井賢二大尉の手記に頼りながら、一九四三年十二月のカラチ揚陸作戦を取り上げる。

排水量四〇〇〇トンのイ－26は、開戦直前に完成した最新鋭の大型潜水艦で、ソロモン海域で米空母「サラトガ」を大破、軽巡「ジュノー」を撃沈した殊勲艦である。

内地で改修工事を済ませ、四三年十一月ペナン島へ前進、十二月八日に出撃したが、(1)コロンボ偵察と爆撃に飛ぶ味方飛行艇への給油、(2)工作員の揚陸、(3)西部イ

ンド洋の通商破壊戦、と三つの作戦任務をもらっていた。
（1）は会合点のマルディブ礁湖における給油作業を無事に終了した。ところが飛行艇（二式大艇）が離水に失敗し沈んでしまう。脱出して泳ぎ着いた一二人の搭乗員を収容した後、イ－26は（2）の任務に向かう。
一二人の工作員を送り込んだ十二月二十一日の情景を、今井は次のように回想する。


午後、予定通り接岸を開始する。目指す予定点に漁船が腰をすえているので、三浬《カイリ》ほど北方に移動する。

「作業員整列、急速浮上、揚陸用意」

「浮き上がれ！」

「後部ハッチ、開け」

便乗のインド人は、後部ハッチから暗くなった甲板に躍り上がり、三十個ばかりのゴム袋を作業員と一緒に艦内から上げている。スコップや通信機、自炊用具まで見える。乗員が二隻のゴムボートを組み立てて海面におろし、荷物を積む。海岸まで約四百メートル。

インド人は艦長や私、軍医長らの見送り人と固い握手をかわし、ボートに乗りこみ漕ぎはじめた。浮上から離れるまで最初は三十分かかったのに、わずか五分ですんだ。長居は無用とばかり、彼らの着岸成功の青ランプの円弧を背に、艦は沖へ出る。私の備忘録にはただ一行、「揚陸成功、会者定離、この夜流れ星多し」とある。

今井手記は一二人の一行を軍人八名、民間人四名と記し、リーダーのチョプラを「戦前、インドの文部大臣をやったことがあり、チャンドラ・ボースの片腕の一人」と記録しているが、これは誤伝らしい。

英側の裁判記録によると、一八九五年生まれのチョプラはパンジャブ州の出身で、二十三歳の時、故郷を離れてマレーへ移住している。バトパハで英語学校の校長を務めていたが、ボースの呼び掛けに感動して、ラガバン班に加入した。年長者のゆえでリーダーにされたと本人は陳述している。

彼は故郷の街に潜入して学校を開く計画を立てていたようだが逮捕されて死刑を宣告され、執行直前の四五年二月、終身刑へ減刑となる。それでもチョプラは幸運なほうだった。英政庁に逮捕、起訴された四二人のうち二七人は死刑判決を受け、うち一三人が執行され一四人は減刑された。潜入したまま終戦を迎えた工作員の数は、判然としない。

では、それだけの犠牲に見合う成果を上げたかとなると、疑問はある。長いインド統治で経験を重ねた英政庁と英軍の謀略と防諜の能力は極めて高かった。彼らはペナン島にもスパイを潜入させ、訓練の段階から日本の動きを摑み、新聞や放送を通じて暴露する手法に訴えた。

たとえば、一九四三（昭和十八）年十月の『ステーツマン』誌は、潜水艦から上陸した四人のインド人工作員が、住民の密告によって捕まり処刑されたと報じている。手の内を明かす不利よりも、威嚇と抑止効果を重視したのであろうか。

インパール作戦の敗退で、インド独立の夢を断ち切られたかに見えたチャンドラ・ボースは、なおも不屈の闘争精神を捨てなかった。次はソ連の力を借りて再起しようと決意し、寺内寿一《てらうちひさいち》南方総軍司令官は特別機を仕立て、サイゴンから日ソ開戦直後の満州へ向け送り出す。

ところが中継地の台北飛行場で乗機が墜落、全身火傷を負ったボースは絶命した。終戦から三日後のことである。

しかし日本の「義経伝説」のように、インド民衆の間ではボース人気は衰えず、その死を信じない人も多い反面、張作霖事件のように日本軍が邪魔者になったボースを謀略で始末したと説く論者もいるらしい。

ともあれインド工作は、「謀略」に始まり「謀略」に終わったが、「チャロー・デリー」の最終目標は実現したと言えそうだ。

第十章

三船遭難事件とL－19潜
——一九四五年夏、留萌沖の惨劇

▼着眼点　「三船遭難事件」の背景にある米ソ冷戦の影

日本政府の「お答えは差し控えたい」日々

終戦の日から一週間後に、南樺太（サハリン）から北海道へ向かう避難民を乗せた三隻の引揚船団（小笠原丸、二号新興丸、泰東丸）が、「国籍不明」の二隻の潜水艦に攻撃されて沈み、約一七〇〇人が犠牲となった事件は「三船遭（殉）難事件」と呼ばれてきた。

三十年後の真冬に事件の取材で現地を訪ねた作家の吉村昭は、その感慨を次のように記す。

……強風で息があえいだ。眼前に白波を随所に立たせた海がひろがっていた。私は増毛町大別苅西方約五浬と記録されている小笠原丸沈没位置の方向に眼を向けた……そこには、六百余の遺体が海の柩のように小笠原丸の船体とともに沈んでいる。沈没時からすでに三十年近くが経過しているが、その出来事は土地の人の記憶に残されているに過ぎない……そして記憶する人々の数も減少して、やがてその存在も消え去ってしまうだろう。

（吉村昭「鳥の浜ノート」）

ついでながら私も、かつて焼尻島《やぎしりとう》へ渡った際、留萌《るもい》から羽幌《はぼろ》にかけての日本海沿岸を歩き、吉村が見たのと同じ風景を眺めたことがある。その時は、ガイド役から三船遭難の話題を振られた記憶はない。代わりに、映画『鉄道員《ぽっぽや》』の主役だった高倉健が駅長を務めた、ローカル鉄道のありかを探しにくる人がいると聞かされた。

戦後七十七年ともなれば、遺族を含め当事者や目撃者のほとんどが世を去っているに違いない。小笠原丸の乗客の一人に、のち大横綱・大鵬《たいほう》となる五歳の納谷幸喜《なやこうき》少年がいた。船酔いに苦しんだ母親が稚内《わっかない》で息子を連れて下船したため命拾いしたのだが、その大鵬関も、二〇一三年に七十三歳で亡くなっている。

だが、事件の存在さえ消え去ってしまうだろうという吉村の予見は、やや早とちりの感がなくもない。三船が遭難した翌々日、日本の大本営は、まだマニラにいた連合国軍最高司令官マッカーサー元帥に対し、「おそらくソ連邦所属のものと推定される潜水艦」に対し「直ちに攻撃を停止方指令せらるるよう切に希望す」（飛内進『大湊警備府沿革史』）との抗議電を送ったが黙殺されてしまう。ソ連軍は満州、サハリン、千島方面に侵攻して、防戦する日本軍との戦闘を継続中で、北海道北半の占領を狙っていたのに対し、米軍は日本本土進駐と占領統治の段取りに忙殺されて、取り合う余裕はなかった。一九五二年に独立を回復した日本も、米ソ冷戦の谷間にあって平和条約と北方領土問題に制約され、三船遭難事件に関心を払った形跡はない。

事情が変わってきたのは一九九〇年代に入った頃からで、ソ連邦が崩壊し、「グラスノスチ」（情報公開）と「ペレストロイカ」（改革）が進展して、ソ連時代に封鎖されていた歴史的公文書が公開され、国際学会の活動も許容される。その一環として一九九一（平成三）年、モスクワと東京で、ノモンハン戦（一九三九〈昭和十四〉年）を対象に日・露・モンゴルの研究者が集まる学術会議が開催されるに至った。

東京大会に出席した私は、同年末にモスクワの国防省戦史研究所を訪問し、かねてから気になっていた三船遭難事件の情報公開を要望した所、翌一九九二年九月二十二日付で、V・ジモーニン戦史研究所長代理から返事が届いた。新聞各紙は大々的にその要旨を報道した。例えば十月一日付の『毎日新聞』には、一面トップの扱いで「ソ連軍の攻撃だった」「終戦七日後　サハリンからの避難船撃沈」「潜水艦魚雷で――艦隊司令部報告に明記」のような見出しが躍った。「現在、内部の資料で確認を急いでいる」という外務省筋の談話も掲載されているが、その後も日本政府が外交ルートで確認しようとした形跡はなく、「事実を認めたうえでの謝罪」を求める遺族会には知らぬ顔で通してきた。

それでも、地元の『北海道新聞』やNHKは、特派員をモスクワやウラジオストクに送って、補完情報の収集に努めた。この後追い調査では、三船を攻撃したソ連潜水艦二隻の行動が明るみに出た。特にL－19号潜水艦は、太平洋艦隊司令部の指令で次の任務に就くために宗谷海峡を横断中に行方不明となったこと、ロシア海軍は、日本海軍が敷設した機雷に触れて失われたと推定していることが判明したのは、画期的新事実といえよう。話題はさらに広がる。

ロシアの海事専門家たちも、海軍の協力を得て、二〇〇五年頃から何度も潜水して、「L－19」の沈没位置を発見しようと試みている。成功はしていないが、副産物として一九四三（昭和十八）年十月十一日に、日本海軍対潜部隊の攻撃で沈没した米潜水艦「ワフー」の残骸が突き止められ、二〇〇七年に真珠湾で露米日の作業スタッフが会しての慰霊祭が挙行された。

だが日本政府は一貫してこの事件には煮え切らぬ態度を貫いている。近くは二〇一八年三月二十九日、国会で立憲民主党の逢坂誠二《おおさかせいじ》衆議院議員（北海道選出）との間で、三船遭難事件について次のような要旨の質疑が交わされた。

泰東丸などを攻撃・撃沈したソ連のL-19潜水艦

問　「これまでロシア政府に事実の照会を行ったことはあるのか」

答　「外交上の個別のやり取りの詳細について明らかにすることは差し控えたい」

問　「本事件はソ連太平洋艦隊所属の潜水艦による攻撃であるとの理解でよいか」

答　「事実関係を直接確認する手段がないことから、お答えすることは困難」

問　「事実の照会を行い、あるいは謝罪を求め、その回答を得るべきではないか」

答　「お答えすることは差し控えたい」

無愛想を通り越しての「ゼロ回答」と評してよいが、未解決の日ソ平和条約や領土問題を控え、少しでもロシアを刺激しそうな動きは「差し控えたい」というのが日本政府の本音なのだろう。

それでもこの三十年ばかり、非政府レベルが主ではあるが、事件の全貌はほぼ完全に解明されたと言えるようである。改めて三船遭難事件の事実経過を辿り、併せて日ソ米を巻き込んだ背景事情にも触れてみたい。

静穏を破られた「天皇のバスルーム」

最末期の数週間を除き、千島・樺太・北海道周辺に及ぶ日本の北方戦域は概して平穏な日々が続いた。理由はいくつかあった。

第一は米軍が対日戦の主兵力を、中部太平洋から日本本土へ迫る進攻ルートに投入し、北方ルートの千島に対しては、散発的な砲爆撃を加える程度で済ませた。ちなみに北海道が初めて米機動部隊の艦載機による空襲を受けたのは、終戦より一カ月前の一九四五（昭和二十）年七月である。

例外は米潜水艦による通商破壊戦で、これに対処するため、日本海軍は大湊警備府所管の敷設艦を派遣して、三陸沖や北海道南岸（津軽海峡）や北岸の宗谷海峡などに機雷堰を設け、七隻以上の米潜が引っ掛かり、失われている。戦争の後半に入ると、米潜の行動は大胆になり、一九四三年夏から三度にわたり計七隻が、「天皇のバスルーム」と呼んだ日本海に潜入して暴れ回る。いずれも宗谷海峡から入って往復するか、対馬海峡から入って宗谷海峡を夜間に離脱した。

この冒険的行動が成功したのは、ソ連が流した情報のせいではないかと疑った日本海軍は、敷設艦六隻を集めて、一九四三年七月末に、宗谷海峡の東口に当たる二丈岩の南北に、二本の機雷堰を敷設した。

ここで、第二次大戦前後における、日米ソが絡む錯綜した国際的背景をざっと眺めておく。

一九四一年六月に始まった独ソ戦で、アメリカは「敵の敵は味方」の理に従ってか、ドイツと戦うソ連を連合国の一翼に組み入れ、武器貸与法（レンドリース）を適用しての大規模な軍事援助を開始した。そしてウラジオストクは、ペルシャ湾と並んで援助ルートの窓口となる。

ソ連は一九四一年四月に結んだ日ソ中立条約を盾に、日米に介在する中立国としての特典をフルに活用した。レンドリースによる米ソ間の輸血ルートは最大の恩恵であったが、それ以外の利点もあった。

ポーツマス条約で、北方海域の自由通航を約束している手前もあり、一般国際法との整合に苦慮した大本営は、敵性国の船舶に適用する「防御海面」を本土周辺に設定したが、中立国のソ連に対してはそれなりの配慮を示した。

即ち、極東ソ連と太平洋を結ぶ三海峡のうち、津軽海峡におけるソ連軍艦の通航を禁じ、特約で許容する商船に対しては臨検を強化した。その代わり宗谷海峡に、野寒布岬《ノシャップみさき》の北四カイリと宗谷灯台の北四カイリを連ねる線に、幅二カイリの航路帯を設定（図1参照）し、ソ連艦船の通航を容認した。だが一年の半分近くは氷結して航行不能となるので、ソ連艦船の多くは、大回りして対馬海峡の指定航路を通りウラジオストクと往復するようになった。

また、機雷を敷設した場合は、位置を通報し、潜航した潜水艦だけが対象となるよう、機雷の深度を海面から一三mから三〇mに設定していた。その結果、ソ連の国旗を掲げた潜水艦が、所定航路を白昼に浮上して通る姿が、見張所から望見されることもあった。「バスルーム」を出入りする米潜が、夜間に浮上して突破したのは、こうした状況を知らされていたからだろう。

もっとも、一九四五（昭和二十）年六月に対馬海峡から入ったヘルキャット隊の八隻（別に富山湾で一隻が対潜部隊の手で撃沈）は、機雷を探知する画期的新兵器のFMソナーを装備し、二七隻（五・四万トン）撃沈の戦果を上げたが、その中には誤って襲撃したソ連の商船トランスバイカル号（一・一万トン）が入っていた。

ヘルキャット隊は六月二十五日深夜、浮上して濃霧の宗谷海峡を、八隻が二列縦隊で離脱している。衝撃を受けた日本海軍は急遽、敷設艦五隻を集め、六月末に宗谷海峡の西口に二線の機雷

図1　宗谷海峡周辺の要図(終戦時)

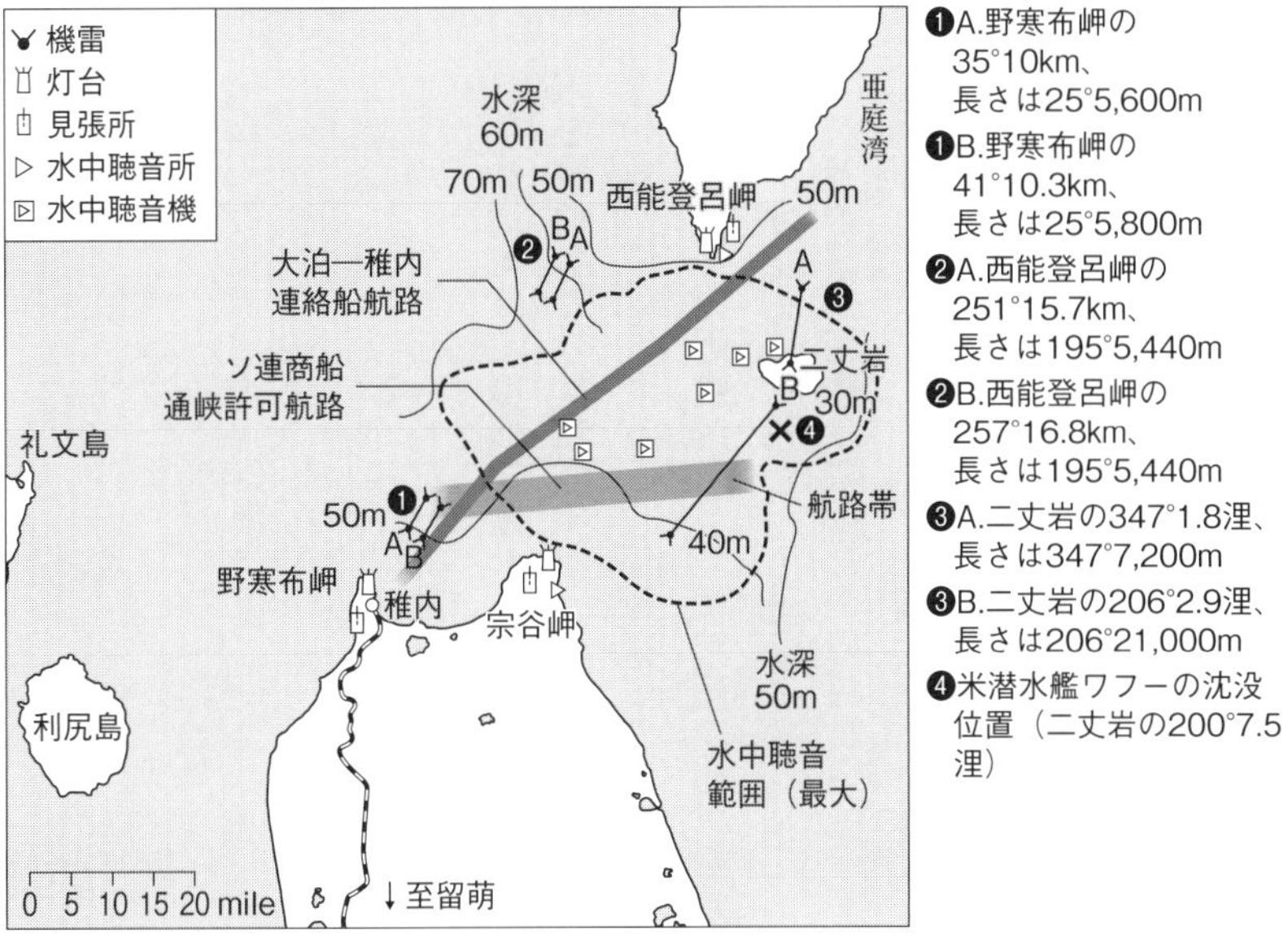

出所：広田正編『宗谷海峡戦史』（1978年）に筆者が追補

堰を急設した。

八月に入って侵入したFMソナー装備の米潜には効果はなかったものの、後述するように、旧式のソ連潜水艦「L－19」が引っかかった可能性はあり得た。

ソ米日がにらみあう北海道

中立条約の効能を認識していたのは、日本軍も同様であった。特に大本営が警戒していたのは、米空軍がウラジオストク周辺の沿海州基地に進出して、日本本土が背後から爆撃される事態だった。一九四二年四月、空母から発進して、東京など各地を空襲したドーリットル爆撃隊の一機（B－25）が、東京から北上してウラジオストクに飛び、「不時着」した後抑留され、乗員は米本国へ送還される事件が起きた。それを故意の飛行かと疑った日本政府は、外交ルートで強く抗議し、再発防止を申し入れていた。

ロシアの歴史学者B・スラヴィンスキーによれば、実際にアメリカはその前後からレンドリースの恩恵をちらつかせながら、沿海州の空軍基地を利用したいと申し入れ、一〇〇機の四発重爆を派遣したいと打診したりしている。

だが、一九四一年夏から四二年頃まで、日本は同盟国のドイツに呼応して、関東軍をシベリアへ攻め込ませる好機を窺っていたので、ソ連としては米の要請に応じる余地はなく、米空軍の導入を峻拒したのは当然であったろう。

一九四四年に入ると、日独などの枢軸陣営は坂道を転げ落ちるような敗北が連続した反面、勝利を確信した連合国は、大戦終結に向けた政戦略を模索する。一九四三年十一月には、米英ソのトップが会したテヘラン会談で、ソ連トップのスターリンは、ルーズベルトの熱望に応える形で、ドイツ打倒から数カ月後の対日参戦を約し、一九四五年二月のヤルタ会談では、千島列島の獲得等を代償に、ドイツ打倒から三カ月後の対日参戦を再確認した。

そのドイツが四五年五月に降伏した後、なおも抗戦を続ける日本に対し、連合国は七月末にポツダム宣言を発して、「無条件降伏」を呼び掛けたのだが、日本政府はそれを「黙殺」したためアメリカは十月に九州へ、翌年春に関東地方へ進攻、ソ連は満州、南サハリン、北千島へ進攻する準備を進めていた。北海道の占領も視野に入れ、六月末のソ連最高会議は、北海道占領作戦の原案を討議したが、賛否両論に分かれ、スターリンは結論を保留とした。

しかしＤ・グランツの研究によれば、スターリンの野心は対日参戦を早め、北海道の北半だけでなく南半、あわよくば東北地方の征服を考慮していたとされる。

ソ連軍の企図を予見していた日本の樋口季一郎《ひぐちきいちろう》第五方面軍司令官は、北千島でソ連軍と戦って米軍が北海道に進駐するまでの時間稼ぎをもくろんだ。実際に樋口は進駐のため津軽海峡に米艦隊が来着した九月七日まで、復員命令の発令を延期していた。

このように北海道は米ソ日の思惑が絡み、虚実取り混ぜた政治的駆け引きの焦点とされたのである。

すでに始まっていた米ソ「冷戦」

ところが一九四五年八月六日の広島、九日の長崎への原爆投下と、九日のソ連参戦の衝撃で情勢は激変し、日本は八月十四日にポツダム宣言を受諾する形で「無条件降伏」した。アメリカは翌十五日にはすべての戦闘行動を停止するが、一七四万の大兵を投入したばかりのソ連軍は、日本側の停戦要請を無視し、進撃の手を緩めなかった。そして八月末までに満州と北朝鮮の大部、南サハリン、千島列島のほぼ全域を強引に奪取してしまう。

前後して、大戦後の国際政治状況を見据え、米ソ関係は「奇妙な同盟」から「疑心と不信」へと、微妙な転移を見せ始めていた。「究極兵器」とされる原爆を開発したトルーマン政権のアメリカは、ソ連の対日参戦を必要としない心境になりつつあり、降伏した日本を事実上の単独占領下に置き、占領統治にソ連が割り込むのを許さなかった。

海外に残留する日本軍の降伏相手を決めたアメリカの原案に対し、スターリンは八月十六日に満州、北緯三十八度線を境とする北部朝鮮、樺太の他に千島列島や釧路と留萌を結ぶ北海道の北半を含めたいと要望した。

この要望に対しトルーマン大統領は翌日に、千島は同意するが、北海道は全島を連合国軍最高司令官マッカーサー元帥の管轄下に置くのでソ連の要請は拒否すると回答した。同時に千島列島に米軍の航空基地を置きたいと申し入れたが、ソ連は拒んだ。

ソ連は既に八月九日から始めた一連の軍事攻勢の一環として、二十四日早朝に二個師団の兵力を留萌へ上陸させる準備を進めていたが、アメリカに逆らって実行するのはリスクが大き過ぎると判断したのだろう。

スターリンは二十二日、トルーマンに宛てて「北海道の占領を許可してくれなかったことを不満に思っている」と答え、渋々ながら屈従した。その夜には指揮下部隊にワシレフスキー極東軍総司令官から留萌攻撃の中止命令が伝達され、沖合で待機していた「L－19」にも届いている。

その間に、カムチャッカ半島のソ連軍は、八月十八日に千島北端の占守島《しゆむしゆ》へ侵攻、激戦の後、日本軍は停戦するが、ソ連軍は米軍の反応を窺いながら列島線に沿って南下を続け、三十一日にウルップ島を無血占領する。

一方、開戦と同時に北サハリンから南サハリンへ進撃したソ連第一六軍は、二十五日までに豊《とよ》原《はら》、大泊《おおどまり》、真岡《まおか》などの要地を占領、大泊から一部の兵力を割いて、二十八日から九月五日にかけ、エトロフ、クナシリなどの南部千島を手中に収めた。

時間をかけたのは、米軍の出方に気を使ったからでもあるが、ヤルタの「密約」を意識したアメリカは、千島については譲歩せざるを得なかったと言えよう。だが北海道については、ソ連にも弱味があった。

ポツダム会談における軍事トップの会合で、対日戦における協力方式が協議された時、両軍の行動区域が合意された（八月五日に正式承認）。それは宗谷海峡から日本海の中央部を横断して朝鮮半島のポルチナ岬に至る、大陸からの距岸九〇～一二〇カイリの線を境界とし、北側と西側はソ連の行動区域とするものだった。味方撃ちを避ける意味もあったが、留萌を含む北海道西岸への侵攻は、この米ソ合意を無視することになる。

境界を忠実に守れば、対日参戦してもソ連の太平洋艦隊や航空隊には、日本海軍と戦う舞台が与えられなかったことになる。わずかに参戦直後に地上部隊が北朝鮮の清津《チヨンジン》港、羅津《ラジン》港を占領した際、空軍が日本の船団を雷爆撃で撃破した。海防艦八二号を航空魚雷で撃沈し、「ソ連機に沈められた唯一の日本軍艦」（木俣滋郎）とされたが、水上艦艇が活躍する場面はなかったようだ。

関連するが、ソ連側には別の弱味もあった。ソ連海軍の戦力が劣弱過ぎたことである。ソ連の太平洋艦隊（ユマシェフ司令長官）は、カタログ上では巡洋艦二隻、駆逐艦一〇隻、潜水艦八隻、掃海艇五二隻、飛行機も一三〇〇機の兵力を保有していたが、老朽艦が多く、訓練も不足していた。

戦歴の豊富な日本海軍と戦う能力があるかと、兼ねてから危惧していた米海軍は、一九四五（昭和二十）年春から夏にかけアラスカで、一万六〇〇〇人のソ海兵を集めて特別訓練を実施し、一〇〇隻の新鋭艦を提供したほどで、その一部は千島の戦闘に投入された。

それでもソ連海軍は頼りになりそうもないと判断した米海軍は、対日戦の最終局面を次のような単独行動で補完しようと考えた。

1　米英混成の機動部隊と艦載機による北海道、東北、北陸地区の港湾や基地などへの砲爆撃（八月九日〜十日）――日本海軍の艦船や民間船が相当な損害を受けた。

2　B－29による瀬戸内海地区への機雷敷設を朝鮮半島（元山、釜山）、日本海側の舞鶴、新潟などに拡大――触雷して沈没、大破した日本の艦船は少なくなかったが、ソ連の艦船にも被害が出たようだ。

3　米潜水艦の投入――三陸沖や北海道南岸には以前から通商破壊作戦を実施していたが、より大胆な行動に踏み切る。例えば米潜「バーブ」は六月から七月にかけて、南樺太の敷香《しすか》や海《かい》豹島《ひょうとう》を砲撃したり、海兵の一団を上陸させて列車を襲撃したりしたこともある。七月十八日には宗谷海峡で大泊－稚内を結ぶ連絡船の宗谷丸（乗客約六〇〇人）を雷撃したが、護衛していた海防艦が身代わりとなって撃沈されている。

さらに米潜水艦隊は、六月のヘルキャット隊に引き続き、七月下旬から新たに七隻を対馬海峡経由で日本海へ送り込んだ。獲物は最早、小中型船しか残っていなかったが、二隻は元山沖で八日と十一日に五〇〇〇トン級の貨物船二隻を撃沈した。また「センネット」は七月二十八日に秋田沖で三隻、三十日には奥尻島北方で一隻を撃沈する。標的は民間船だけではなかった。「トルスク」は十三日に福井沖、十四日には兵庫県の香住沖で海防艦一三号と四七号を葬っている。四七号は大戦中に潜水艦の犠牲となった最後の日本軍艦と特筆されている。

終戦の日（八月十五日）に少なくとも四隻の米潜が日本海に残留してソ連海軍の動静を監視し牽制する新任務に服し、一部は宗谷海峡付近を行動していたと推定される。しかし八月二十二日の三船遭難事件や前後するソ連海軍の活動にどう関わったのかを示す情報は見つかっていない（ロスコー、木俣）。

開始された樺太避難民の輸送

改めて三船遭難事件の実態を、まず日本側資料、次いでソ連側の最新情報からたどってみよう。

ソ連軍の樺太侵攻（昭和二十年八月九日）に直面した樺太庁（豊原）は現地の陸海軍司令官と協議し、直ちに在留民（約四〇万人）のうち一六万人を北海道へ疎開者として緊急輸送する方針を決定した。

対象者はいわゆる老幼婦女子と病者などで、義勇戦闘隊に編入された青壮年の男女は、日本軍と共に戦闘行動に従事させるため除外された。

乗船地は大泊港と西南岸の本斗《ほんと》、真岡港を予定したが、ソ連軍に追われた中北部の在留民の多くは大泊に集結し、波止場は混雑を極めた。動員された船舶は連絡船、貨物船、砕氷船など雑多な民間船ばかりでなく、海軍の海防艦、敷設艦、砲艦なども加わった。八月十三日に大泊発、九〇カイリ南方の稚内へ向かった宗谷丸（乗客六八〇人、のちに南極観測船）が疎開第一船で、二十四日までに延べ二二〇隻、輸送人員は七万六六九二人と記録されている。なお宗谷丸は二十四日までの十二日間に往復二日のペースで大泊－稚内を五往復した。

実際には各地の漁船、機帆船や釣り舟まで使って、思い思いに北海道へ向かった在留民も多く、便を得られず残留した者もあり、全国樺太連盟は疎開者数を大泊港六万七六〇〇人、本斗港一万五〇〇〇人、真岡港その他五〇〇〇人と概算している。

受け入れ側の資料（北海道庁調べ）を見ると、稚内港が五五三五人（八月十七日）、一万四五〇〇人（十八日）、三六七〇人（二十日）、一万九〇〇〇人（二十一日）、二九〇〇人（二十四日）、小樽港が四七七〇人（二十日）、一四〇〇人（二十一日）という数字が残っている。ソ連軍の進撃速度が速く、二十日には真岡、二十五日には大泊を占領する勢いだったので、疎開輸送の続行は困難となった。まずソ連海軍との衝突を怖れた護衛艦の多くが、二十日夕方までに大泊港から本州の所属軍港に向け撤退行動に移った。

ＧＨＱが八月二十四日に全面的な航行停止を指示した事情もあった。疎開船の運航は二十三日二十二時に宗谷丸など三隻が定員を大幅に超えた六〇〇〇人を乗せ大泊港を発し、翌日の午前四時に稚内へ入港したのが最後の便となる。

問題の三船が大泊港を出発したのは二十日深夜（二十三時四十五分）から翌日の十一時にかけてで、船団は組まず護衛艦も付かぬ思い思いの単船行動であった。折しもソ連の海軍航空隊が日本艦船への攻撃を開始していた。

二十日は海防艦「伊王《いおう》」が宗谷海峡で、二十一日には海防艦「占守」と砕氷艦「大泊」が利尻水道でソ連機の攻撃を受けた。いずれもかわして被害はなかったが、二十二日には空船の「能登呂丸」がソ連機の雷撃で沈没している。

北澤法隆氏が整理した艦船運航表によると、海防艦五隻が一団となり稚内を発し、舞鶴へ向かったが、二十二日に留萌沖を南下してすぐの雄冬岬《おふゆみさき》付近で三隻の遭難情報を受信している。対潜兵器を持つ海防艦なのに、なぜ現場へ急行しなかったのか疑問の残るところだ。

少し遅く稚内を発し大湊へ向かった高栄丸（特設敷設艦）、石崎（敷設艦）、新井埼（同上）の三隻は、二十二日正午頃にソ連の雷撃機に攻撃されたが、回避して、夕方に遭難した泰東丸の漂流者を発見、一一三人を救助した。この三隻が三船と同行していたら……の思いは残るが、樺太残留民の輸送は、急場を凌ぐのが精一杯で、官軍民の連係と統制が足りなかったものと評したい。

三船それぞれの運命

ともあれ遭難した三船の苦難を『樺太終戦史』などで一隻ずつ見ていくことにする。

小笠原丸（一四〇三トン、逓信省所属の海底ケーブル敷設船）

超満員の約一五〇〇人を乗せて、八月二十日の二十三時四十五分に大泊を出港、翌朝十一時に稚内へ寄港した。八七八人が下船して、十六時に出港し、小樽へ向かい南下していった。二十二日早暁の天候を「北西の風小雨、霧視界を覆う」と三船慰霊碑は記している。

小笠原丸が魚雷攻撃を受けたのは二十二日四時二十二分である。留萌防空監視哨の尾崎哨長は、望遠鏡に白波を切る潜水艦の司令塔が距岸六㎞の海面から出てくるのを見た。その直後に大きな水柱が上がり「船首を空中高く突き出し……ゴーッと水音を立てながら沈んだ」という。

攻撃したのはソ連潜水艦の「Ｌ－12」だが、小笠原丸が平時の国際規則を守って赤・白の航海灯を点灯していたのが仇となり、標的にされた。しかも「Ｌ－12」は波間に漂う生存者へ機銃掃射を浴びせている。増毛町からは漁船を出して救助に努めたが、死者は乗船者の九割を超える六四一人に達した。船内に残った遺体の半数は、一九五一（昭和二十六）年に引き上げられている。

ソ連の潜水艦Ｌ-12の攻撃で撃沈された小笠原丸

二号新興丸（東亜商船、二五〇〇トン）

開戦後に海軍に徴用され、改造された特設砲艦兼敷設艦で、一二センチ砲二門と機銃、爆雷投射筒などを装備していた。

二十一日九時頃に大泊発、稚内へ向かったが、稚内が避難民で一杯のため小樽回航を命じられた。航海灯をつけて九ノットの低速で南下中、雷跡を発見して舵を切ったが間に合わず、二番船倉に命中、横一二m、縦五mの大穴が開き、海水がどっと流れこんだ。

小笠原丸より三十分遅れで攻撃してきたのは「L－19」であった。萱場艦長は「なんとしても留萌港に辿り着け」と叱咤し、よろめきながら四～五ノットで航行している所へ、ほぼ同時に二隻の潜水艦が右舷一二〇mに浮上、甲板の乗客へ向け機銃掃射を始めた。

そこで一二センチ砲に掛けていたカバーを外して応戦する。一発が命中したかに見えた（命中せず）時、乗客の間から「万歳」の声が起きた。慌てた潜水艦は急潜航したが、海中へ投げ出された乗客がいるので、爆雷攻撃は断念するしかなかった。

二号新興丸が一八カイリを四時間近くかけて留萌港へ逃げ込んだのは、九時頃である。死傷者は運び出されたが、約三一〇〇人が上陸して助かった。死者（行方不明者含む）は約四〇〇人。

泰東丸（八八〇トン、機帆船）

二号新興丸より二時間遅く、七八〇人を乗せて大泊を発し航行中、留萌沖の距岸九㎞の海上で、突如浮上した潜水艦（「L－19」）の銃砲撃（雷撃を併用したか）を受け白旗を掲げたが、砲撃は止まず、機関部に砲弾を受けて五分もしないうちに沈んだ。

乗客の一人（若い女性）は「浮上した潜水艦からの砲弾が命中して大勢の人が吹き飛ばされ、バラバラになった手足が散乱した。浮上した潜水艦を見ると、甲板上を赤ら顔の乗員が歩いているのが見えた。船が傾き飛びこんで板につかまり泳いだが『助けて』と泣き叫ぶ声が波間にのま

表1　1945年8月22日の三船遭難状況（留萌支庁調べ）

船名	遭難日時・海域	乗船人員	死亡	行方不明	負傷	生存	備考
小笠原丸（1,403トン）	午前４時30分頃、増毛町別苅沖（位置は北緯43度50分、東経141度）で潜水艦の魚雷攻撃で沈没	702	641	—	—	61	遺体収容468体 収容不能73体
二号新興丸（2,500トン）	午前５時頃、小平村鬼鹿沖で潜水艦の魚雷攻撃で大破、留萌に入港	3,600	250	150	100	3,100	遺体収容250体 収容不能150体
泰東丸（880トン）	午前10時20分頃、潜水艦の砲撃で沈没、位置は北緯44度08分、東経141度30分	780	667	—	—	113	収容不能667体
計		5,082	1,558	150	100	3,274	

出所：『樺太終戦史』（全国樺太連盟、1973年）

れ、消えて静かになった」と回想している。

幸運にも彼女は六時間後に通り掛かった高栄丸などに拾われて助かったが、九割以上の六六七人が犠牲となった。留萌港に逃げこんだ二号新興丸の乗員は、双眼鏡で泰東丸の遭難を望見している。

ソ連側の視点から

三船を合計すると、一七〇八人の死者を出したが、八月二十二日以降も細々と樺太から北海道へ向けた避難民の輸送は続いた。小樽へ向かう航路は危険と判断されたせいか、多くは日本軍の高射砲が健在な稚内に留まり、ソ連機も攻撃を加えていない。

二十三日に大泊発、翌日稚内へ入った宗谷丸など三隻（六〇〇〇人）と四隻の機帆船（二一八〇人）が最終便とされているが、同じ日に機帆船が一六人の「重犯罪人」を護送していた。

避難ルートが安全になったのは、二十四日に日本大本営がマニラのマッカーサー元帥へ「ソ連軍の統制と秩序」を要請し、二十七日にソ極東軍から「北海道方面に一切の艦艇、飛行機の派遣を禁じる」指令が出てからと言えよう。

「航行中の敵船舶はすべて撃破」と命じたソ連太平洋艦隊

そこで今度は、三船遭難の経過を整理して、ソ連側の視点から観察してみたい。

一九四五（昭和二十）年八月二十二日に、留萌沖で三船を攻撃した潜水艦は、被害者や関係者の間では、当時からソ連潜水艦と認識されてきた。日本政府も、直後に、ソ連を含む連合国軍の最高司令官であるマッカーサー元帥へ「おそらくソ連邦所属のものと推定される」と通報していた。しかし日ソ間の外交ルートで確認する機会はなく、ソ連の公刊戦史は沈黙を守り、日本のマスメディアも名指しは遠慮し続けたため、公的には「国籍不明の潜水艦」として扱うしかなかった。

既述したように、一九九二（平成四）年九月、私が、ロシア国防省戦史研究所長代理でロシア自然科学アカデミー準会員でもあるV・ジモーニン大佐から受け取った書簡は、「L－12」と「L－19」が八月二十二日に「留萌港口で輸送船二隻を撃沈、一隻に損傷を与えた」ことを認め、さらに「Ｌ－19」からはその後の報告がなく、「宗谷海峡を強行突破するさい日本の機雷に触れ、沈没したものと推定される」（北澤法隆訳）と付言していた。

モスクワでジモーニンに会って、依頼してから十カ月を要したのは、情報公開が進み始めていた時期ではあったが、かなり慎重に対処したためと推察される。裏付けとなる典拠資料を添付しなかったのも、そのせいかと想像した。

ともあれ準公的とはいえ、三船攻撃の加害者がソ連海軍であった事実が初めて確認されたわけだが、典拠資料の発掘に成功したのはＮＨＫである。その成果は一九九二（平成四）年十月十四日の「ミッドナイトジャーナル」の番組で「樺太引き揚げ船　撃沈の真相」と題して放映された。

ＮＨＫのスタッフが、サンクトペテルブルクにあるロシア海軍省のアーカイブで入手したのは、ソ連太平洋艦隊や第一潜水戦隊から発出された命令書や「Ｌ－12」、「Ｌ－19」の行動記録などで、ＮＨＫの訳文も付して市立留萌図書館に寄贈されている。

ここでは、『北海道新聞』がウラジオストクの太平洋艦隊司令部から入手した資料も加え、時系列に従って、事件の経過を辿ることにする。

最初に引用したいのは、八月十九日十三時三十分に太平洋艦隊長官から第一潜水戦隊司令官へ宛てた次のような命令文である。

A・敵海軍の活動は低調だが、抗戦は続いている。情報によれば米海軍は留萌港への接近路及び港外停泊地に機雷を敷設したとのこと。

B・第一極東方面軍は、北海道北部占領の任務を負う。八月二十四日未明に留萌港へ上陸する予定。

C・偵察と占領部隊の輸送援護のためL型潜水艦二隻を派遣せよ。八月二十三日二十時以降は敵の軍艦を攻撃して可。

D・航行中の敵船舶はすべて撃破する。

多少の解説を加えると、同時に出動命令を受けたのはL型四隻、S型一二隻で、多くは米ソ協定の境界線に沿った日本海中部に展開したが、「L－12」と「L－19」の二隻は留萌沖に配置された。

米海軍が機雷を敷設したという情報は虚報だったが、「L－12」と「L－19」の最大任務はその有無を探索することにあったようだ。

また相原秀起氏の調査によれば、別に「L－11」と「L－18」の二隻は、留萌への進攻に先立ち各六〇人の海兵を近傍に上陸させ、ゲリラ戦で日本軍を攪乱することになっていたが、留萌上陸作戦の中止により実施には至らなかった。

なおL型（レーニン級）潜水艦は、一九二〇年代から建造され、排水量は九〇〇トン（水上）、性能は一〇センチ砲一門と三七ミリ機銃、魚雷発射管六門、速度は水上一五ノット、水中八ノット。S型はそれよりやや小型であったが、いずれも日米の潜水艦に比べて旧式と言わざるを得ない。その中で、「L－19」（アナトリー・コノニェンコ艦長）は、一九三九（昭和十四）年に就役した比較的新しい艦で一九四三年と四四年の演習で雷撃成績が一位となった。「L－12」（シチェルゲンツェフ艦長）は北太平洋を航行した経験があったのが、選抜された理由かもしれない。

注目してよいのは、対潜兵器で返り討ちにされるリスクがある軍艦への攻撃は避けるが、避難民を運んでいた非武装の船舶に対し、いわゆる「無制限潜水艦戦」を適用したことであろう。

L-19のコノニェンコ艦長

八月十九日の午後八時、ウラジオストク軍港を出撃した二隻の潜水艦は、二十一日十四時三十分に指定通り留萌沖に到達し、海中に潜んだ。その後の二隻の行動は、艦隊司令部（HQ）との交信（日本時間）を摘記することにしよう。

（1）「L－19」→HQ　「敵の警戒体制は緩く、機雷は敷設されていない」（二十二日二時十分）

（2）HQ→1潜戦　『「L－19』を大泊港への接近路に移動させ、代わりに『S－52』を派遣せよ」（二十二日四時五十四分）

（３）ＨＱ→二隻「西能登呂《にしのとろ》岬の二二五度七㎞に敵輸送船四、稚内に一五隻集結」（二十二日七時三十二分）
（４）「Ｌ－12」→ＨＱ「明け方に点灯していた輸送船一隻を撃沈した」（二十二日七時三十分）
（５）ＨＱ→「Ｌ－19」「偵察任務で大泊へ向かい亜庭《あにわ》湾へ移動せよ。宗谷海峡には敵が機雷を敷設している」（二十二日二十一時三十分）
（６）「Ｌ－19」→ＨＱ「輸送船一隻を撃沈、もう一隻は留萌港に逃げこんだ。機雷は見当たらず」（二十二日二十二時三十分）
（７）「Ｌ－19」→ＨＱ「十時二十二分に敵潜水艦から雷撃されたが回避した。十九時に宗谷海峡の強行突破を開始する」（二十三日十五時二十二分）

行方不明のままの「Ｌ－19」潜

ところが（７）の交信を最後に、「Ｌ－19」の消息はぷっつりと途絶えてしまう。最後にこの謎の解明に取り組むことにする。

「Ｌ－19」が任務を変更されたのは、二十二日に北海道上陸作戦が中止されたからと推察される。しかし再開もあり得ると判断したのか、もう一隻の「Ｌ－12」は留萌沖に留まり、ウラジオストクへ帰還したのは二十七日だった。

では「Ｌ－19」に期待された新任務は何だったのか。日ソ開戦前だと、ソ連の潜水艦は日本が設定した宗谷海峡の航路帯を白昼に浮上して通過することができたし、機雷原の位置も知らされていた。

日ソ戦に突入すると、こうした利点は一挙に失われた。まず樺太最南端の西能登呂岬と稚内の砲台の射程圏内に入るので、宗谷海峡の浮上通航は至難となる。特に一九四五年六月に増設された機雷堰の確実な情報は得られなかったとすれば、米潜のようなＦＭソナーを装備していないソ連潜の潜航通過は危険だった。

実際に八月九日から二十二日までに、宗谷海峡から亜庭湾にかけて行動したソ連潜はいなかった。しかしＦＭソナー装備の米潜が自在に海峡を通航しているのに、指をくわえて見ているわけにはいかない。大泊占領（二十五日）を予定していたソ連軍としては、日本海軍が海峡西口に新設した（5）の機雷原を「Ｌ－19」に突破させようと踏み切ったのだろう。

（7）が示すように、「Ｌ－19」のコノニェンコ艦長（三十四歳）は、リスクを承知の上で二十三日夜に機雷堰の突破に向かったものと思われる。

問題の機雷堰に関する情報は、日本海軍の資料（『海軍水雷史』等）で判明している。南側の第一機雷堰は六月二十七日、北側の第二機雷堰は六月三十日に「常磐、高栄丸、二号新興丸、新井埼、石崎（と護衛艦三隻）」によって推定約一五〇〇個が敷設された。場所は図1に示したが、要目を示すと、

第一機雷堰
第一列（A）の起点は野寒布岬灯台から三五度の一〇・三㎞沖、第二列（B）は四一度の一〇・三㎞沖、全長はAが五六〇〇m、Bは五八〇〇mで大部はソ連向けの可航水路と重なる。

第二機雷堰
第一列（A）の起点は西能登呂岬から二五一度の一五・七㎞沖、第二列は二五七度の一六・八㎞沖、全長はAもBも五四四〇m。

西能登呂岬と野寒布岬の距離四二㎞のうち、機雷がある水域の全長は二カ所で計約一一㎞となり、中間の計約二五㎞は安全水域と見なせるが、「L－19」は知る由もなかった。「L－19」の艦長はどのコースを取るべきか思案したに違いない。東口の機雷堰（一九四三年七月に設置、翌年五月に補修延伸）は、既知なので安全として、次のような選択が考えられた。

I　日本海軍が常用していた九三式係留機雷は、六〇mの間隔で海面から一三mの深度に敷設していた事情を考慮して、かつてはソ連潜が利用可能だった宗谷海峡の可航水路を夜間に浮上して通航する。平時体制に戻った野寒布岬の灯台が点灯していたとすれば、目印として役立ったであろう。

Ⅱ　ソ連軍の占領が間近な樺太の南岸寄りを浮上して通航。既に西能登呂岬の日本軍守備隊や砲台、水中聴音機などは八月二十三日までに撤退していた。稚内寄りのⅠよりは安全感が高く、亜庭湾への最短コースでもあった。

Ⅲ　二つの機雷堰の中間に当たる海峡中央を横断する。

多少のヒントを与えてくれるのは（7）の、「L－19」が二十三日十五時二十二分発の報告で、艦の位置を北緯四五度一三分、東経一四〇度と伝えていることである。地図上で確かめると、礼文島の西方約八〇カイリとなる。

北澤法隆氏が入手したロシアの歴史家B・タラマーノフの推定航跡図によると、「L－19」は留萌沖から一一ノットで北西へ三三〇度進み、前記の位置から北北東（三〇度）に変針した後、西能登呂岬南方で沿岸沿いに宗谷海峡を横断したと推定している。二〇〇五年から数回、ロシアの海事チームが海軍に支援されて、「L－19」の残骸を捜索したプロジェクトでも、西能登呂岬（クリオン岬）西方二〇カイリを沈没地点と想定したが、突き止められなかった。

もっとも、「L－19」の喪失原因が日本海軍の機雷という公算は極めて大きいが、決定的証拠があるわけでもない。そのため、次のように原因を他に求める諸説が登場する。

（1）アメリカの機雷――ロシアの文献の中には「アメリカまたは日本の機雷」と記しているも

のもある。また太平洋艦隊司令部は「L－12」と「L－19」への命令（八月十九日付）で留萌港に米軍が機雷を敷設したと疑い、真偽を確かめるよう指示していた。実際にはマリアナ基地から飛来するB－29は、日本各地に機雷を投下したが、北海道に投下した記録はない。

（2）味方撃ち――「L－19」の最終報告には、八月二十三日十五時二十二分に「敵潜水艦から雷撃されたが回避した」とある。可能性があるのは日米ソの三国に限られるが、この方面に配属された日本の潜水艦はいなかった。米潜の可能性は捨て切れないが、確度は低いのに対し、ロシア太平洋艦隊の士官が『北海道新聞』の記者へ「味方撃ち」（潜水艦または雷撃機の）の感触を語ったことがあり、その可能性はかなり高いと思われる。

（3）霧中で日本艦船と衝突――日本側には該当する情報が見つかっていない。

（4）二号新興丸の反撃による損傷――新興丸の乗客が思わず「万歳」と叫んだほどの至近弾で軽微な損傷を受けた「L－19」が、二十三日夜から翌朝にかけての悪天候もあって、損傷が拡大し沈没を招いた可能性はなくもないだろう。

あえて私見を記すと、「L－19」は（2）の西能登呂岬寄りのコースを取り、岬の西南西一六㎞の機雷堰（二五九ページの図1の②）に触雷したのではないかと推察している。艦隊司令部から新たな機雷堰について警告されていたが、その位置は海峡の中央部と推測していたのではあるまいか。悪天候も影響してか、潜航突破を選んだのかもしれない。終戦前なら見張所と水中聴音機室が爆発時の水柱や音響を捉えたろうが、夜間、しかも悪天候とあっては、その機会はなかったと思われる。

六四人の乗員を抱いて、「Ｌ－19」は今も水深五〇～六〇ｍの海底に眠っているはずである。

主要参考文献

『樺太終戦史』（全国樺太連盟、一九七三年）
ボリス・スラヴィンスキー著、加藤幸廣訳『日ソ戦争への道』（共同通信社、一九九九年）
飛内進『大湊警備府沿革史』（非売品、二〇〇〇年）
広田正編『宗谷海峡戦史』（一九七八年）
吉村昭『冬の海』（筑摩書房、一九八〇年）
海軍水雷史刊行会『海軍水雷史』（非売品、一九七九年）
藤村建雄「ソ連軍の北海道上陸作戦と三船殉難事件」
北澤法隆「泰東丸事件」（『世界戦争犯罪事典』、文藝春秋、二〇〇二年）
捧良二三『留萌沖の悲劇』（近代文芸社、一九九六年）
相原秀起「疎開船三隻の悲劇」（『歴史街道』二〇一五年十二月号）

David M Glantz, *Soviet Strategic Offensive in Manchuria, 1945* (Cass, 2003)
Theodore Roscoe, *US Submarine Operations in World War II* (Annapolis, 1948)
木俣滋郎『日本海防艦戦史』(図書出版社、一九九四年)
ドミトリエフ「ソ連潜水艦の建造」(ロシア語、一九九〇年)
ウラジミル・ボーイコ「潜水艦の悲劇」(ロシア語、二〇二〇年)

第十一章

日本共産党太平記
——山村工作隊と火炎びんの季節

▼着眼点　日本共産党はスターリンの申し子だった

きだみのるは見た

今は八王子市に併合されているが、以前は南多摩郡恩方村《おんがたむら》と呼ばれていた山間の地の廃寺（曹洞宗医王寺）に、一人の「漂流怪人」が住みついていた。

きだみのる（本名は山田吉彦）と名乗る初老のその男は、戦前にパリのソルボンヌ大学に留学し、ファーブルの『昆虫記』を訳出した翻訳家でもあったが、僻村の風景や人情を戯画的な筆致で綴ったエッセー集『気違ひ部落周游紀行』（一九四八年）で注目された。

彼が日本共産党の組織する「山村工作隊《さんそんこうさくたい》」と最初に出合ったのは、一九五一（昭和二十六）年の一月だったという。訪ねてきたのは吉川勇一ら三人の東京大学教養学部学生で、隣村の山入部《やまいりぶ》落に泊まって恩方村の生活調査に来ているとの触れ込みだった。炬燵《こたつ》に招じて地酒を飲みながら、「調査の結果は？」と聞く主人と学生たちは、次のような問答を交わす。

「恩方村の山林は殆ど前村長の前田林太郎が〝収奪〟しています。彼は公敵第一号だと思います」

「そう言えるかもしれないね」

「それから時価五億の山林地主とされる角山栄三も、村の公敵第一号です。どうですか」

「富の源は村に仰ぎながら、村への生活的寄与は一切拒絶しているという意味ではね。資産評価に情実的不正があるらしい」
「それはひどいですね」

論点が山村地主の〝収奪〟に向いているのには理由があった。敗戦後の日本を「統治」した米占領軍（ＧＨＱ）は、軍国主義の根絶と民主主義的改革という占領政策の一環として、農地改革を強行した。その結果、地主対小作人という戦前期日本の対立構造は崩れたが、山林改革には手を付けなかったので、山林地主は生き残った。

農地改革の成功で肩すかしを食った形の日本共産党（日共）は、農村に代わる革命の拠点を山村に移そうと、浸透工作を始めた。それは一九五〇（昭和二十五）年六月からの朝鮮戦争で、ソ連が支援する中国・北朝鮮軍と戦っているアメリカ軍の補給基地となっていた日本本土の攪乱を望む、ソ連・中国の意向に沿うものでもあった。

同年六月に徳田球一《とくだきゆういち》書記長、野坂参三《のさかさんぞう》など日共の幹部は、ＧＨＱの指令で公職追放されたのを機に地下へ潜行し、秋にはその多くが中国へ密航して北京機関を設立した。そして本土に残留した志田重男《しだしげお》（党軍事委員長）を通じ、第四回全国協議会（四全協、一九五一年二月）と五全協（同年十月）で「武装の準備と行動を開始せねばならぬ」と宣言した。地区委員会から市区町村委員会と各軍事委員会を下降して、末端の職域細胞に属す下部党員たちは、山村工作隊、中核自

図１　奥多摩要図

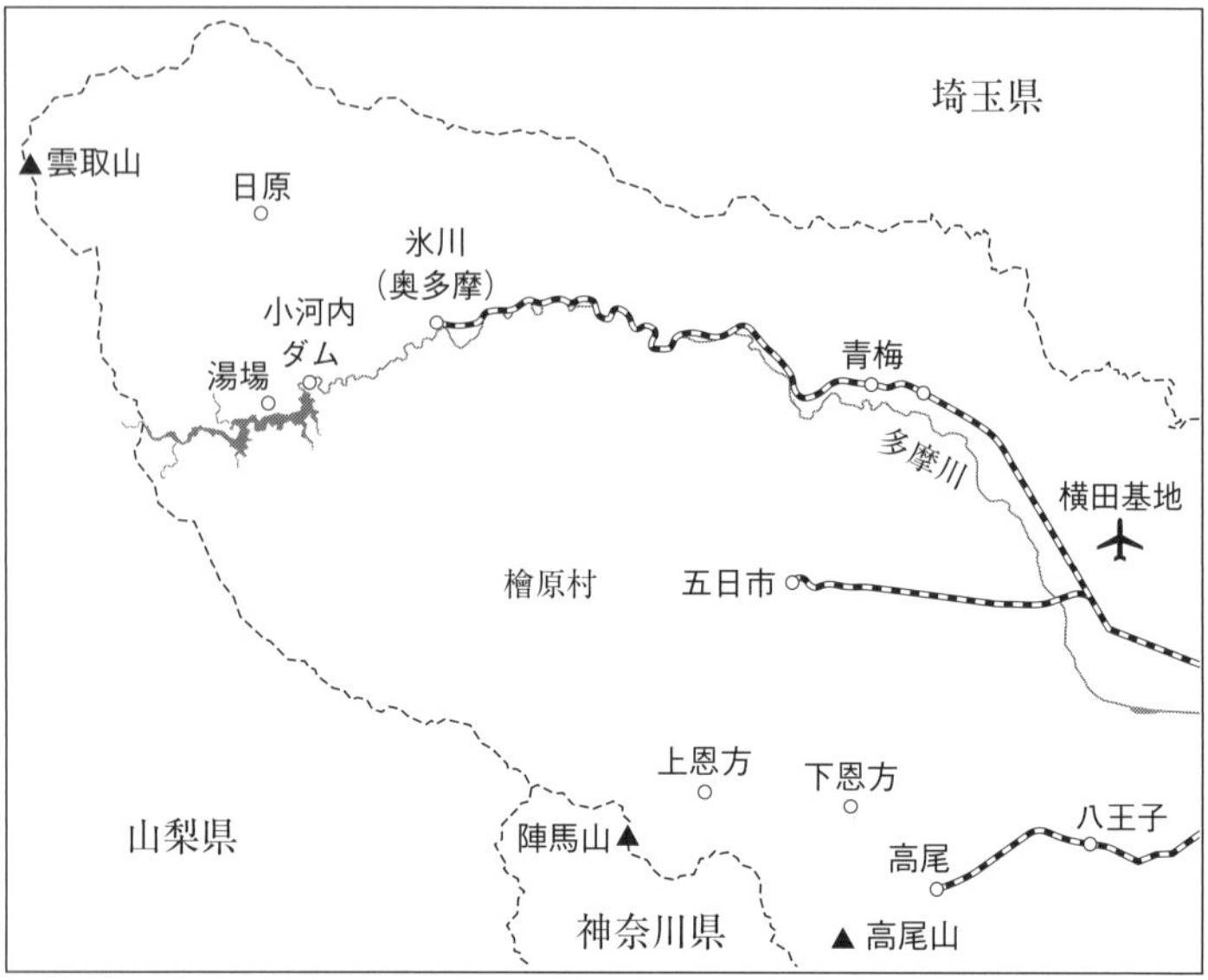

衛隊、独立遊撃隊などの要員として動員され、各地で火炎びんなどの武器を使用しての騒擾事件が続発する。

しかしGHQが出てくるまでもなく、日本の警察網は日共や全学連の闘争を抑えこんだ。シンパかと疑われていた、きだみのるの周辺でも一騒動が起きた。

一九五二年六月末、恩方村の前田元村長宅へ暴れこんだ山村工作隊員と自称独立遊撃隊（宇佐美静治《うさみせいじ》）ら七人の山入のアジト（神社の拝殿）を、八王子地区署の警官隊が襲って逮捕した。「大学生風で『氏名不詳』の女子工作員が含まれていた」と新聞やラジオが報じている。

同じ日に青梅署の警官隊が、恩方村より二〇kmばかり奥まった小河内村《おごうちむら》で、ダム工事の飯場に屯《たむろ》していた山村工作隊員九人を検挙した（第三次小河内事件）。恩方村での手入れとの連係プレーと言えよう。新聞はいずれも社会面の片隅でしか報じなかったが、この二例を境に、山村工作隊の活動は下火に向かう。

だが火炎びんが乱れ飛ぶ「血のメーデー」事件など、派手な騒動が一過性で終わったのに対して、山村工作隊は地味ではあるが、日共が軍事闘争を放棄する六全協（一九五五年七月）までは細々と命脈を保った。そして一九六〇年の安保騒動に至る左翼運動家たちにとって、手頃な訓練の場となった面もある。そのなかで代表格として、最も活発に行動し、知名度も高かった小河内山村工作隊の動きを追ってみることにしたい。

小河内村の山村工作隊を訪れた渡邉恒雄記者

各地で起きた左翼事件を概見した警察庁警備局の部内報告書（一九六八年）は、「小河内山村工作隊事件」について、次のように書き出している。

日本共産党が、中国共産党の戦術にならって〝農村解放地区〟設定を指令し、実行したのがいわゆる〝山村工作隊〟である。

都内における山村工作隊は、多摩山系を中心に、小河内、小宮、檜原《ひのはら》、川口、霞、恩方、調布等にその拠点を設け、集団暴力行為、押し込み強盗、盗伐等を敢行するとともに紙芝居、サークル活動などによって農民の組織化を計画したのである。これらのうち小河内山村工作隊は、その活動が最も活発であった。

小河内村は、青梅線の終点である氷川《ひかわ》（現在の奥多摩）駅から多摩川上流の河谷に沿って山梨県境に至る僻地だったが、一九三〇年代に大東京の水がめとなるダム建設が始まり、一〇〇〇戸近い住家が湖底に沈んだ。

戦争で中断していた建設工事が再開されたが、日共中央は石川達三が小説『日蔭の村』（一九三七年）で描いたような村民たちの条件闘争歴や、横田・立川など米軍の電力供給源となることに着目し、山村工作隊の投入先に選んだと思われる。

一九五一年末から翌五二年二月にかけ、津金佑近《つがねすけちか》（のち代議士）と由井誓《ゆいちかい》が率いる早稲田大学細胞の五〇人が、三回に分けて、小河内村の空き家になっていた木こり小屋や飯場に入りこんだ。農耕の手伝いや井戸掘りをやったりする間に、工事人夫を集めて「共産党は君たちのためにボロを着て毎日戦っているんだ。米ソが戦争すればソ連が勝つに決まっている。吉田（茂首相）は晒し首だ」と演説したり、「木村（大山林地主の氷川村長）から山を取りあげろ」とか「盗伐は生きるために当り前だ」と書いたアジビラを配ったりしている。

事態を注視していた国家地方警察（国警）は、五二年三月二十九日、不法占拠していた山小屋や飯場の津金ら二三名を一網打尽に検挙した。『朝日新聞』は、三分の二が早稲田大学の学生で、「山小屋には常時三〇人位が住み、女党員も三名ないし六名おり、夜はアコーディオンを奏でダンスをしていた」と、地下工作員にしては牧歌的な生活ぶりを伝えている。

だがマスコミの報道で名を馳せたのは、それから数日後にアジトを訪れた、「読売新聞」の渡《わた》邉恒雄《なべつねお》記者による探訪記事だった。警察の手入れで空っぽになった山小屋には、本部の指令で代わりの六人が急派されていた。リーダーは在日二世で十九歳の高史明《コサミヨン》（のち作家）だが、闘争歴を買われ、ニコヨン（日給二四〇円の日雇労働者）、保線区工、印刷工など年長の荒くれ党員たちを引き連れた。

五日前の手入れを知って取材を思い付いた渡邉（当時、「読売ウィークリー」記者）は、奥多摩湖北岸の湯場《ゆば》集落でバスを降りた。交番の巡査は不在だったが、夫人からアジトの所在を聞き、止めるのを振り切って山奥への険路を辿った。山小屋に近づくと、茂みから見張り役の男が出てきて、「何しにきた。どこの者だ」と咎めた。読売新聞の記者だと答えると、「なんだ資本家の犬か」と敵意をむき出しにした。

見張りから連絡を受けた山小屋の中では、高を囲んで工作員たちの激しい議論が始まる。そのやりとりを、渡邉と高の回想記を突き合わせて再現してみよう。

G（ニコヨン）　殺《や》っちまうか……どこかに埋めてしまうんだ。それから移動したらいい。
（「そうだ」と賛成の声）

高　まあ、入ってもらおうじゃないか。
渡邉　君たちの話を聞きに来たのであって、警察の手先じゃない。
M　何をぬかす。こっちは仲間をみんな逮捕されているんだ。信じられるか……。
G　文句はもういい。早いところ、殺っちまおうぜ！
高　いや、殺しは許さん……。とにかく話を聞こう。
高（渡邉へ）　俺たちの願いを知ってもらいたいだけだ。

殺気は緩み、焚火を囲んで高が語る信条を、渡邉記者はメモしていく。問答は続く。

問　山村工作隊はまだあるか。
答　西多摩だけでもあちこちの山の拠点に工作隊がいる。向こうの山へでも行った日にはもう命はない。
問　いつまでここに立籠るか。
答　ここにいれば千人まではやっつけられる。バズーカ砲も戦車もここでは役に立たぬ。
問　君は暴力革命が成功すると思っているのか。
答　もちろん成功するさ。お前など本当は絞首刑だが、お前など殺してもしょうがない。さっさと帰りたまえ。

山村工作隊のアジトに乗込む

本社渡辺記者　小河内村湯場部落へ

天険誇る"千早城"

若者十七名と一問一答

山、山に新たな拠点

「革命達成」といきまく

渡邉恒雄記者が取材・執筆した『読売新聞』記事（1952年４月３日付）

二時間の取材を終え、夕闇迫る山路を下った渡邉は、その日のうちに記事を書き上げた。そして四月三日の『読売新聞』朝刊は社会面のトップに「山村工作隊のアジトに乗込む」「天険誇る〝千早城《ちはやじょう》〟」――「革命達成といきまく」と大々的に報じた。

渡邉はこの「スクープ報道」がきっかけで政治部記者として名声を高め社長、会長に昇り詰め、読売グループのドンとして長く君臨し続けている。

一方の高史明にとっても、渡邉との出会いは人生の転機となった。地下工作員の身なのに、新聞の取材に応じ、スクープ記事の材料を提供した責任を問われる。そして査問にかけられ、自己批判書を提出したあげく日共を去り、作家に転身してしまうことになる。

高が渡邉を見逃したのには、それなりの理由がなくもなかった。高が数日間の山村生活で接した村人たちは「明らかに山村工作隊を恐れていただけではない、反感を抱いている」ことを知り、衝撃を受けた。そして党の方針は前提が誤っているのではないかと疑問を持ち始めたところだった。渡邉が名刺を差し出した時、誰かが、「お前が裏切り者の渡邉恒雄か」と叫んだ。確かに渡邉は数年前に日共東大細胞のキャップだったというが、党本部の方針に逆らい除名された前歴があった。それが話題にされた時、渡邉は機智を働かせ、シンパかと思わせる言動を見せたらしい。

ルポ記事は山村工作隊の言い分を紹介する宣伝の機会でもあった。しかし一九五二年五月一日の「血のメーデー」事件を頂点とする過激路線に熱中していた日共の指揮中枢には、そんな余裕はなかったようだ。

　過激路線の主力となったのは、山村工作隊員から選抜された中核自衛隊員、独立遊撃隊員、別に朝鮮人の祖国防衛隊員などであった。ついでに後方支援の役割に回った「人民艦隊」や「トラック部隊」についても触れたいが、その前にこの時期における日本共産党の果たした役割と軌跡を再検分しておきたい。

スターリン直々の叱責

日本共産党は二〇二二（令和四）年、結党百周年を迎えた。自民党を筆頭とする諸政党のなかでは最古参を誇る。だが一九四五年までの二十数年は、官憲から監視され弾圧される非合法の組織として苦難の日々を送った。彼らを解放したのは四五年の日本の敗戦である。

　再建された日共は「獄中十八年」の徳田球一をトップの書記長に、少し遅れてソ連・アメリカ・延安《えんあん》（中国共産党の本拠）などを転々とする亡命生活から帰国し、「愛される共産党」をアピールした野坂参三がナンバーツー格の座を占めた。

　米軍の占領下という制約の中、日共は徳田の硬、野坂の軟というスタイルを巧みに使い分けながら党勢を拡大していたが、米ソ冷戦の激化という局面で、米占領軍が反共政策へ転じるに及んで新たな対応を迫られる。そもそも日共はコミンテルン（実体はソ連共産党）の「日本支部」として誕生した由来もあり、その指導と支援を受けてきた。

やはりソ連の指導下で、一九四九年に、中華人民共和国（中共）は中国大陸を制覇する。そしてソ連と弟分の中共は、米ソ（東西）冷戦の厳しいリアリティに鈍感な日共の楽天的姿勢にいらだっていた。

戦後の日本共産党幹部。左から徳田球一、野坂参三、志賀義雄

たとえば、一九四九（昭和二十四）年一月の総選挙で、三十五議席という空前の議席数を獲得して自信を強めた徳田書記長は、保守の吉田茂政権を倒して九月には人民政権を樹立すると揚言した。いわゆる「九月革命」の風説が各界に流れて、一部に徳田内閣の閣僚名簿なる怪文書も出回ったぐらいだ。しかも米占領軍は議会政治に則した「平和革命」なら、容認するだろうという甘い幻想にひたる日共に対し、本来の役割に立ち戻るよう促したのが、一九五〇年一月のコミンフォルム批判だった。

それは野坂の「平和革命論」を名指しで「マルクス・レーニン主義とは縁もゆかりもない反社会主義的主張」で「アメリカ帝国主義に奉仕するものだ」と決めつけた。暗に、日本を反共の砦に仕立てようとする米占領軍に対する、「暴力革命」への転換を促すものであった。

当初は、外電が伝えた批判記事の名義が、匿名の「評論員」だったこともあり、「党を攪乱するデマ情報だ」と日共は反応したが、やがてホンモノとわかるや、占領下という特殊事情への配慮が欠けていたと言い訳する「所感」を発表する。それに対し、党内の宮本顕治、袴田里見《はかまださとみ》、志賀義雄ら七人の中央委員は、批判に従うべきだと主張した。

論議の末に、二週間後には徳田が「所感」を撤回して、全員一致で、コミンフォルム批判の全面的受け入れを決議する。その過程で起きた徳田、野坂、伊藤律《いとうりつ》らの党主流（所感派）と、非主流の分派とレッテルを貼られた宮本ら「国際派」との亀裂は尾を引く。

現在では当時のコミンフォルム文書が公開され、スターリンが自ら執筆したという内情が明らかになっている。後に日共のトップとなる不破哲三《ふわてつぞう》は、一九九三（平成五）年に刊行した著書で、くだんのコミンフォルム文書を手掛かりに、ＧＨＱが日共を非合法化するだろうと見通したスターリンが、「中国流の人民解放軍による武力闘争の方式を日本に押しつけようとしたもの」と解説した。

不破はさらに踏み込む。野坂を標的にしたのは「モスクワが特別の任務をあたえて日本へ送りこんだ工作者」の野坂を通じ、徳田らに覚悟を迫る算段だったというのだ。日共党員として「功成り名遂げた」野坂は、引退した後も名誉議長の地位にあったが、一九九二（平成四）年にソ連の「スパイ」として除名された。時に満百歳の高齢だったのが話題となったのを記憶する人は多かろう。

「米ソもし戦わば」の虚実

それにしても日共が自主性を捨て、あっけなくスターリンの御威光にひれ伏したのには、それなりの隠れた理由があった。

冷戦が第三次世界大戦にエスカレートした場合、米ソのどちらが勝つか、国際政治の実感を持ち合わせぬ高校生だった筆者も、好奇的な話題として友人と論じ合った経験がある。一九五〇年六月に対日講和の下交渉に来日したダレス米国務省顧問（次いで国務長官）は、再軍備に熱意を示さない吉田首相以下の要人と会談した後に、「のどかな緑の国に遊ぶアリスの国に来たようだ」と感想を洩らしている。

ダレスが意外の感に打たれたのは、日本国内で米ソのどちらにも付かぬ中立を唱えたり、ソ連を入れた全面講和論を主張する識者が少なくなかったことである。政財界やメディアの上層部の中には、米ソのどちらが勝っても保身できそうな場所を見つけ、さらに共産陣営と渡りをつけておこうとする動きも見えた。

日共にはソ連の勝利を信じる他に生きる道が無いとはいえ、軍事戦略上の裏付けが欲しいところではあった。その心情をくすぐったのは、元大本営参謀で『潜行三千里』（毎日新聞社、一九五〇年）のベストセラーで有名になった辻政信元陸軍大佐の軍事評論であった。

講演やパンフレットでの所論をまとめた『自衛中立』（亜東書房、一九五二年）と題した著書をひっさげて、辻は一九五二年十月の総選挙に出馬して当選する。米ソの戦力を比較分析して「米ソ戦は必至」だが「ソ連が勝利」と明言した上で、「死闘する両横綱の決勝戦を静かに見守るべきだ」として、米占領軍の撤退を求め中立の立場を貫くべしと説いた。

ＣＩＡはこの説法に注目し、困惑ぶりを隠さなかったが、サンフランシスコ講和会議により半年後の五二年四月に日本占領が終了する状況から、辻の逮捕や追放は思い止まった。皮肉にも辻のパンフレットは読んだ日共党員たちを喜ばせたと、党長老の中西伊之助《なかにしいのすけ》は『文藝春秋』の五二年八月号に書いている。中共軍やソ連軍が九州や北海道に侵攻するのを迎え入れ、米軍を日本本土から追い出そうと夢想した党員がいても、不思議ではなかった。

ここで米ソ両大国が準備していた軍事戦略の実像を検分しておこう。先ずアメリカだが、核独占の強味を意識したのか、第二次大戦の終結後に大幅な軍備削減を実行したのが裏目に出た。

ソ連が東中欧諸国の共産化を進めると、米は北大西洋条約機構（ＮＡＴＯ）の軍事同盟で対抗する。だが一九五三（昭和二十八）年と予想したソ連の原爆開発が一九四九年に早まったので核優位が崩れ、劣勢の通常兵力では百数十個師団のソ連軍が侵攻したらＮＡＴＯ軍は欧州大陸の全域から追い出され、英本土と北アフリカを根拠に反攻するしかないと予想された。

一九七〇年代後半から秘解除された米統合参謀本部（ＪＣＳ）の記録文書を見ると、「ハーフムーン」「オフタックル」（一九四九年十二月）、「ガンパウダー」（一九四九年四月）などの符丁名が付いた米ソ全面戦争のシナリオが並んでいる。

米軍の主正面は欧州大陸なので、日本を含む極東は守勢に立つしかなく、「オフタックル」では「日本－沖縄－台湾－フィリピン」の線を阻止線とし、朝鮮半島は放棄することになっていた。「極秘」と銘打った「ガンパウダー」のシナリオでは、想定されるソ連軍の行動を、開戦から二十日以内に朝鮮半島を征服、同時に北海道へ奇襲侵攻してくるが、米本土からの増援軍が到着して奪回に移るまで三カ月かかると予想した。そして「ソ連の後押しによる日共の蜂起を抑えるのはかなり困難」としている。

代理戦争としての朝鮮戦争

次に対応するソ連の軍事戦略を見ていこう。一九四九年に原爆開発に成功したソ連は東中欧圏を掌握し、アジアでは中共、北朝鮮と同盟関係を深めた。国内のみならず世界の共産ブロックに対する独裁的指導力を手にしたスターリンは、アメリカとの国力差、潜在戦力差を冷静に検討し、正面からの対決は避けた。代わりに採用したのは、自身の血は流さない代理戦争の手法である。

選ばれたのは、朝鮮戦争の主役となる北朝鮮と中国だった。日本の旧植民地だった朝鮮半島は、一九四五年に北緯三十八度線を境に、北半はソ連、南半はアメリカが占領した。一九四八年に元ソ連軍大尉の金日成《キムイルソン》を国家主席に戴く朝鮮民主主義人民共和国と、アメリカに亡命した独立運動家の李承晩《イスンマン》を大統領とする大韓民国（韓国）が独立したが、ソ米両軍は軍事顧問団を残し撤退した。

こうした状況の中、金日成はスターリンへ、韓国に武力南侵して朝鮮半島を統一したいと訴えた。スターリンは当初は時期尚早だとして斥けたが、くり返し熱望する金日成に動かされ、一九四九年末に内諾を与えると、中ソ同盟条約を結んだばかりの中共が参加するのを条件に最終的なゴーサインを出し、戦車や航空機の供与を約束する。

心配の種はアメリカの反応だったが、ベルジャーエフとトルクノフの研究によれば、「ソ中の後ろ盾があるから、米は介入しないだろう」と、金日成は楽観していた。スターリンも一応は同調したが、万が一にも介入してきたら中国軍に相手をさせ、米中が血を流し合うのも悪くないと思案していたようだ。

スターリンは、米ＪＣＳが想定していた北海道の侵攻どころか、千島やサハリンの防衛強化を重視した。そして、日共を軸とする日本の左翼勢力を結集して反米闘争を強め、米軍の後背を攪乱する役割を期待した。それだけではない。日共への弾圧が強まる事態を予想し、党の幹部を地下に潜行させ、指揮中枢を北京に移す準備も進めた。

事態はほぼスターリンが予見した通りに進む。一九五〇年六月二十五日、ソ連軍の顧問が作成した作戦計画に沿い、北緯三十八度線を突破した七個師団の北朝鮮軍は、ソ連製のT－34から成る戦車旅団を先頭に、怒濤のような南侵攻撃を開始した。奇襲された韓国軍は総崩れとなり、三日目に首都のソウルは陥落する。

アメリカは直ちに参戦し、日本駐留部隊を急派して、釜山へ向かう北朝鮮軍の南下を食い止めた。米軍の諜報機関が事前に南侵を察知していたかどうかについては諸説あるが、「知っていたが重視しなかったということが真実に近い」（和田春樹）が実状だったろう。

徳田球一の日本脱出劇

朝鮮戦争のニュースが流れた翌日（六月二十六日付）の日共機関紙『しんぶん赤旗』は、「韓国軍が北に対し先攻攻撃を加えた」とか「李承晩、日本亡命準備か」と報じた。GHQはそれに先立つ六月六日に、日本共産党中央委員の全員（二四人）を公職追放処分に付したが、徳田書記長ら多くは既に地下への潜行を始めていた。

七月十五日に逮捕状が出た徳田は、官憲の目を逃れながら転々としつつ、北京渡航の好機を窺った。そして見事に追跡の目をくらまし、脱出に成功する。奇想天外なエピソードに富む脱出行の詳細は久しく隠されていたが、一九八〇年代に入る頃から次第に明らかにされてくる。

谷川昇

ここでは徳田の女婿で秘書役でもあった西沢隆二《にしざわたかじ》（筆名：ぬやま・ひろし）、留守居役で臨時中央指導部（臨中）の議長だった椎野悦朗《しいのえつろう》、「朝日新聞」の公安記者だった鈴木卓郎《すずきたくろう》の記述や、伊藤律に対する渡部富哉《わたべとみや》のヒアリングを突き合わせて、あらすじを追ってみる。

徳田脱出の総合プロデューサー的役割を演じたのは、谷川昇《たにかわのぼる》（一八九六～一九五五）である。今や忘れ去られた人だが、ハーバード大学出身で東京都防衛局長を経て、終戦直後に異例の内務省警保局長に就任したのは、ＧＨＱとのコネとされる。退任した後、谷川は自由党から衆議院議員に出馬したが、公職追放令に引っかかり、浪人の境涯にあった。

谷川が旧知の台湾華僑実業家（楊春松）の逗子にある邸宅を訪れ、ある人物を匿ってくれと依頼したのは一九五〇年二月頃である。四月十五日に文京区の隠れ家から移ってきた男の特異な風貌から徳田と気付いた楊が、意外な取り合わせに聞きただすと、谷川は「オレは〝徳球〟が好きなんだ」とだけ答えたという。

徳田と国会でやり合った吉田茂首相も、個人的にはファンだと語っていたくらいで、この時代の日本では、あちこちにシンパがいても不思議はない。次に出てくる吉田善吾《よしだぜんご》海軍大将も、その一人だったのかもしれない。

徳田は、逗子の楊家には、女性のハウスキーパーと共に四カ月ばかり滞在したが、関西への移動を前にした八月の暑い日に、東京都目黒区柿の木坂二四〇番地の閑静な住宅地にあった吉田善吾邸へ、密かに椎野と伊藤律の二幹部を呼んで、最後の政治局会議を開く。

吉田は、山本五十六と海軍兵学校の同期で、連合艦隊司令長官、海軍大臣を歴任した。日共のトップと元海軍大臣の組み合わせは、意外と評するしかないが、これも谷川の人脈だったのだろうか。

椎野の証言によれば、その夜、徳田は某国代表部（台湾か？）の外交官用高級車に、八の字ヒゲにパナマ帽姿の出で立ちに変装して裏口から入り、家人（夫人や元海軍大尉の次男など）に接することなく、離れの会合に出席した。そして残留組の任務は、トップに指名した非合法組の志田重男と伊藤律、合法組の椎野（臨中議長）の三者協議で実施すること、宮本らの国際派は、当面は分派として排除するが、いずれは統一を目指す方針を伝えた。

四月に連絡役として北京へ密航した宮島義勇《みやじまよしお》（映画監督）が、八月十五日に帰国し、受け入れを歓迎するという毛沢東のメッセージをもたらした。前後して、船員出身で党の海上オルグとして動いていた大阪の小川信《おがわまこと》から、徳田を運ぶ船便の手配が付いたと知らせてきた。

そこで逗子から大阪へ移動することになったが、ＧＨＱと警察にマスコミが張り巡らす監視網と検問を、どうすり抜けるかは難事と思われた。しかし、戦前期の豊富な地下活動の教訓が役立つ。こうして準備万端を整え、八月二十七日の夕方に徳田は、楊が運転し谷川が同乗する外交官用のシボレーに乗り、逗子の隠れ家を出発する。

東海道の要所に設けられた日米合同の検問所では、楊がMP（米憲兵）に台湾代表部の身分証明書を提示して切り抜け、名古屋や三重県に用意された隠れ家を経て、神戸市生田区の台湾人実業家（陳承家）邸へ潜伏する。この間に日共幹部の警護を担当する「Tグループ」の面々が、沿道を警戒しガソリンの補給などを手配した。

大阪港から漁船で、沖合に停泊する英船籍の貨物船（船長は英国人、船員は中国人）に乗り移り、青島《チンタオ》へ向かった。正確な日付は詰め切れなかったが、十月初旬だったことは確かである。同行したのは日本育ちで通訳の李某で、見送ったのは楊春松と数人の警護役であった。

武力革命をめざす「五一年綱領」はスターリンの別荘で

朝鮮戦争の最中でもあり、米海軍が遊弋《ゆうよく》する東シナ海を突っ切れるか懸念されたが、徳田球一の日本からの脱出成功に次いで、北京機関員要員の野坂参三、西沢隆二、袴田里見ら日本共産党の幹部は、一九五〇年末までに密出国を果たし、中国政府が用意した北京西郊の本部におちつく。

そして旧満州などに残留していた日本人や、「人民艦隊」の小型漁船で密航してきた党員たちを、教育し訓練する党学校やマルクス・レーニン軍事学院、短波の宣伝放送を担当する「自由日本放送局」などの諸施設が次々に開設される。

しかし北京機関（正式には日共在外代表部）にとって最大の課題は、日共の基本方針について、ソ中両共産党の合意を取り付けることであった。一九五一年四月、北京機関の徳田、野坂、西沢はモスクワに呼ばれ、四カ月滞在する。その間に四回の会談が、郊外のクンツェボにあったスターリンの別荘で開催された。

モロトフ、マレンコフ、ベリヤ、それに中共の王稼祥《おうかしょう》が出席し、日共が提出した綱領案が審議された。スターリンが自ら赤ペンで修正するシーンもあったようだ。

こうして綱領案がほぼ完成した段階で、国際派の袴田が最終の会議だけに呼ばれた。ロシア側の文書を利用した下斗米伸夫《しもとまいのぶお》の著書によれば、袴田が初見の綱領案なので研究したいと述べ、徳田と言い争いになったのを、スターリンが制止して、小事にかかわらず党の統一を回復し団結すべきだと決めつけた。袴田は「偉大な指導者」であるスターリンの権威にしぶしぶ屈し、国際派から離脱すると自己批判させられたと回想している。

そして徳田や野坂は、「分派の袴田は日共には必要ないからシベリアに流すなり、どうぞご随意に」と言い残し北京へ帰ったが、スターリンはその後の三年にわたり、「療養生活」の名目で袴田を保護し、徳田の病死（一九五三年十月）後に北京へ戻して、北京機関を主宰させた。

こうしてソ中の押しつけた日共の「五一年綱領」は、留守居役で地下潜行組の指揮官である志田重男に通報され、十月十日の日付で五全協によって採択された。それは「日本の解放と民主的変革を、平和の手段によって達成しうると考えるのは間違いだ」とする認識に立ち、「武装の準備と行動を開始しなければならない」とする軍事方針であった。準備だけでなく、具体的な行動を指令したのが注目点だろう。

この間に、朝鮮戦争の戦況は目まぐるしく変転する。一九五〇年九月に仁川へ上陸した米（国連）軍が、北鮮軍を撃破して鴨緑江へ迫り、金日成は司令部を満州に移すほど追いつめられたが、中共軍の大規模参戦で戦勢は再逆転した。窮したマッカーサー国連軍司令官が、原爆の使用を上申し、あわや第三次大戦かという緊張が走ったのは年末で、思い止まったトルーマン米大統領はマッカーサーを解任するが、年が明けると米軍の反撃により北緯三十八度線で戦線は押しつ押されつの膠着状況に陥る。

日本本土の米地上軍が、朝鮮半島へ出動した空白を埋めるため、警察予備隊が編成され、保安隊を経て、昭和二十九（一九五四）年に陸海空の自衛隊へ拡張される。吉田政権は独立回復（昭和二十七年四月）と特需は歓迎するが、再軍備には消極姿勢を貫き、朝鮮戦争への出動を回避した。

一九五一年夏の前後から、金日成は休戦に傾き、毛沢東も同調したが、義勇軍に仮装した飛行士を派遣しただけのスターリンは戦争の早期終結を望まず、その死（一九五三年三月）によって、ようやく休戦協定が実現した。

日共の武装闘争路線は、このようなスターリンの思惑から生まれ、米軍の後方を攪乱し、あわよくば日本からの撤退に追い込むことを目標としていたと言えよう。そこで日共による軍事闘争の具体的展開ぶりを概観する。まず、軍事闘争に関わった、日共の組織と命令系統を、図2を手引きに説明したい。

地下潜行前は、書記長を頂点に、幹部級の中央委員（二四名）、中央委員候補（一〇名）、統制委員（九名）、多くは中央委員が兼任する政治局（八名）、書記局（五名）の他に、実務を担当する組織活動部、人事部、農民部などがあり、身分と任務を組み合わせたピラミッド構造を形成していた。

地方組織としては北海道、中部、九州などの地方ブロック、その下部の東京都、大阪府以下の府県、さらに地区委員会の系列へと降り、職域細胞を経て、各党員に至る階梯を構成していた。

地下潜行後は、公然組織（表）と非公然組織（裏）の二重構造となり、テク、レポと呼ばれた連絡員が両者をつないだ。図2の軍事委員会は、「五一年綱領」によって新設された地下部門で、下部の党員から選抜した精鋭で編成する中核自衛隊を軸に、「人民軍に発展させ、武力革命に突入」するのが最終目標とされた。

各軍事委員会の代表を集め、地下指導部がまとめた、『中核自衛隊の組織と戦術』と題する教

図2　戦後の日本共産党の軍事組織系統図

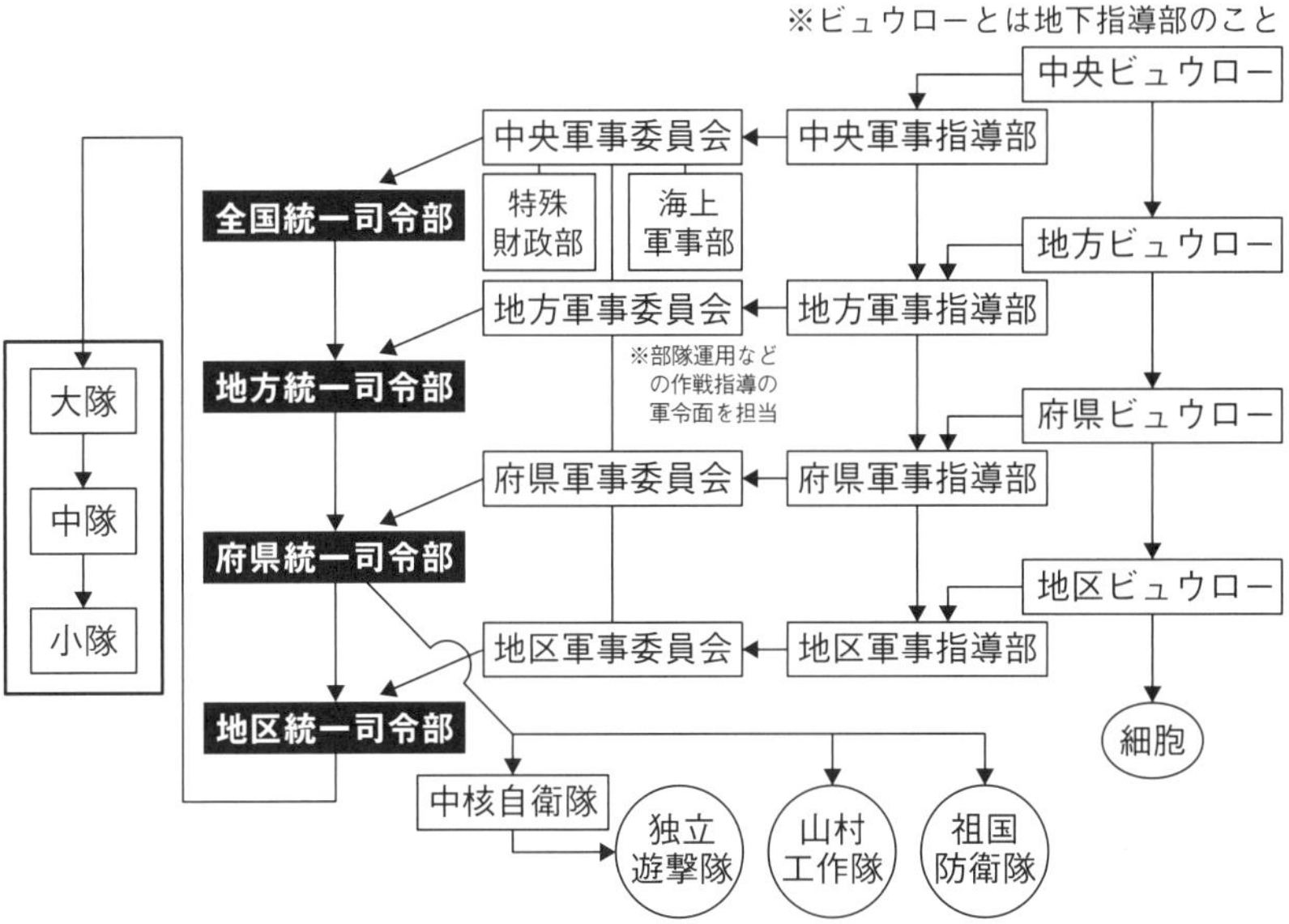

出所：警察庁警備局編『回想　戦後主要左翼事件』

本がある。それを見ると、「勇敢でかつ軍事行動に耐える強い体を持つ人」が望まれ、「死を賭して戦う」強固な精神力が求められている。隊長と政治委員を含む三〇人内外の専従者が、地区軍事委員会の指令で行動するとされた。

難事は武器の入手と運用であった。「球根栽培法」とか「栄養分析表」のようなコードネームを持つ教本も配付され、ライフル銃、火炎びん、時限爆弾、催涙ガスの製法を教示したが、後年のオウム真理教のような高い技術がなかったせいか、ほとんど計画倒れに終わり、役に立ったのはビール瓶に火薬や硫酸を詰めた火炎びんぐらいだった。

米軍車両を狙った、タイヤパンク器という奇抜な「兵器」も考案されたが、試行してみると厚いタイヤをパンクさせるどころか、踏

表1　日本共産党の「軍事闘争」事件の一覧

項目	四全協（1951年2月23日）～五全協（同年10月16日）前	五全協～朝鮮戦争休戦協定日（1953年7月27日）	朝鮮戦争休戦協定～1953年末	総件数
1. 警察署等襲撃（火炎びん、暴行、脅迫、拳銃強奪）		95	1	96
2. 警察官殺害（1951年12月の伊藤巡査、52年1月の白鳥警部）		2		2
3. 検察官・税務署・裁判所等官公庁襲撃（火炎びん、暴行）		48		48
4. 米軍基地、米軍キャンプ、米軍人・車輌襲撃		11		11
5. デモ（メーデー、吹田・枚方・大須事件を含む）		20		20
6. 暴行、傷害		8	5	13
7. 学生事件（ポポロ事件、東大事件、早大事件を含む）		15		15
8. 在日朝鮮人事件、祖国防衛隊・民戦と民団との紛争	2	19	2	23
9. 山村・農村事件（曙村〈山梨県〉、金田村〈栃木県〉等）	1	9		10
10. その他（上記に該当しないもの、内容不明なもの）	1	22	3	27
総件数	4	250	11	265

出所：兵本達吉『日本共産党の戦後秘史』、宮地健一作成の表を筆者が補正

み潰されるだけという喜劇に終った。そこで、「作るより調達した方が早い」と気づいて、銃砲店や駐在所を火炎びんで襲撃して、猟銃やピストルを奪取する安易な算段に流れた。表1を見ても、この種の事件が首位を占めている。

軍事拠点に近い山中で、元復員兵を教官役にしての実弾演習も試みたが、形だけに終った場合が多く、米軍はおろか、警察の武器や防備に対抗できるレベルには、ほど遠かった。特に情報収集や秘密保持が不十分で、前記のような教本類はすぐに洩出し、全文が市販の雑誌に掲載された例も珍しくなかった。

「火炎びんの季節」は二年足らずで終った

日共の本格的な軍事行動の第一号は、一九五二（昭和二十七）年一月に札幌警察の白鳥一雄警部が、自転車で走行中に背後からピストルで撃たれ、死亡した事件だろう。主犯の村上国治《むらかみくにじ》（日共札幌軍事委員長）ら七人は逮捕されたが、実行犯の佐藤博は転々と逃亡した末、一九五五年に人民艦隊の漁船で中国へ逃避、そのまま亡命先で死去したと伝わる。

表1は四全協（一九五一年二月）からの第一期、五全協（同年十月）からの第二期、朝鮮戦争休戦協定（一九五三年七月から同年末まで）の第三期に区分した、軍事闘争で引き起こされた諸事件の一覧である。件数では第二期が九割以上を占めるが、大型の事件は五二年一月からの八カ月に

集中している。

最大規模は「血のメーデー」事件（五二年五月）だが、五一年末に関東地方の軍事委員長会合が、潜入していたスパイの密告で一網打尽にされた柴又（葛飾区）事件で、出端を挫かれてしまう。準備不足は否めず、ためらう空気もあったが、志田重男中央軍事委員長は、五月一日の前夜に襲撃命令を発している。

メーデーは、総評などの労働組合が主催する労働者の祭典として、戦後日本に定着していた。この年、全国では一三八万人が参加しているが、東京では皇居前広場（日共は「人民広場」と呼んだ）の使用が禁止されたため、数万のデモ隊は神宮外苑に集合し、都心へと行進した。

日共はデモ隊を扇動するため、中核自衛隊員や選抜した最精鋭の独立遊撃隊員を潜り込ませ、デモ隊を「人民広場」へ誘導する任務を与えた。事態はほぼ筋書き通りに進行し、「人民広場」へなだれこんだデモ隊は、催涙ガスとピストルの水平射撃で迎え撃つ警官隊に阻止され、乱戦は四時間に及んだ。

結果は死亡三人、逮捕者は首謀者が不明のまま連累者を含め一二三二人（起訴二六一人）、警官の負傷者八三二人、米軍車両一三台が炎上する騒乱となった。しかし武器の優劣を見て形勢不利と判断した独遊隊は、途中で早々と撤退命令を出していたが、目的は達成されたと評価したので大小の類似事件が続発した。

なかでも大阪の吹田・枚方事件（五二年六月下旬）と名古屋の大須事件（同年七月七日）はメー

デー事件と並んで、三大騒乱事件と位置付けられている。前者は米軍の軍需輸送基地とされた吹田操車場の破壊を狙い、ピストルを装備した警官隊に、デモ隊は火炎びんや竹槍で対決した。輸送車で出動した警官の一人は、その体験を、「激しい投石、ついで火炎瓶が次々に命中して破裂、五、六人がばたばたと路上にころげ落ちたのを竹槍や棍棒で袋叩きに」と記録している。

警察は「日共が朝鮮組織（在日朝鮮人で編成された祖国防衛隊）と連絡のうえ計画準備した軍事的武装行動」と総括し、「武装において、意識において……武力闘争の新時期を画した」とお誉めの言葉（?）を呈しているが、所詮は最後の打ち上げ花火に過ぎなかったとも言えよう。だが不発に終ったとはいえ、メーデー事件の余勢を駆って東京三多摩の精鋭分子四〇〇人を集め、九月革命に持ち込もうとした紙上計画の方が、最後の花火と呼ぶにふさわしいのかもしれない。

リーダー格の宇佐美静治（三多摩地区軍事委員長）の手記によると、奥多摩の雲取山《くもとりやま》に立て籠もって警官隊を引きつけている間に、多摩川を下った遊撃隊が、「首相官邸を襲撃し、全閣僚を捕え……人民政府を樹立したうえで、支援軍の派遣をソ連と中国に要請する」という壮大な構想だった。

しかし、五二年六月に、主犯の宇佐美は恩方村の隠れ家が別件で官憲に踏み込まれ、逮捕されてしまい、既に戦意を失っていた党上層部が、最終的に認可する可能性は乏しかったろう。

五二年七月になると、日共の闘争を包む空気が変わってきた。一つには破壊活動防止法（破防法）が成立するなど、公安当局の対抗策が画期的に強化されたこと、もう一つは朝鮮戦争に休戦の動きが出てきたのを考慮した北京機関から、火炎びん闘争は過激すぎるとのメッセージが届いたことである。この流れは、翌年七月に休戦協定が正式に成立したため加速し、五四年秋には、野坂、袴田らがモスクワに呼ばれ、軍事闘争路線を転換する新綱領の起草に当たった。それは翌年七月の六全協で、党の最高方針として採択され、北京機関や党の非公然部門（志田指導部）は解消することになった。

実際には転換の動きは、一九五二年夏をピークに下火へ向かい、表1（三〇八ページ）が示すように、五三年夏以降には事件化した活動は影をひそめ、「嫌がらせ」のレベルに止まった。

日共が軍事闘争を捨てた日

ところで、軍事闘争期に動員された中核自衛隊、独立遊撃隊などの正確な規模を知るのは困難だが、増山太助《ますやまたすけ》（読売新聞記者から東京都ビュウロー長）は、全国計約二〇〇〇人、山村明義《やまむらあきよし》（ジャーナリスト）は中核自衛隊員が八〇〇〇人、独遊隊員が三四隊、一五四人とする算定が参考になる。

人材の調達源も詳細は不明だが、レッドパージ（約一万二〇〇〇人）で職場を追われた官公庁、企業の失業者、日雇労働者、学生が主力で、党が支給する給与は低額のため、貧弱な生活条件を忍ばざるを得ず、学生は就職して闘争の場から脱落する例が多かった。

ついでに、山村工作隊のその後と、日共の軍事部門を支援する立場にあった諸部の活動ぶりを、個条的に観察しておきたい。

山村工作隊　全活動の看板でもあり、原点でもあったが、一時は中核自衛隊や独立遊撃隊に乗っ取られ、非合法の軍事拠点へと変質し、過激化について行けない本来の工作隊員は、文化工作隊と名乗ったり、無医村の医療活動に活路を見出していく。だが脱落する者も少なくなかった。

山村工作隊のメンバーだったことが判明している著名人は、岡村昭彦（のち写真家）、武村正義（大蔵大臣）、伊藤隆（歴史家、東京大学教授）、小松左京（SF作家）、長谷川慶太郎（評論家）、山崎正和（劇作家、大阪大学教授）などとされるが、途中から離脱するか、転向した後ろめたさもあってか、率直に体験記を書いた人は見当たらない。

それでも火炎びん闘争が終った後も、摘発を免れた下部党員の中には、六全協の頃まで細々と山村で粘る者もいた。党から放置された小河内の隊員は「とぼとぼと畑や山仕事の手伝いなどをして食にありつく」（由井誓）有様だったようである。

人民艦隊　誰が命名したのか定かではないが、初めて世間に知られたのは「日共の〝人民艦隊〟手入れ　元船長ら一〇人捕る」の大見出しで報じた、一九五八（昭和三十三）年三月二十二日付『読売新聞』の記事あたりからだろう。

出入国管理令違反のかどで逮捕された伊藤勝志船長ら一〇人（のち一五人に）の氏名と写真も添えられていた。記事によると、第一勝漁丸（三五トン）の乗員は全員が日共の海上軍事部（一九五二年十月新設）に属す中堅党員で、五五年から翌年にかけ、白鳥事件の下手人を長崎から中国へ輸送したことなどが判明した。

また北京から帰路に就いた野坂らは、伊東港に着くと「作業服を脱ぎ、背広に着替えて上陸、出迎えの高級車に乗り東京方面に向かった」が、直後の「一九五五（昭和三十）年七月二十五日に開かれた六全協に出席した」と見ているとの当局談を伝えている。こんな生ぬるい結末になったのは、六全協で日共が合法的な平和革命路線へ転じたことを巧みに演出したせいでもある。

野坂は党第一書記の座に就き、翌年には参議院議員に選出されている。公安当局にも、過激路線を取る新左翼との合流を避けたい思惑があってのことだろう。

また出入国管理令違反も形式犯に近く、密航を取り締まる海上保安庁も、一九五二年早々から、韓国が「李承晩ライン」を引いて日本漁船の捕獲を強行した対応に追われ、五十年史には密航の取り締まりに触れた記述は見られない。

日共の党内で人民艦隊の責任者は岡田文吉《おかだぶんきち》、実務を仕切っていたのは戦前から、海員組合の指導者だった永山正昭《ながやままさあき》だったが、岡田は逮捕起訴されながらも裁判では無罪となった。第一勝漁丸の船員たちも同様である。

ところで十数隻とされる人民艦隊で、日中間を輸送した正確な人数は不明だ。三十人余、六五人という数字もあるが、一隻で四〇人を運んだという警察情報を考慮すると、五年間では数百人に達したとも考えられる。第一勝漁丸は五五年からの一年間に四回往復して十数人を送り、一〇人を日本に上陸させたことが判明している。

大幹部は徳田のように貨物船で渡った例もあるが、大多数は人民艦隊の漁船で運ばれた。その一人である藤井冠次は、同行五人で焼玉エンジンのトロール船に乗り、長崎から上海へ渡った体験を次のように回想している。

無線はなく頼るはコンパスと海図だけ……三日目に東支那海で暴風雨に会ったときは、板子一枚下は地獄の酩酊船（ランボオ）さながらで、生きた心地はしなかった。

トラック部隊

合法面（表）の日共財政部が、地下活動の資金を調達する目的で設けた特殊財政部（初代の隊長は大村英之助《おおむらえいのすけ》）で、別名がトラック部隊である。調達した物資を必要な部署へ配達する輸送任務から生まれた俗称とされるが、実態は不明のままで、日共は一貫して沈黙を守ってきた。

警察の捜査対象となったのは、主として中小企業絡みの詐欺、横領、背任、乗っ取りによる計画的倒産などで、数億円が党に上納された。警視庁公安部だけで処理三〇九件、取り調べ二〇九一人、被害総額三億九八三七万円というデータが残っている。

その過程で、一九五四年に起きたラストボロフ事件（東京駐在でＫＧＢ派遣のソ連大使館書記官がアメリカへ亡命）で、ソ連が日共の大村へ四五万ドル（約一・六億円）の資金を供与した事実が判明する。

現在では、ソ連や中共がその前後から定期的に日共へ資金を届けていたこと（たとえば一九五一年六月に徳田へ一〇万ドル、五二年には月に三〇万ドルが領収書を添え）が、ロシア政府の情報公開で知られてきた（下斗米伸夫『日本冷戦史』）。

武装闘争時代は、平時とは比較にならぬ巨額の経費を必要とする。宮地健一や兵本達吉は、①武器の調達、②中核自衛隊員ら専従者の生活費、③地下アジトの設置費、④人民艦隊の運用、⑤北京機関や自由日本放送の維持費のような、分野別の経費を試算している。

これだけの資金が動いたとなると、不正事件が起きても不思議はない。六全協の直後に、志田重男の「神楽坂の料亭お竹放蕩事件」が暴露され、志田の失脚除名に発展した。

二〇二二（令和四）年は、日本共産党の結成から百年目に当ったが、政権を担うか、担いそうな機会は一度も無く、戦前は非合法、戦後も反体制の野党として終始した。

厳密に言えば、一九五〇（昭和二十五）年から一九五五（昭和三十）年にかけての約五年は、合法面と非合法面を使い分ける特異な組織として活動した。本稿はこの五年にわたる日共のいわ

表2　日本共産党幹部の動向(1950−55)

北京機関	滞在期間	職名	その他
*徳田球一(孫)	1950.10-53.10(×)	機関長	51.4～51.8、52.5～52.6:モスクワ
*野坂参三(丁)	1950.12-55. 7	同上	51.4～51.8、54.4～55.2:モスクワ、92.12:除名
袴田里見	1950.12-57. 7	同上	51.4～54.9:モスクワ、77.12:除名
伊藤 律	1951. 9-80. 9		53.12～79.10:北京、53.9:除名
西沢隆二(林)	1950.12-55. 5	徳田の秘書	51.4～51.8、52.5～52.6:モスクワ、66.10:除名
*高倉テル(文)	1951. 9-59. 4	党学校長	
聴濤克巳(何)	1950. 9-58. 4		51.2～58.4:東欧
土橋一吉(周)	1951. 9-61.12		52.5～52.6:モスクワ
安斎庫治(劉)	1950. 2-55. 7	徳田の通訳	
藤井冠次(任)	1952. 1-53. 8	自由放送局	
*河田賢治	1952-57. 7	党学校副校長	52.5～52.6:モスクワ
中村翫右衛門	1952. 9-55.11	前進座	

日本残留者

*志田重男		中央軍事委員長	56.4:解任、57.5:除名
*椎野悦朗		50.6～51.10:臨中議長	56.9:離党、除名
*岡田文吉		人民艦隊責任者	58.4:逮捕
永山正昭		人民艦隊オルグ	
大村英之助		トラック部隊責任者	57.9:逮捕
*宮本顕治			58.8:党書記長
不破哲三			70.7:党書記局長
*志賀義雄			64.5:除名
*春日正一		54.4:臨中議長	55.8:統制委員会議長

＊は日本共産党中央委員、(　)は中国名

ゆる「軍事闘争」期に焦点を据え、その相貌と軌跡を表裏両面から追おうとした試みである。

五五年の六全協を契機に、議会主義に立つ「平和革命」路線に転じた日共は、野坂参三や伊藤律、志田重男ら主流派幹部の多くを追放し、「軍事闘争」路線を、誤った「極左冒険主義」として否認した。

その後の日共は、宮本顕治に続き不破哲三、志位和夫をトップに議会政治の枠内で有力野党として命脈を保っている。

参考文献等

警察庁警備局編『回想　戦後主要左翼事件』（一九六八）
亀山幸三『戦後日本共産党の二重帳簿』（現代評論社、一九七八）
高史明『闇を喰む II 焦土』（角川文庫、二〇〇四）
下斗米伸夫『日本冷戦史　1945－1956』（講談社学術文庫、二〇二一）
鈴木卓郎『朝日新聞記者の証言3』（朝日ソノラマ、一九八〇）
辻政信『自衛中立』（亜東書房、一九五二）
兵本達吉『日本共産党の戦後秘史』（産経新聞社、二〇〇五）
不破哲三『日本共産党にたいする干渉と内通の記録』上・下（新日本出版社、一九九三）

増山太助『戦後期左翼人士群像』（柘植書房新社、二〇〇〇）
楊国光『ある台湾人の軌跡』付：徳田球一の日本脱出記（露満堂、一九九九）
『記念誌・徳田球一』編集委員会編『記念誌・徳田球一』（徳田球一顕彰記念事業期成会、二〇〇〇）
渡部富哉『偽りの烙印』（五月書房、一九九三）
Anthony C. Brown (ed.), *Dropshot; The American Plan for World War III against Russia in 1957* (N.Y. 1978)
宇佐美静治「メーデー事件は私がやった」（『文藝春秋』一九九二年八月号）
きだみのる『気違ひ部落周游紀行』（吾妻書房、一九四八）
きだみのる「気違ひ部落の山村工作隊」（『文藝春秋』一九五二年九月号）
『読売新聞』一九五二年四月三日付の渡邉恒雄記者（当時）の記事

第十二章

エニウエトク環礁の生と死

▼着眼点　米紙に報道された日本人女性狙撃手の素性

樹上の女スナイパー

国立国会図書館の新聞閲覧室に、第二次大戦前からの『ニューヨーク・タイムズ』の電子版が揃っている。精細な索引の縮刷を併用しての利用価値は絶大と言える。

四十年以上も前になるが、何気なしに索引を眺めている時、「フランクリンの損害は四五〇〇万ドル。修理費は二〇〇〇万ドルかかるが、新造よりは安くつく、と担当士官(Damage Control Officer)は語る」という見出しが目についた。日付は第二次大戦の終結が近い一九四五(昭和二十)年五月三十日、ヒトラーが自殺してドイツが降伏した直後だが、なおも絶望的な抗戦を続けていた日本軍は、沖縄戦の最終段階にさしかかっていた。

私が索引で探していたのは沖縄戦の状況だったかと思うが、米空母「フランクリン」(Franklin)の名には心当たりがあった。その年の三月十九日に、土佐湾沖で日本海軍機の攻撃によって大破炎上し、一一〇〇人以上の死傷者を出す最大級の損害を受けたが、辛うじて沈没を免れ、ニューヨークまで自力で帰ってきた奮闘ぶりを書いた本が刊行され、訳出もされていたからである。

新聞記者に語った士官は、前職が大学の経済学教授だというダウンズ(Robert C. Downes)海軍少佐で、ニューヨーク地区の民間基金が開催したホテルの昼食会で、新造するよりは広く募金

FRANKLIN DAMAGE PUT AT $45,000,000

Repairs to Cost $20,000,000 Less Than New Ship, Says Damage Control Officer

Fire and explosion caused "about $45,000,000 worth of damage" to the U. S. S. Franklin, but the unsinkable carrier is still "$30,000,000 worth of good ship," which will be reconditioned within a year for $20,000,000 less than a replacement would cost, Lieut. Comdr. Robert C. Downes, its damage-control officer, declared here yesterday.

（中略）

The Franklin gained renown of a different nature, Commander Downes revealed, when it received into custody about a year ago the first Japanese woman soldier taken prisoner in the Pacific.

Twenty-nine years old, and carrying a kit containing some buttons, thread and a wrist watch, some Japanese aspirin and "cheap Japanese perfume," she was captured by marines who found her sniping from a coconut tree on Eniwetok, he said.

Woman Is Ordinary Prisoner

Aboard the carrier she was treated "as an ordinary prisoner," he related, except that she was detained alone in the contagious ward of the carrier's sick bay. She was transferred to a prisoner of war camp in Hawaii, Commander Downes said, where attendants assured him she was the first woman prisoner.

エニウエトクの女性スナイパーについて報じた、ニューヨーク・タイムズ　1945年5月30日付

することで修理させたいと熱弁を振るったらしい。

話題の核心は、大火災で脱出路を塞がれ、艦底の機関室に閉じ込められた乗員を、いかに救出したかの苦心談だったが、少佐は「フランクリンがからむ別のエピソードもある」と前置きして話題を転じた。

被爆後に傾斜した空母フランクリン（1945年３月19日）

それは一年前に、「太平洋戦線では初めての女性捕虜」として、空母に収容された女性スナイパーのエピソードだった。そのくだりを『ニューヨーク・タイムズ』の記事から次に訳出したい。

二十九歳のこの女性捕虜は、エニウエトク島のココ椰子《ナッツ》の樹上から狙撃して、米海兵隊員に捕らえられた。彼女が携行していた物入れ袋には、ボタン、糸、腕時計、日本製のアスピリン錠や安物の香水が入っていた。フランクリンに収容された彼女は捕虜として待遇され、一人で医務室に隣り合う一室で暮らした後、ハワイの捕虜収容所に移された。

その頃十年がかりで、「白村江からシベリア抑留まで」を副題とする、日本人捕虜の歴史（『日本人捕虜』上下巻、原書房、一九九八年）と取り組んでいた私は、思いがけず飛び込んできた珍情報に新鮮な感動を覚えた。

惜しまれるのは取材記者の任務が「フランクリン」の募金活動だったせいか、ニュース報道としては舌足らずで済ませていることだった。なまじ戦場経験のある記者だったりすると、ココ椰子に登って米兵に挑んだ女スナイパーという構図は、エイプリル・フールの類いかと聞き流したのかもしれない。

筆者も、椰子の木を自在に上り下りする技能はほぼ原地民に限られ、屈強な日本兵でも無理だったことを聞き知っていた。まして日本女性が銃を担いで登るのはありえないと思ったが、珍しい女性捕虜という観点からは解明してみたい情報ではあった。

ところが年齢は分かっているのに、氏名、出身地、職業などの個人情報は不明なのに困惑した。それでも当初は何とか突き止められるだろうと楽観して、探索にかかった。

一九七〇年前後から、元捕虜の身分を恥じて表面に出るのをためらっていた風潮が薄れ、戦友会に顔を出したり、捕虜収容所仲間との連絡組織も作られ、私のような研究者も出入りを許されるようになっていた。ハワイにも三カ所ぐらいの捕虜収容所があり、何人かの知己もいたので、さっそく聞いてみたが、「聞いたことがない」という反応である。

元捕虜たちは偽名で通していた者も少なくなかったが、米軍は全員からマニュアルに従った尋問調書を作成していた。マッカーサー将軍の率いた西南太平洋の米陸軍は、一〇〇〇名を超える尋問記録を整理編集し、索引も作っていたので探しやすい。米海軍も同様の尋問記録を作ってはいたが、あちこちのファイルに散在している上、索引も無いので探しにくい難点がある。

私はワシントンの国立公文書館（ナショナル・アーカイブス）で、心当たりのファイルに当ってみたが、めざす記録には出会わず、あきらめてしまった。

大本営発表が伝えなかった唯一の玉砕戦

次に手がかりになりそうなのは、彼女が捕まったマーシャル諸島のエニウエトク島だが、ビキニ環礁と並んで、一九五〇年代に原水爆の実験場となっていたことは知られていた。だが最初は、一九四四（昭和十九）年二月に、四〇〇〇人近い日本陸海軍守備隊が「玉砕」した、ブラウン環礁を指すとは気づかなかった。

一つには、アッツ島（一九四三年五月）に始まり、マキン・タラワ（同十一月）、クェゼリン・ルオット（四四年二月）、サイパン・グアム・テニアン（同七〜八月）、ペリリュー（同十二月）、硫黄島（四五年三月）、沖縄（同六月）と続いた一連の玉砕戦は、大本営発表で大々的に報道されていたのに、なぜかブラウンの玉砕は公表されなかったせいもある。

大本営発表の様式はほぼ同じで、クェゼリン・ルオットの例だと、「約四千五百名の帝国陸海軍部隊は……激戦を交え二月六日最後の突撃を敢行、全員壮烈なる戦死を遂げたり。指揮官は海軍少将 秋山門造なり」（二月二十五日付）となっていた。

米軍が「バンザイ突撃」と呼んだ「最後の突撃」に先立ち、最高指揮官は上級司令部へ決別電を発信したのち自決し、動けない傷病患者も自決するか、軍医の手で処分されるのが恒例だった。

ブラウンの玉砕が公表されなかった理由について、大本営海軍報道部員だった冨永謙吾中佐は著書で、先行したクェゼリン玉砕と「時期が同じであったためと、当時状況が全く不明であった」からと説明し、一九六七（昭和四十二）年に公刊された戦史叢書では、「国内に与える士気上の影響を心配してか、とうとう未発表に」と推論している。

米軍のクェゼリンへの上陸が二月一日、玉砕が二月六日（実は四日）で、大本営発表は二十五日だった。二十四日の米軍発表でブラウンが占領された事実は判明していたので、まとめて発表するのは可能だったが、立て続けの悲報で、国民の士気に与える影響を察すると、たじろいだのも無理はない。

確かにブラウン攻防についての戦況情報は、余りにも不足していた。海軍軍令部作戦課の日誌に二月十八日朝、ブラウンの水上機隊基地から「敵は内海に多数侵入、上陸を企図しあるものの如し」と平文で報告してきたあと、十九日夜にトラック島の第四艦隊から、「ブラウンは其後連絡杜絶《とぜつ》」とあるのが、唯一に近い動静で、続報は見当たらない。

三月二日にトラックからの偵察機が環礁を偵察して、米軍が飛行場を修復工事中と報告したので、敵手に落ちたことを確認した。そこで八日に、一八機の陸攻隊が飛行場と在泊艦船を攻撃しているが、戦果はなかった。

どうやらブラウンの日本軍は、公式の米軍侵攻電も、決別電も届かないという稀な状況下で、消滅してしまったと言えそうだ。

それでも大本営発表による玉砕発表を埋め合わせるかのように二月二十七日、新聞各紙は「今般敵侵攻撃滅の第一線部隊指揮中凄烈護国の鬼と散った西田祥実《にしだよしみ》少将、矢野俊雄大佐に対してそれぞれ進級の御命を拝した……両人は昭和十九年二月二十四日、戦死」という陸軍省発表を報じた。

西田（進級して中将へ）は海上機動第一旅団長、矢野は指揮下の先任大隊長だったが、場所や兵力には触れていない。戦死の日付は米軍の発表を借用したものだろうか。

情報不足は戦後も続いた。他の玉砕戦場と違い、ブラウンでは将校の生還者が皆無だったため、日本軍守備隊の動静を知るすべがなく、戦況の実状は、攻め手の米陸軍と海兵隊の公刊戦史にほぼ全面的に依拠するしかなかった。ブラウン環礁が「忘れられた戦場」と化した一因だろう。

はからずも『ニューヨーク・タイムズ』で、「捕虜となった女性狙撃手」、大破した空母「フランクリン」、エニウエトク（ブラウン）環礁という、三題話めいた題材に私が接してから四十年以上になる。もう少し踏み込んだ史実、例えば女性スナイパーの素性、フランクリンを炎上させたパイロット、西田少将か矢野大佐の最期を確認できれば、という思いを諦め切れないままに、時間切れとなりそうだ。
とりあえず未完ながら、三題に対する私なりの中間報告を以下に紹介したい。

中部太平洋を突破して日本本土をめざす米海軍の大戦略

まずはブラウン環礁の戦闘経過をざっと追うことにする。既に記したように、大本営は米軍の侵攻開始も玉砕の事実も公表しなかった。途中経過にも触れていない。
そこで不運な戦死者たちを偲びつつ、先例にならった仮想の大本営発表文を次に記してみる。

ブラウン環礁の三島（エンジャビ、エニウエトク、メリレン）を守備せし約三千名の帝国陸海軍部隊は二月十八日以来上陸し来れる一万余の敵部隊を邀撃し勇戦奮闘したる後、二十四日までに最後の突撃を敢行、全員壮烈なる戦死を遂げたり。守備部隊指揮官は陸軍少将西田祥実なり。

ブラウン（今後の表記は米軍の呼称に従いエニウエトクで統一する）環礁は、トラック島の北東六六九カイリ、マーシャル群島のクェゼリン環礁から北西三二六カイリに位置する直径約一五カイリのほぼ円形の環礁で、短小なココ椰子林が散在する、約四〇の平坦な珊瑚砂礫の島々から成る。島々のうち南部のエニウエトク島が最大だが、二二〇mの幅しかない細長いサイズに過ぎない。それに次ぐのがメリレン（米側呼称はパーリー）、エンジャビで、日本軍が配備されたのは以上の三島だけで、少数のカナカ系原地民は戦火を避けて他の小島に移り住んだ。

マーシャル諸島は、二九の環礁と八六七のサンゴ島が散在する特異な地勢条件のため、陸上兵力による防衛は至難で、艦隊と航空隊に依存するしかなかった。

しかも、第一次大戦で国際連盟の委任統治領となった南洋群島（パラオ、マリアナ、カロリン、マーシャル）は、一九三三（昭和八）年の連盟脱退までは非武装を約束していたので、日本海軍が港湾や飛行場の建設に着手するのは遅れた。

それでも日米開戦（一九四一年十二月）時には、マーシャル諸島のルオット、タロア、ウオッゼには航空隊、クェゼリンには第六艦隊（潜水艦）、第六根拠地隊に属す海軍警備隊と中小艦艇が配備され、カロリンのトラック環礁は、連合艦隊の前進根拠地となっていた。

真珠湾攻撃で米太平洋艦隊の主力を撃破した日本陸海軍は、シンガポール、マニラ、ジャカルタなど、東南アジアの要地を占領する連戦連勝を重ねたが、長くは続かなかった。ミッドウェー海戦（一九四二年六月）で日本の空母機動部隊が大敗し、次いで反攻に転じた米軍がソロモン群島に反攻して以来、戦勢は逆転する。

防勢に回った日本は、ソロモン、ニューギニアの南東太平洋戦線における一年半の攻防で、戦力を消耗し、敗退を重ねるばかりだった。

その間に強大な戦力を準備した米海軍と水陸両用部隊は、一九四三年十一月、中部太平洋を突破して日本本土をめざす、本格的な反攻作戦を開始した。中軸となった打撃力は、「エセックス」型高速空母六（のち一二）、軽空母五、新型戦艦五、巡洋艦、駆逐艦など一五〇隻の艦船と、七〇〇機前後の艦載機で構成する第五艦隊（スプルーアンス長官）、第五八機動部隊である（司令部は交代制で、ハルゼーが率いる時は第三艦隊と呼称した）。

「大兵に戦術なし」とされるが、強力な空母部隊が押し出しての傍若無人とも見える行動は、この金言を体現していた。

侵攻作戦に際しては、まず艦載機の大群で目標地域の航空基地、港湾、施設を爆砕、次いで戦艦などによる連日の艦砲射撃で、防御陣地を徹底的に破砕する。

そして、守備兵の大半を砲爆弾の雨で死傷させた後、水陸両用部隊の船団が数万の海兵隊と陸軍兵を上陸させ、数日の地上戦で全滅させるパターンの反復であった。

早々に制空権と制海権を確保していたので、間隙を縫って反撃してくる日本の航空隊は、米軍の対空砲火と戦闘機によって返り討ちにされた。

いわば力づくで正面からねじ伏せる姿勢に見えるが、裏付けになっていたのは量的優越ばかりではなく、質的にも最新の科学技術だった。射撃用レーダー、近接信管、ガン・カメラ、前投対

図1 マーシャル諸島

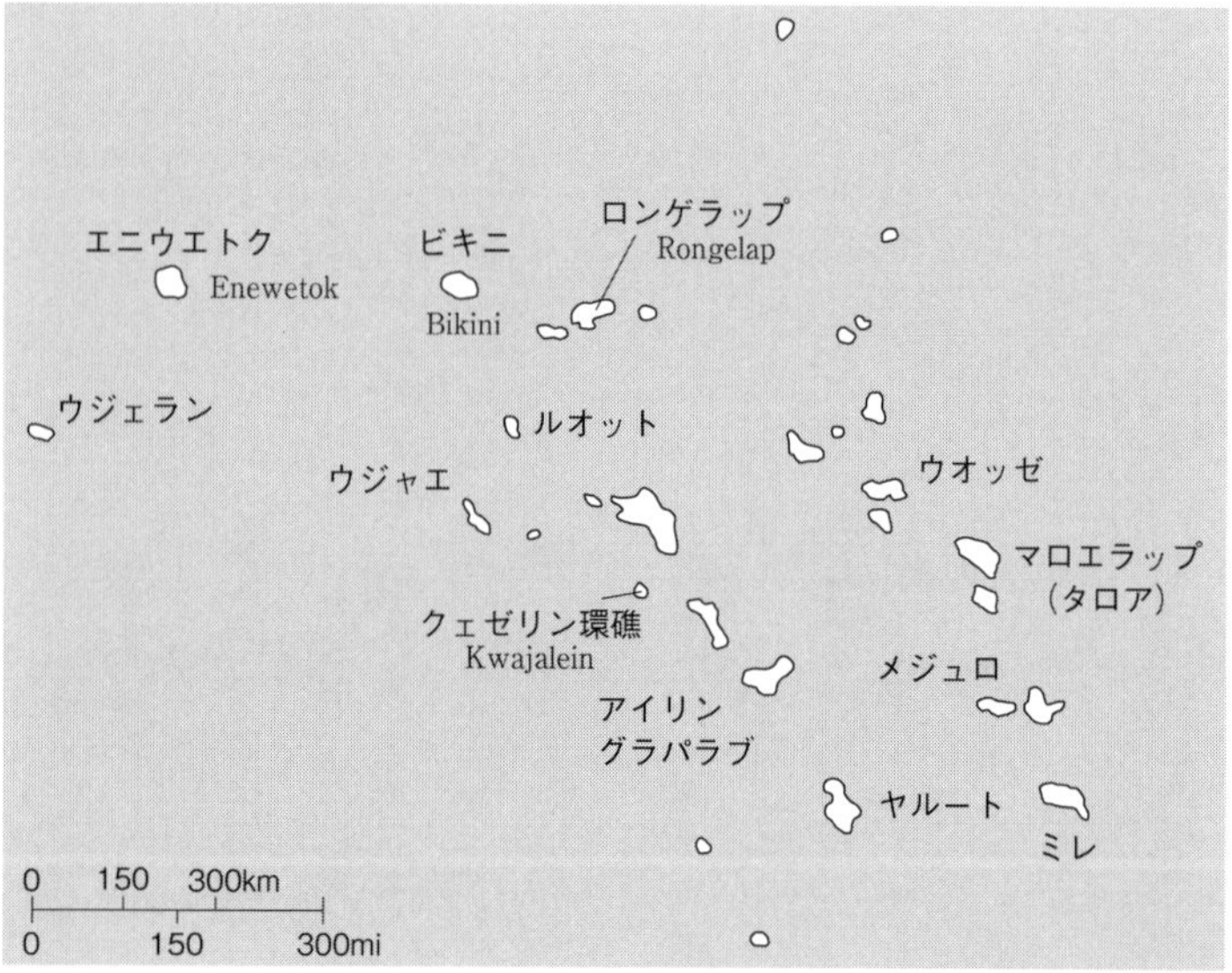

潜爆雷(ヘッジホッグ)、ナパーム弾、暗号解読など、いずれも日本軍が開発できなかった新兵器体系である。開くばかりの物的格差に焦慮した日本の窮余の対抗策は、体当り戦術(特攻)しかなかった。

特攻機が優先目標としたのは「エセックス」級の空母群で、十二隻(四回の命中を含め延べ十六隻)が体当りされ損傷したが、「フランクリン」を含め沈没は一隻も無かった。堅牢な構造とダメージ・コントロールの能力に起因する。あわよくば特攻戦法で敗勢を食い止めたいと願った日本軍の期待は裏切られ、勝利への自信を深めていた米軍の戦意を挫くには至らなかった。

戦略的にも、米軍は着実だが柔軟な対応ぶりを発揮した。特に日本側の抵抗能力を見越して日本軍の守備地を飛び越す「蛙跳

図2　エニウエトク環礁

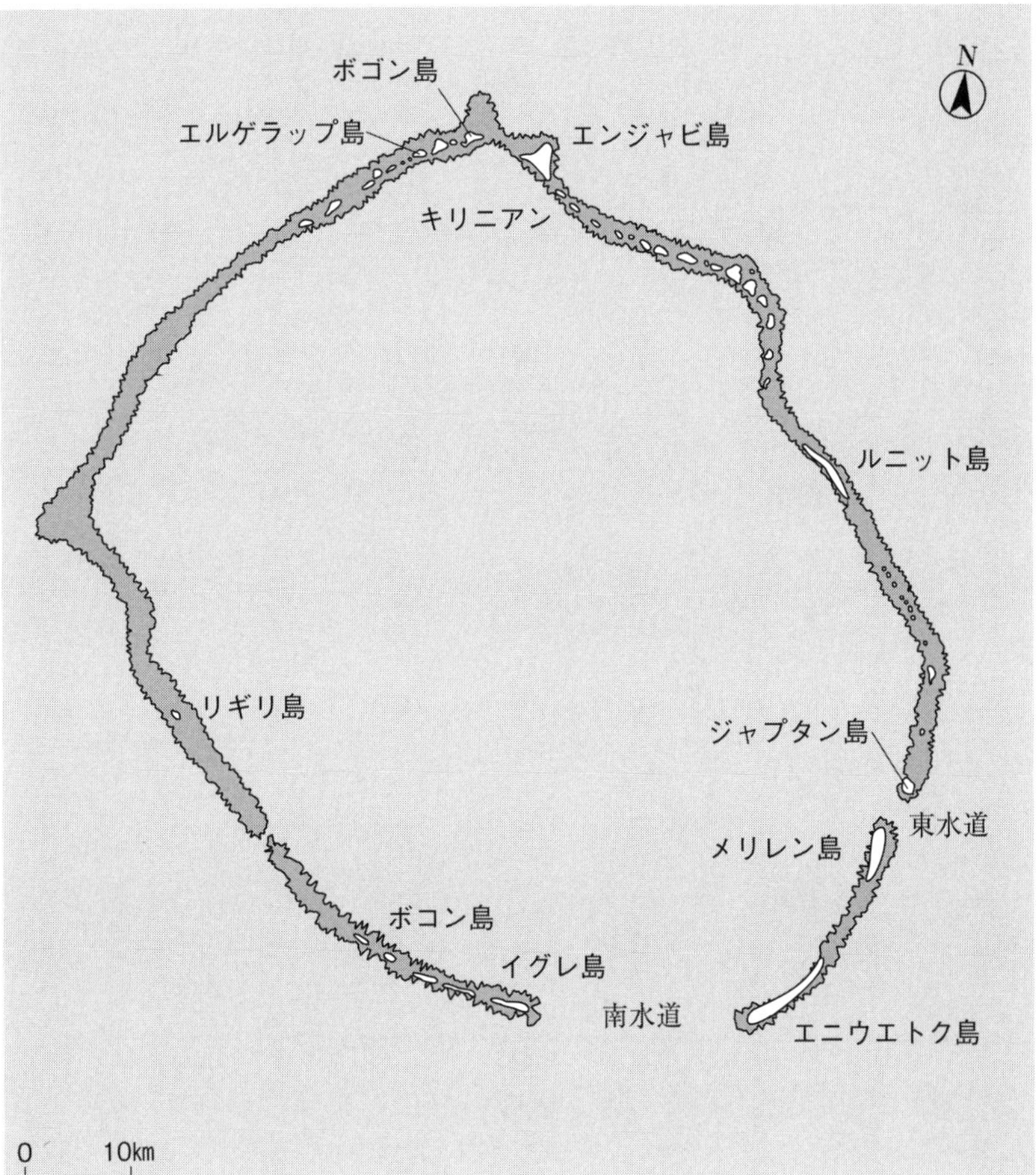
N
ボゴン島
エルゲラップ島
エンジャビ島
キリニアン
ルニット島
リギリ島
ジャプタン島
東水道
メリレン島
ボコン島
イグレ島
南水道
エニウエトク島
0
10km

び」（リープ・フロッグ）手法の導入を、ニミッツ太平洋艦隊長官は、「第二次大戦における最も顕著な偉業だった」と自讃している。

大規模な艦隊の整備、補給、休息の機能を満たすため、大型の礁湖を泊地として利用する手法も卓抜な発想だった。中部太平洋ではメジュロ、エニウエトク、ウルシーが選定された。

中部太平洋の進攻ルートを定めた当初の日程は、一九四四年二月にクェゼリンを攻略した後、五月頃にエニウエトクを占領し、次いでトラック侵攻に向かう予定だった。しかし、クェゼリンがあっけなく片付くと、日程を早め、予備兵力を転用して、二月十八日にエニウエトクへ侵攻する。

その際、トラックからの反撃を封じる狙いもあって、十七日に空母機動部隊の主力でトラックを攻撃、「真珠湾の再来」と評される大戦果を収めた。

奇襲された形の日本軍のうち、連合艦隊の主力は数日前に脱出していたが、それでも二七〇機、巡洋艦などの艦船四四隻を失う。米側の損害は二五機と、空母一隻が魚雷一発を受け中破しただけにとどまる。

トラックが一撃で基地としての機能を失ったと判断した米軍は、スキップして、日本本土を爆撃するB－29超重爆の基地に予定していたマリアナ諸島（サイパン、グアム、テニアン島）への侵攻日程を早めた。

一方の日本は守勢に立つ弱味も影響して、ことごとに米軍の出方を読み違えた。スキップされた南東方面の最大根拠地ラバウルには、一〇万人近い陸海軍部隊が取り残され、自活態勢で辛うじて終戦まで生き延びる。

日本軍の南洋群島への兵力派遣は遅すぎた

南東方面に代わる米軍の次の目標は中部太平洋と思わせる兆候に危機感を抱いた日本陸軍は、一九四三（昭和十八）年秋に、初めて南洋群島への兵力派遣に踏み切ったが、余りにも遅過ぎた。

まず内地から第五二師団がトラックへ送られ、次いで大隊レベルの南海第一〜四支隊がマーシャル群島東部のミレ、ウオッゼ、マロエラップ、ヤルートなどへ派遣されるが、補給がおぼつかない離島への分散配備となり、米軍はやはりスキップして中部のクェゼリン・ルオットへ進攻してきたため、多くはあたら遊兵と化してしまう。

西部のエニウエトクに配備された海上機動第一旅団は兵力四〇〇〇余だが四三年春、エンジャビ島に中継航空基地を設営し、少数の航空隊員が駐留した以外は無防備に近かった。トラックの前衛とマーシャル全域の後衛的位置を兼ねさせるつもりだったろうが、遅すぎた。

海上機動という米軍の水陸両用部隊に似た役割を想定していたが、前身が対ソ戦の訓練に没頭していた満州の第三独立守備隊だけに、対米戦に対応する余裕はなかった。

予定されていた輸送隊と船舶の配属も間に合わぬまま、四三年末に釜山から出港し、クェゼリンをめざしたが、トラックに寄ったとき予定が変わり、四四年一月四日にエニウエトク環礁に入った。

米軍の来攻まで一カ月余しかないとは、思いも掛けなかったろうが、メリレン島に旅団司令部と三個中隊を置いた西田少将は、歩兵第三大隊（長は矢野大佐）をエンジャビ島へ、第一大隊（長は橋田正弘中佐）をエニウエトク島へ配備し、別に第二大隊はクェゼリンへ分遣することにした。

表1が示すように各大隊の兵力は一〇〇〇人前後、他に計約六〇〇人の軍属、施設労務者、荷役労務者などの非戦闘員がいた。装備は山砲、迫撃砲、機関銃、手榴弾などの軽火器の他、軽戦車が三島に三両ずつ配備されるが、にわか作りの陣地が上陸前の砲爆撃に耐えられるか危惧された。それでも旅団は、一月二十八日と二月十日に指揮下部隊へ「守備要領」を作成し示達している。この文書は米軍が捕獲したものだが、要点を紹介すると、

（1）各守備隊は概ね一カ月で野戦陣地を完成し、一部永久施設の増設に努める
（2）防備の重点は外洋側に指向
（3）防衛方針は敵を水際に撃滅し、その上陸企図を粉砕する
（4）捕虜になることを禁じる。戦闘に堪えない傷病者は自決する

表１　エニウエトク攻防の日米両軍の兵力と損失

		エンジャビ島	エニウエトク島	メリレン（パーリー）島	計
日本軍	戦闘員	830	808	1324	2962
	うち陸軍	716	803	1244	2763
	うち海軍	114	5	80	199
	非戦闘員	446		152	598
	うち軍属			97	97
	うち施設労務者	281		20	301
	うち荷役労務者	165		35	200
	合計	1276	808	1476	3560

米軍	上陸の日付	2月18日	2月19日	2月22日	
	占領の日付	2月18日	2月21日	2月23日	
	日本兵の埋葬数	934	704	1027	
	同捕虜数	16	23	25	64
	米軍の戦死数	85	37	73	195
	同負傷者数	166	94	261	521

出所：主としてS・E・Morison , *History of US Naval Operations in WW II* Vol.XIV, p.304と海兵隊戦史の*The Marshalls* p.118から合成
注（1）米軍が押収した日本軍の文書
（2）日本軍戦闘員の陸軍は海上機動第一旅団、海軍は61警備隊、952航空隊（水上機）
（3）施設労務者の戦死者301人のうち朝鮮人が235人を占める
（4）山九運輸が派遣した荷役労務者200名のうち４名の生還者を除き全員が戦死（山九運輸『五十年のあゆみ』）
（5）原地民の死者が少なくとも18人という情報がある

のように積極姿勢ではあるが、内情は心細い限りだったと思われる。
資材や兵器の補充を要請するため、東京へ出張した旅団副官の牧野薫中尉は、実状を次のように回想している（『戦史叢書』）。

無人島にして「攻めるに易く、守るに

難い」地勢といえる……米軍来襲時までには、飛行場以外は見るべき防備施設を構築し得ず、簡単な塹壕程度のものであって、熾烈なる砲爆撃に対して到底耐え得るものではなかった。装備も〝海上機動〟というは名ばかりで、一般部隊の装備に大発動艇五隻を配属したにすぎず、機動能力全く無きに等しい状態であった。

エニウエトクの玉砕戦

既に記したように、米軍のエニウエトク進攻は予定より早められた。クェゼリン、ルオットにおける日本軍の抵抗が弱く、数日で片付きそうだと現地視察で判断したニミッツ提督は一九四四(昭和十九)年二月三日、輸送船に乗ったまま待機中の予備兵力を、エニウエトク攻撃に投入する方針を決断する。

一つには、飛行場があるルオットとエンジャビ島に展開していた一五〇機の日本海軍の航空隊が、一月末に米空母艦載機群の一撃で潰滅したからでもあった。

しかし、エニウエトク環礁における日本軍の守備兵力については、情報が乏しかった。二月十五日、輸送船九隻に分乗した海兵隊第二二連隊と陸軍の一〇六連隊計八〇〇〇人がクェゼリンからエンジャビ島へ向かい、十八日の上陸決行に先立ち、連日にわたり激しい砲爆撃を加えた。

随伴した旧式戦艦「テネシー」、「ペンシルバニア」などの三隻や巡洋艦三隻などによる艦砲射撃は、卓抜な着想であった。これらの戦艦は真珠湾で大破したのを修理して戦場へ送り出したのだが、低速のため高速空母群とは同行できぬので、上陸部隊の露払い役という新たな使い道を与えられたのである。そしてエンジャビ島という猫の額大の小島に、二八〇〇トン以上もの砲弾が降り注ぐことになる。

S・E・モリソンは「先例のないほど高密度の砲撃力」と評したが、守兵の半ば以上が死傷し、反撃能力を失ったと推定されている。

攻略部隊は磯波が荒く、日本軍が布陣しているであろう外洋側のビーチを避け、環礁の南部と東部に開口した狭い水道から入り、礁湖の内側から攻めることにした。そして、二月十八日九時前後に、海上トラック二〇隻に分乗した海兵隊を主力とする三五〇〇人の第一陣が、エンジャビ島の西岸に上陸を開始したが、守兵の抵抗は微弱で、その後の進撃を阻んだのは瓦礫の山とココ椰子の倒木だったと海兵隊戦史は特筆している。

粗末な塹壕やタコ壺陣地に潜む日本兵の散発的抵抗はあったが、予期していた組織的な〝バンザイ〟突撃もなさそうだと見極めた総指揮官のワトソン准将は、早くも十三時十分に全島の占領を宣言する。海兵隊の主力は、他の二島攻略に向けた準備行動に移った。

ほぼ守兵の全員が死没したため、守備隊の内情を知るのは困難だが、クェゼリンから補給のためエンジャビ島に立ち寄っていた小型タンカーの乗務員（軍属）で、捕虜となって生還した大藤（のち伊藤）武氏の貴重な回想記がある。

それによると、外洋側の散兵壕に避難し、砲爆撃で腕を負傷して動けないまま戦況を注視していると、四、五名の兵を率いた軍医大尉が合流した。するとやってきた兵が「負傷して動けない矢野大佐殿を介添えしてピストルで自決されました」と軍医に報告した。

そこへ歩兵を伴った米軍の戦車三台がやってきて、散兵壕を盾にした軍医大尉らと撃ち合いが始まる。その後の展開を次に引用しよう。

戦車が二〇メートルも近づいたと思われるとき、大尉をはじめ兵たちは「わぁーッ」というような喊声をあげて散兵壕を飛び出した。大尉が先頭で、日本刀を振りかざしながら戦車めがけて突撃する。その一瞬、敵は待ち構えたようにドスンドスンとすごい砲音を発し、日本兵はみなばたばたと倒れた。

私は一瞬壕を飛び出すのを迷って生きのびた。

そのまま横たわっていた大藤は翌日朝、米兵に見つかって捕らえられ、沖合の病院船へ運ばれ傷の治療をした後、米本土へ送られ生還することになる。

大藤の証言には重要な示唆が含まれていた。守備隊長の矢野大佐が早い段階で負傷した後自決しているが、そのため日本軍の指揮系統が麻痺して、適切な対応が困難だった事情が想像できる。いずれにせよ日本軍の一方的敗北ではあった。

引き続く二島への侵攻は、エンジャビ島で押収した書類で、かなりの兵力が配備されていると知れたので、ワトソン准将は投入兵力を増やし、同時上陸の計画を順次上陸に修正した。それまでは飛行機や艦艇からの偵察で両島は無防備に近いかもと推定していた。後に判明するが、メリレン島の旅団司令部は米軍の上陸開始までは応戦するなと示達していたからでもある。

事前の砲爆撃が不十分だったせいか、二島の守備隊はエンジャビに比べると、それなりの奮戦ぶりを見せた。概要を次に紹介したい。

エニウエトク島　米陸軍の一〇六連隊の二個大隊と後詰めの海兵隊二二連隊の一個大隊が、二月十九日の九時頃に細長い島の北西部へ上陸を開始した。礁湖側から外洋側のビーチまでの幅は二二〇mしかなく、すぐに突破できると予想していたが、日本軍は至る所に拠点を作り、迫撃砲や小火器で猛烈に抵抗し、陸軍部隊は立ち往生したので、予備の海兵大隊を投入し、夕方になってようやく突破したが、戦闘は翌朝まで続く。

その夜明けに四〇人の日本兵が海兵大隊の指揮所を奇襲した。作戦主任将校を含め一〇人が殺害されるが、米側からも武勇談が登場した。足を負傷したベテランの曹長が死んだふりをしつつカービン銃で反撃し二二人の日本兵を倒したと、海兵隊戦史が特筆している。

その直後に海兵大隊は、翌日のメリレン島上陸に向かうため乗船へ戻ったが、入れ替わるように五〇人の日本兵が一〇六連隊へ〝万歳〟突撃を敢行したようだ。

メリレン島　三島の中では順序が最後となったが、メリレン島はエンジャビには及ばぬながら、三日間にわたる猛烈な砲爆撃にさらされた。海兵隊戦史は使った弾量を艦砲射撃九四四トン、隣りあう無人のジャプタン島からの砲撃二四五トン、爆弾九九トンと記録している。椰子林は焼けただれ、廃墟と化したとされるが、二月二十二日九時に海兵隊の三個大隊が礁湖側の北部に上陸を開始し、戦車大隊を先頭に進撃した。

守る日本軍も迫撃砲や機関銃で反撃した。三両の軽戦車も出撃し、海兵隊の戦車大隊と撃ちあう珍しいシーンも見られたが、装甲の薄い日本戦車は、重装甲の米軍中戦車に「ノックアウト」され全滅してしまう。

混戦状況となった米軍を支援するため、沖合から巡洋艦が撃ち込んだ五インチ砲弾で両軍の兵がもろともに死傷する椿事も起きたが、十六時三十分には島の南端まで到達した米軍は占領を宣言した。しかし地下壕に潜む日本兵の散発的な抵抗は止まず、米軍の掃討戦は翌日まで続くが、十時四十五分に米国旗が掲揚され、エニウエトク環礁の攻防戦は終わった。

その他の島々　米軍のマーシャル諸島に対する本格的な侵攻作戦はクェゼリン、ルオットとエニウエトクだけに止まり、同規模の守備兵力を配備していたヤルート、ミレ、マロエラップ（タロア）、ウオッゼは力攻めを避け、マリアナへスキップしてしまった。無防備に近いと推定された島々には、一九四四年二月から四月にかけ、偵察を兼ねた小規模な掃討作戦を実施していた。玉砕戦の周辺動静ともいえる数例を挙げておこう。

メジュロ環礁　五六の小島を抱えたこの環礁は、米艦隊の泊地として好適と判断された。日本海軍は開戦時に三〇〇人余の兵力を駐屯させていたが、一九四二年末にミレ島へ移動させ、無人となった。

しかし施設は残してあったので、米軍機の写真偵察で三〇〇人余の兵力がいるものと推定し、クェゼリンと同様に砲爆撃の後、二月一日に上陸作戦を予定する。しかし前夜に偵察員を上陸させて空っぽと分かり、無血占領する。泊地は第五艦隊の重要根拠として利用され、飛行場も設定された。

ビキニ環礁　一九四四（昭和十九）年三月三十日、無血で上陸し占領、五人の日本兵は自決。戦後に近傍のエニウエトクと共に原水爆の実験地となる。

アイリングラパラプ環礁　原地民の大酋長が居住していた。海兵隊の一隊が一九四四年三月二十七日に上陸して、米軍機の爆撃で沈没した日本の連絡船の乗組員四六人を追跡して三七人を殺害、九人を捕虜にした。

ウジャエ環礁　原地民からの情報で、気象班員六人が居住と分かり、語学校で日本語を学んだ海兵隊の少尉が投降勧告文を書いて住民に届けさせた。だが五人は自決してしまったので、少尉の日本語力に疑問の声が出たが、少尉は一人だけ効果があったと反論したとモリソン戦史は記している。

傷だらけになったフランクリン

玉砕の島となったエニウエトク環礁で生き残り、米軍の捕虜となった日本兵と民間人は表1（三三七ページ）が示すように六四人に過ぎない。その多くは朝鮮人労務者かと推測される。いずれにせよ二％弱の生存率だから、無傷で捕らわれた〝女性スナイパー〟はよほどの強運に違いあるまい。

既に書いたように、彼女の身許を知りたいと思い立ってから四十年以上になる。本稿の執筆に際し試みた探索も空しく終わった。この間に樋口和佳子、原勝洋、山村一郎、ジョン・ステファン（ハワイ大学名誉教授）など、同学の知友にも尽力を仰いだが、手がかりは得られなかった。

改めて再検分してみたいが、『ニューヨーク・タイムズ』紙が残してくれた「個人情報」は、二十九歳（今も健在なら百七歳）という年齢と、携行していた物入れ袋の中味だけだ。その中味も「ボタン、糸、腕時計、アスピリン錠、安物の香水」と、若い独身女性ないし主婦としてはありふれた品ばかりである。

あえて詮索してみると、次のような人物像が浮かんでくる。

（1）旅団司令部に所属する軍属（看護婦かタイピストのような事務職員）

（2）戦前からヤルート島（支庁や学校、病院などの所在地）やクェゼリンなどマーシャル諸島を本拠とする南洋汽船、南洋貿易など中小企業の従業員、漁業者、コプラの売買などに従事する商業者、特に南洋庁や軍に出入りしていた御用商人の家族
（3）トラック島から旅団に同行した慰安婦
（4）在留日本人と原地民の女性の間に生まれた島育ちの女性で、木登りを得意とした

いずれにせよ、日本軍には女性兵士は制度的に存在せず、射撃訓練の機会も無かったはずだが、離島の玉砕戦に巻き込まれた女性たちに、一発は敵に投擲し、一発は自決用にと計二発の手榴弾を支給した例は稀ではなかった。ピストルをもらい受けた例も、なくはなかったと言えそうだ。

エニウエトクの場合、敵の侵攻が間近と知りつつ駆けつけた海上機動第一旅団が、女性を同行したとは考えにくいが、クェゼリンやヤルートへ、避難させようとして果たせず、取り残された可能性は残る。逆にヤルートあたりから連絡用務の形でエニウエトクに至り、帰る機を逸したのかもしれない。いずれにせよ、くだんの女性が米海兵隊員に挑んだ闘志は歴然としているが、狙撃したとしても命中はしていない。

彼女の強運はその後も続く。ここで収容された空母「フランクリン」の軌跡を辿ってみよう。基準排水量二万七一〇〇トン、乗員二六〇〇人で時速三三ノット、搭載艦載機九〇～一〇〇機

の高性能を誇るフランクリンが就役したのは一九四四（昭和十九）年一月末、足ならしの訓練を経て、六月六日ハワイに立ち寄った後、第五八機動部隊第二群に編入され、戦場へ向かった。六月二十一日にエニウエトク泊地に入り、七月四日からの硫黄島攻撃に参加したのが初陣である。「フランクリン」の戦時日誌を検分すると、次に八月九日から二十八日までエニウエトク泊地に入泊休養しているので、くだんの女性捕虜が乗艦したのはいずれかの日だろうが、確定できない。九月からペリリュー、台湾、レイテ湾と作戦行動が続くが、十月には日本の航空攻撃で二度も損害を受けている。

十月十三日には魚雷二本をかわしたが、一機が飛行甲板に突入した。十五日には爆弾一発が側方エレベーターに命中し炎上するが、すぐに消火した。いずれも軽傷（小破）のレベルですんだ。三十日にも零戦特攻一機が突入炎上するも、二時間半で鎮火に成功するが、中破レベルの損傷を受けたので、ウルシー泊地を経て十一月二十八日修理のため西海岸へ向かう。「フランクリン」がハワイに寄って女性スナイパーを捕虜収容所へ引き渡したのは、その途次だと思われる。六月に乗艦していたら、半年近くも艦内生活を送り、「味方機」の爆弾攻撃を凌いだことになる。

だが「フランクリン」の受難はなおも続く。女性捕虜を下艦させ修理を終えて、一九四五（昭和二十）年二月初頭に第五八機動部隊へ復帰した。そして三月末から開始する予定の沖縄侵攻を控え、高速空母一二隻から発進する延べ一〇〇〇機の艦載機を投入して西日本各地の日本軍航空基地や港湾を叩き、反撃能力を封じようとする作戦に加わった。

それに対し、沖縄戦に備え九州に展開していた海軍の第五航空艦隊は、三月十八日から二十一日にかけ九州東方沖に居坐った米機動部隊に対し、全力を挙げての攻撃をくり返した。

日本側が九州沖航空戦と名付けた、四日間にわたる激闘の戦果を五航艦は空母五隻、戦艦二隻、巡洋艦三隻撃沈、艦載機一八〇機を撃墜、日本側の損害一六一機（うち特攻六九）と算定（大本営発表も追認）した。戦後に判明した米艦隊の損害は空母二隻（「フランクリン」、「ワスプ」）が大破して修理のため戦列を離れ、三隻は被弾したが軽傷に止まった。撃沈された艦船は一隻もない。

強気で押し通した五航艦長官の宇垣纏中将も、十九日の日記（『戦藻録』）に「大打撃を与えたる心地すれ共事実は然らず、索敵の度毎に其の残存数（二十日朝の索敵では三群の空母一一隻）の多きを怪しみたる程なり」と記入していた。こうした半信半疑の心境は、明言したかどうかは別として末期の日本軍の高級指揮官に共通していた。

ともあれ、この日に「フランクリン」へ降りかかった被爆の実態を、一九四六（昭和二十一）年に米海軍艦船局が作成した「被害報告」第五六号に沿って、見ていこう。

一九四五年三月十九日朝、フランクリンは室戸岬の沖五〇カイリから神戸攻撃の第一波を送り出した後、第二波攻撃隊三一機の発進準備に追われていた。その虚を突いたかのように七時八分、断雲を抜けて低空で急降下してきた日本機が投下した二発の二五〇kg爆弾が、立て続けに飛行甲板を貫通して爆発炎上し、飛行甲板や格納庫にあった搭載機の爆弾や魚雷を誘爆させた。

その後の混乱と惨状は「まるで怒った猫に身震いしているネズミのよう」と形容されている。一時は右舷への傾斜が一三度に達し、航行不能となり、司令部は「総員退艦」を勧告するが、ゲーレス艦長はそれを拒み、翌日に及んだ火災を何とか消し止める。そして巡洋艦に曳航されてウルシー泊地へ向かい、応急修理を経て、「フランクリン」は自力でニューヨークまで一万二〇〇〇カイリの航海を成し遂げた。

しかし死亡七二四人、重傷者二六五人という、米海軍史上、単艦としては最大の人的損害を記録する。その陰には艦と乗員を救うために、超人的活躍を見せた乗員がいて、オカラハン（従軍神父）、ゲーリー大尉の二人に、米国最高の栄誉とされる議会名誉メダルが与えられた。ちなみにゲーリーの場合は、身を挺して艦の低層部に閉じ込められた三〇〇人を脱出させている。

だが募金活動で修理工事は始まったものの、終戦の到来で、不死身の「フランクリン」も廃艦の運命から逃れることはできなかった。

核兵器と共生した戦後

太平洋の玉砕戦の中で、エニウエトク環礁の日本軍ほど、救いのない過酷な運命を強いられた例は無いかもしれない。三〇〇〇余の兵士たちは、身を隠す場も乏しい狭小平坦な孤島で、戦う前に島ぐるみ消滅するに近い破壊に埋もれてしまったからである。似たような運命が、戦後のエニウエトクに到来した。核兵器の実験場という呪われた任務である。

第二次大戦後に、マーシャル諸島は国際連合の委任統治領としてアメリカの占領が続くが一九四六年七月、第一回の原子爆弾がビキニ環礁で爆発する。七二隻の艦船が標的に供されたが、その中には「陸奥と長門は日本の誇り」と少年カルタで馴染まれた、かつての連合艦隊旗艦「長門」の姿もあった。近傍の米空母や戦艦がすぐに沈んだのに、「長門」は傾斜したまま「不沈」かと思われたが、三日後に沈没している。

一九四八年にはエニウエトクも実験場に加わり、一九五二年一月には威力が広島型の一〇〇〇倍とされる史上初の水素爆弾がエンジャビ島で炸裂した。

その前後からソ連、英国、フランスなども核実験を重ねていたので、さほどの関心を引かなかったが、ビキニの水爆実験（五四年三月）では、一六〇㎞東方で操業していた日本のマグロ漁船「第五福竜丸」をはじめ、約一〇〇〇隻ともされる漁船が「死の灰」にヒバクする事件が起き、世界の耳目を集め、反核運動の契機となる。

一九四六年から一九五八年の間に、アメリカの核実験は計六七回、うちビキニが二三回（うち水爆二回）、エニウエトクが四三回（同三回）と、後者の方が多いし、破壊と汚染の規模も大きかった。最初の水爆では、仕掛けられたエンジャビ島は、原子力委員会のスタッフが「今後少なくとも千年は人類の生存は不可能だろう」とコメントし、近傍のエルゲラップ島は跡形も無く消滅している。

当初は放射線汚染への認識は低かったので、実験場に指定した二つの環礁の住民は、近傍の無人島へ強制移住させられた。一九七〇年代に戻ってきたが、放射線障害で苦しむ住民の訴えがあいつぎ、椰子の生育も思わしくないので、一九七七（昭和五十二）年から、かなり大規模な汚染除去作業が始まった。

そしてエニウエトク環礁では、ルニット島に汚染物質を集めコンクリートで固めた最終処分場を作り、一九八〇年に安全宣言を出したが、半減期が二万四〇〇〇年とされるプルトニウムへの対策としては不十分と見なされている。

一九八六年にマーシャル諸島共和国（首都メジュロ）として独立したが、事実上はアメリカの属領で、クェゼリンの米ミサイル実験施設は現在も可動。エニウエトク環礁の北半は無人島のままだが、南半部の三島に八五三人の住民が居住しており、二〇一七（平成二十九）年に日本の原水協支援団が、核廃絶運動の一環として訪問している。

主要参考文献
戦史叢書『中部太平洋陸軍作戦〈1〉』（一九六七）
同右　『沖縄方面海軍作戦』（一九六八）

矢部雄三「ブラウン環礁の玉砕」（マーシャル方面遺族会『環礁』一九八八〜九三年連載）
J・T・オカラハン著、田中武 他訳『空母フランクリン大破せり』（出版協同社、一九六二）
冨永謙吾『大本営発表の真相史』（中公文庫、二〇一七）
大藤武「エンチャビ島からひとり生還して」（『丸』別冊、一九九五）
七〇一空会『七〇一空戦記』（非売品、一九八七）
『特別攻撃隊全史』（非売品、二〇〇八）
New York Times dated May 30, 1945
S. E. Morison, *Victory in the Pacific 1945* (Boston, 1964)
The Marshalls (US, Marine Corps, 1954)
USS *Franklin War Damage Report, 19 March, 1945* (US Navy Bureau of Ships)

Column 3

特攻隊の真実は？

九州沖航空戦で、あわや沈没の危機を切り抜けて、米本土へ帰還した空母「フランクリン」の苦闘ぶりを追っているうちに、ふと兆した疑念があった。

五航艦の宇垣纏長官は、一九四五（昭和二十）年三月十一日に、ウルシー泊地の米艦隊に対し、「銀河」二四機で編成された梓《あずさ》特攻隊を送り出した。その時「艦隊総員は特攻隊である」と訓示し、十九日の日記（『戦藻録』）にも「〇六〇〇以後昼間特別攻撃隊（彗星爆戦）発進」と記入したように、この時期の米空母攻撃には、爆弾を抱いた機体を体当りさせるのが常道化していた。

しかしモリソン戦史など米側の記録では、レーダーに探知されず断雲を縫って低空で接近した日本機は、二発の二五〇kg爆弾を「フランクリン」の飛行甲板に命中させたが、体当りは試みることなく、避退中に対空砲火かF6F戦闘機に撃墜されてしまう。

この日本機の機種は「銀河」（双発の陸上爆撃機、米側の呼称はFrances）か「彗星」（単発の艦上爆撃機＝急降下爆撃機、米側の呼称はJudy）のいずれかと推定するが、断定は避けている。

そこで、対応する日本側の記録と照合してみよう。

この日は、午前二時頃から四時にかけ、「銀河」四機、陸軍の四式重爆（「飛竜」）一三機、雷撃機の「天山」六機などが、夜間黎明攻撃に出動しているが、基地の発進時間から一時間前後の飛行で到達して、七時八分に「フランクリン」へ投弾した可能性があったのは、次の二グループである。

陸上爆撃機　銀河

艦上爆撃機　彗星

（一）七六二航空隊攻撃四〇六飛行隊の「銀河」四機は六時二十五分～八時四十五分に出水《いずみ》基地を発進、全機未帰還となり、一二人の搭乗員は特攻死と認定。

（二）七〇一航空隊攻撃一〇三飛行隊長柏井宏大尉の率いる「彗星」は五時四十五分～七時十五分に、国分《こくぶ》基地を単機ごとに逐次発進。うち柏井を含む八機（一六人）を特攻死と認定。

さて、（一）の難点は、直行すればともかく、目標を見定めて接近する段取りを考えると、可能性は低いと判定したい。

（二）については、発進順の個別編制が判明しているので摘記すると、
一番機　操縦……川畑弘作少尉（甲飛一期）
偵察……柏井宏大尉（海兵六九期、攻撃一〇三飛行隊長）
二番機　操縦……川口富治大尉（操練二〇期）
偵察……山下敏平飛曹長（甲飛三期）
となる。
（以下略）
一番機の発進（五時四十五分）から被爆する七時八分までの一時間二十三分というタイミングは、ぴったり符合する。さらに二番機も含め、このペアは、少なくなっていた急降下爆撃の高い技能者だったことを付言したい。川畑は甲種予科練一期、山下は同三期のベテラン、川口に至っては兵から一九三三（昭和八）年にパイロットとなった超ベテランと評せよう。
もう一つ特記しておきたい事項がある。「フランクリン」の被爆より二分後の七時十分に、僚艦の空母「ワスプ」に忍びよった急降下爆撃機の投じた爆弾が飛行甲板に命中、朝食中の搭乗員室を直撃し、誘爆もあって一〇一人が死亡する大損害を出す。それでも八時には、搭載機を着艦させるほどに回復したが、その数分後に一機、一時間後に別の一機が突入を図り、至近で撃墜されている。

こうした一連の戦況から見て、機動部隊攻撃の主役を演じたのは、「彗星」隊（四〇機、八〇人を特攻死と認定）だったが、十九日の五航艦記録にはこの日の総合成果として、「特攻二三機のうち約半数突入一四機」に加え「（爆弾）投下後帰投せるもの数機」という曖昧な記事がある。一四機と数機の差数は、投下せずに帰投した機なのかは判然としない。

宇垣五航艦長官は三月二十日の『戦藻録』に「低空降下爆撃を行ひ甲板中部へ必中弾を送り命中を見届け帰着、直に爆弾を搭載して再出発」した「彗星」の熟練搭乗員がいたことを記す。そして「優秀なる技倆者は経済有効的となす。然れ共、本思想を一般に適用せば必中を期せられざるに至る。むづかしき点にして」と書くが、「吾人は依然として、特攻精神に重点を置かざるべからず」と思い直す。終戦の日の夕方、一一機の「彗星」を直率して沖縄へ特攻攻撃をかけた宇垣らしい心情がかいま見える。

ありていに言えば、大多数が非熟練者だった五航艦の搭乗員には、爆撃機の体当りしか使い道がないという達観かもしれないが、人事当局は未帰還者の全員を特攻死として扱う便法で宇垣の迷いを処理した。

そもそも、必死を前提とする特攻は志願者に限るというのが大本営の建前であったが、目標を発見できなかったり、機体の不調で不時着したり引き返す例も珍しくなかった。多くは再出撃を命じられたが、中には九度も再出撃して生き延びた搭乗員もいた。

微妙なのは、通常攻撃法に固執した搭乗員の位置付けで、特に急降下爆撃の技能に誇りと自信を持つ熟練者が多い艦爆隊には、上層部も黙認してしまう傾向があったようだ。

二個飛行隊約八〇機の「彗星」をそろえていた七〇一空の本江博大尉は「単機または小編隊による索敵と必中爆撃を本旨とし、特攻については特別に指示されなかった」ので「搭乗員の士気は極めて高く」と回顧している。

「フランクリン」と「ワスプ」に本来の通常攻撃法で立ち向かった一番機（柏井）と二番機（川口）は未帰還になったが、必中爆撃の成果を見届ける幸運に恵まれたことになる。

あとがき

歴史家の仕事は多岐にわたるが、「謎解き」と呼ばれる分野がある。

真犯人を探しだすミステリー小説の探偵に似た作業に見えるが、未解決に終りがちな「迷宮入り」事件をかかえた警察当局の労苦に近いとも言えそうだ。

そのせいか正統派の歴史家たちは、未解決のリスクが高い「謎解き」は敬遠しがちだし、イデオロギー色の濃い左翼や右翼の歴史家は、自派に利か不利かで取捨してしまいがちになる。

私は七十年に近い歴史家生活で、日本近代史に散らばる大小さまざまの〝謎解き〟と気長につきあってきた。何とか解けた喜びも味わったが、解けぬままに見送ったり、解いたつもりでも、次の謎を呼び寄せただけとわかり失望した経験もあった。

本書はこうした心残りの事例を含め、最近の数年に執筆した十二本の論稿を集成したものである。連続性や関連性は問わず、主題ごとに独立した構成にした。

それでも似たような主役や準主役が、くり返し登場する例も起きた。たとえば第一章と最後の第十二章には、いずれも日本人の女性狙撃手（スナイパー）が戦う珍らしいシーンが出てくる。二〇一二年に刊行した旧著の『昭和史の秘話を追う』に収録した「玉砕の島ペリリューの女兵伝説」に登場した芸者「久松《ひさまつ》」を加えると、私が拾いあげた日本人女性狙撃手は計三人となる。他にもいた可能性はあるが、絶後かもしれないという思いもある。

三人の女スナイパーで、正史の裏付けがあり、全体像が判明しているのは、第一章で主役の座を占める山本八重の一代記だけだろう。折から二〇一三年のNHK大河ドラマ「八重の桜」で、幕末会津藩の攻防で、新鋭のスペンサー銃を構えて戦う綾瀬はるか（主演）の勇姿が評判を呼んだ。そして平均一四・六％（最高二一・四％）の好視聴率をあげた。

ところが大本営が公表しなかったエニウエトク環礁の玉砕戦で、椰子の樹上から米海兵隊員を狙撃し、捕虜となった狙撃手は、『ニューヨーク・タイムズ』が「二十九歳の女性」としか報じていない。

四〇年にわたり彼女の身許を探索し、昨年も当り直したが、わからずじまいに終わったのは痛惜の至りである。同様の例は他にもあった。

人探しは歴史家に必要とされる重要な技能だが、日本がアジア太平洋の全域を征服する「百年計画」なる伝承がルーズベルト大統領と側近を悩ませつづけた形跡がある。しかし手をつくして探索しても、明治二十年代の執筆者を割りだすことができなかった周辺事情は、「幻の百年計画」として見送るしかなかった。

「神は細部に宿りたまう」という金言がある。軍事史では、些細で局部的な戦術的失敗が大戦略の致命的な敗北を誘引した戦例を指す。

第五章と第八章では、真珠湾攻撃やガダルカナル戦で起きた初歩的な索敵ミスをクローズアップしている。それだけではない。ミッドウェー海戦の大敗もやはり索敵ミスが誘因になっているから、太平洋戦争の日本海軍は索敵ミスに呪われたかのようだ。

そうなると、もしミスがなかったら、その後の戦局はどう変ったろうかと連想は広がるが、歴史学はこうした「イフ」の発想が史実に混入するのを戒めているのが辛いところだ。

この本では日本近代史に特有の「思想的転向」に注目し、第七章で与謝野晶子、第十一章で日本共産党を追跡してみた。転向を拒否した稀な例として第三章で難波大助と金子文子も拾いあげている。

歴史家の多くは「美談」ですませたが、その「行く末」まで見届けた例は少ない。この難題に挑戦した第六章と第七章を参照されたい。

最後に本書の編集に貴重な助力を惜しまれなかったPHP研究所の西村健、大久保龍也の両氏に感謝したい。

二〇二四年二月　東京・目黒にて

秦　郁彦

初出一覧

第一章：『歴史読本』二〇一五年三月号
第二章：『日本戦略研究フォーラム季報』七六号（二〇一八年四月）
第三章：『歴史読本』二〇一五年秋号
第四章：『日本戦略研究フォーラム季報』八〇号（二〇一九年四月）
第五章：『別冊宝島　２５２２　真珠湾攻撃』（二〇一六年十一月）
第六章：『歴史読本』二〇一五年夏号
第七章：『ＷＥＢ文蔵』（二〇二三年一～三月）
第八章：『軍事史学』五七巻三号（二〇二一年）
第九章：『別冊宝島　２４７９　謀略の太平洋戦争』（二〇一六年八月）
第十章：『Ｖｏｉｃｅ』二〇二二年八月号、九月号
第十一章：『Ｖｏｉｃｅ』二〇二三年一月号、二月号
第十二章：書き下ろし

写真出典一覧

p15　出所：『歴史読本』2015年３月号
p19　同志社大学提供
p34　出所：Wikipedia
p46　出所：Wikipedia
p47　ルーズベルト：Leon Perskie, CC BY 2.0 <https://creativecommons.org/licenses/by/2.0>, via Wikimedia Commons
　　スチムソン：出所：Wikipedia
p56　出所：Wikipedia
p80　トランプ大統領と李容洙：写真提供：EPA＝時事
　　ナヌムの家：写真提供：産経新聞社
p107　ハルゼー、スプルーアンス、南雲忠一：出所：Wikipedia
p113　出所：Wikipedia
p128　©筑波海軍航空隊記念館
p135　毎日新聞社提供
p141　防衛研究所所蔵
p143　出典：『財部彪日記』下（山川出版社）
p147　毎日新聞社提供
p151、165　堺市立文化館　与謝野晶子文芸館　図録『堺発 与謝野晶子』より
p179　京都府立京都学・歴彩館所蔵　小林天眠文庫
p190　出所：Wikipedia
p220　出典：戦史叢書、防衛庁防衛研修所戦史室著『南太平洋陸軍作戦〈2〉』
p237　チャンドラ・ボース：出所：Wikipedia
　　イ-29潜水艦：HPS
p242　出所：Wikipedia
p255、269、275　相原秀起氏
p294　写真：近現代PL／アフロ
p301　出所：Wikipedia　朝日新聞社, Public domain, ウィキメディア・コモンズ経由で
p324　出所：Wikipedia
p353　銀河：出所：Wikipedia
　　彗星：Public domain, via Wikimedia Commons

〈著者略歴〉
秦　郁彦（はた・いくひこ）
1932年（昭和７年）山口県生まれ。現代史家（日本近現代史・軍事史）。1956年東京大学法学部卒業。同年大蔵省入省後、ハーバード大学、コロンビア大学留学、防衛研修所教官、大蔵省財政史室室長、プリンストン大学客員教授、拓殖大学教授、千葉大学教授、日本大学教授を歴任。法学博士。1993年度の菊池寛賞を受賞。2014年に『明と暗のノモンハン戦史』（ＰＨＰ研究所・講談社学術文庫）で毎日出版文化賞。第30回正論大賞を受賞。
他に『南京事件　増補版』（中公新書）、『慰安婦と戦場の性』（新潮選書）、『病気の日本近代史』（文藝春秋・小学館新書）、『昭和史の秘話を追う』（ＰＨＰ研究所）、*Hirohito, The Showa Emperor in War and Peace* (Global Oriental, 2007）などがある。

日本近代史12の謎を解く
伝承と美談の狭間で

2024年４月１日　第１版第１刷発行

著者　秦　郁彦
発行者　永田貴之
発行所　株式会社ＰＨＰ研究所
東京本部　〒135-8137　江東区豊洲5-6-52
ビジネス・教養出版部　☎03-3520-9615（編集）
普及部　☎03-3520-9630（販売）
京都本部　〒601-8411　京都市南区西九条北ノ内町11
PHP INTERFACE　https://www.php.co.jp/

制作協力
組版　株式会社PHPエディターズ・グループ
印刷所　株式会社光邦
製本所　東京美術紙工協業組合

ISBN978-4-569-85672-8

世界史の構造的理解

現代の「見えない皇帝」と日本の武器

長沼伸一郎 著

「勢力均衡」と「世界統合」のせめぎ合いを経て、「新しい皇帝」が統治する現代の大問題とは？　天才肌の物理学者が示す新たな歴史観。

PHPの本

日米開戦と二人のソ連スパイ

ホワイトとヒスが石油禁輸を促した

斎藤三知雄 著

日米開戦の決め手「対日石油禁輸」の立役者は、二人のソ連スパイだった…！　二人の行動を丹念に辿り、日米ソの情報戦を読み解く。

PHPの本

家系図で読み解く世界史

ヨーロッパを変えた結婚と離婚

神野正史 著

ハプスブルク家はなぜ没落したのか？　なぜイギリスには女王が多い？　家系図から欧州史の知られざる人間関係、栄枯盛衰が見えてくる。

PHPの本

現実主義の
避戦論
戦争を回避する外交の力

藪中三十二 著

防衛費倍増（5・5兆円→11兆円）は妥当なのか？　元外務省事務次官が外交努力の歴史を踏まえ、戦争を避ける現実的な知恵を説く。